孟子

맹자, 정치를 말하다

맹자, 정치를 말하다

초판 1쇄 인쇄 2013년 1월 11일
초판 1쇄 발행 2013년 1월 16일

지은이 이민홍
펴낸이 김준영
펴낸곳 성균관대학교 출판부
출판부장 박광민
편 집 신철호 · 현상철 · 구남희
디자인 이민영
외주디자인 아베끄
마케팅 유인근 · 박정수
관 리 조승현 · 김지현

등록 1975년 5월 21일 제1975-9호
주소 110-745 서울특별시 종로구 성균관로 25-2
대표전화 02)760-1252~4
팩시밀리 02)762-7452
홈페이지 press.skku.edu

ISBN 978-89-7986-969-9 04100

이민홍 지음

맹자, 정치를 말하다

성균관대학교
출판부

| 차례 |

보론

머리말

성균관대학교 출판부에서 필자는 '『조선조 시가의 이념과 미의식』·『조선조 성균관의 교원校園과 태학생의 생활상泮中雜詠』·『한국민족예악과 시가문학』·『언어민족주의와 언어사대주의의 갈등』·『한문화韓文化의 한반도 전개와 발전양상』' 등을 출간했다.

별 의미가 없는 난고亂稿들을 기꺼이 출간해 준 출판부 여러분들에게 감사를 표한다. 이제 다시 『맹자, 정치를 말하다』를 상재함에 있어서 감회가 새롭다. 이 졸저는 필자의 17번째의 저술이다. 이 가운데 순수 학술 저서가 9편이고 역서가 5편이며 편저가 2편이다. 노둔함을 무릅쓰고 집필에 몰두하여 최선을 다한 것이긴 해도 태작이 과반임을 자인하지만, 나름대로의 약간의 의미가 있다고 자위하고 있다. 그러나 이는 필자의 독단적 의견에 불과하고 독자의 입장에서는 전혀 다른 견해가 있을 것임을 시인한다.

『논어』를 '공자'라고 칭하지 않은 것은 여타 선현들의 저서, 즉 제자백가諸子百家들과 변별하기 위해서일 것이다. '『맹자』·『노자』·『장자』·『순자』·『묵자』' 등 중원의 '경經·사史·자子·집集'들 중에 '『논어·맹자·중용·대학』'을 분리시켜 『사서四書』라 명명한 것도 제자諸

子들의 무수한 저서들과 차등을 두기 위해서였다.

『맹자』는 『논어』를 전제하지 않고는 그 실상을 파악할 수 없다. 『맹자』를 『사서四書』 속에 『논어』와 『중용』 『대학』과 함께 묶은 이유도 여기에 있다. 『사서』 가운데 경전의 주제의식과 구체적으로 연계되지 않은 제목을 단 경전이 『맹자』이다. 『대학』과 『중용』이 경전의 주제를 확실하게 독자에게 제시하고 있는 점과도 차이가 있을 뿐 아니라, 맹가孟軻를 아성亞聖이라 한 이유도 여기에 있다. '아성'의 '아亞'가 성인보다 한 단계 낮다는 것이 아니고, 성인의 미의微意를 보다 극명하게 조술했다는 의미로 필자는 파악한다. '미의'는 영원토록 변치 않는 진리를 뜻한다. 주자朱子는 『맹자』를 맹가가 '요堯 · 순舜'과 '하夏 · 은殷 · 주周' 삼대三代의 덕과 공부자의 미의를, 문도 만장萬章 등과 조술한 경전이라고 했다.

한유韓愈는 요堯에서 순舜으로, 순에서 우禹로, 우에서 탕湯으로, 탕에서 문文 무武 주공周公으로, 주공에서 공부자로, 전승되어 맹가에서 이르렀다는 도통론道統論을 전개했다. 정자程子는 혹자의 질문에 답하여, 맹가도 성인에 경지에 도달한 분이라 평했고, 이에 덧붙여 성문聖門에 기여한 업적은 말로 표현할 수 없을 정도이지만, 공부자가 주창한 인仁에 진일보하여 의義를 첨가시켜 '인의仁義'를 강조한 것은 특기할 만한 사안이라고 했다. 서기전 4세기 무렵 맹가가 없었다면 유가儒家의 전통은 단절되었을 것이라는 인식은, 맹가가 사문斯文에 기여한 공적이 그만큼 광대 심원함을 말한다.

『맹자』의 세계는 범인들이 쉽게 접근하기 어려울 정도로 심오하다. 필자가 읽은 『맹자』는 필자의 얕은 수준과 협량만큼이다. 구우일모九

牛一毛라는 말이 여기에 부합된다. 이 난고는 필자가 본 구우九牛 중의 일모一毛로서, 맹가의 정론政論에 준하는 분야와 역사적 위상과 그 후손들의 세계世系를 엮은 것이다. 동아시아의 정론은 경국제민經國濟民이 근간이다. 경국제민은 통치자를 닦달하여 백성들의 삶을 풍요롭게 하라는 메시지이다. 유가의 핵심 사유는 경국제민이고, 윤리의식을 여기에 곁들여 완성한 왕도王道로 압축된다.

맹가는 공부자의 포괄적 정론을 현실 정치에 적용할 수 있도록 구체적으로 부연했다. 『맹자』에 온축된 맹가의 정론政治學은 서기전 4세기의 정치 현실에 머물지 않고, 21세기가 전개되는 오늘에도 여전히 유효하다. 후인들이 『맹자』의 정론을 완전하게 정리하는 것은 불가능하다. 왜냐하면 정론의 세계가 호한하여 수백 권의 저서로도 그 본말을 구명하기 어렵기 때문이다. 여기에 수록된 '맹가의 정론'은 아둔한 필자의 얕은 안목에 잡힌 현실과 밀착된 일상적인 내용들이다.

『맹자』를 이해하는 시각은 다양하다. 수천 년을 경과하면서 맹가와 『맹자』는 연구되고 천착되었다. 각 시대의 최고 수준의 학자들에 의해 해석된 『맹자』는 자칫 현학적衒學的 굴레에 얽혀 독자들의 이해를 방해한 점도 있었다. 『맹자』에 대한 현학적 접근이 혹시 맹가의 질박한 본의를 도회한 면도 있었다고 필자는 생각하고, 현전 가장 오래된 후한後漢 조기趙岐의 주해에 주목하여, 그가 기술한 「맹자제사孟子題辭」를 『십삼경주소十三經注疏』에서 적출하여 이를 번역하여 수록하고, 아울러 맹가의 통시적 위상을 밝히기 위해 각종 사서들과 선학들의 연구업적을 참고하여 약전과 70여대를 이어온 세계를 편술했다.

서기전 4세기 전국시대에 맹가는 사문斯文을 지키기 위해 고군분

투했다. 조기 또한 『맹자』를 주석하여 쇠퇴일로로 치닫는 유학을 부양하기 위해 혼신의 힘을 경주했다. 사문을 부활시키고 이를 배양한 맹가와 조기의 고귀한 뜻에 조금이나마 보탬이 되고자 필자는 이 난고를 집필했다. 우리가 존재하고 있는 현실이 치세治世인지 난세亂世인지도 판단하기 어려울 만큼 모호한 시대에 우리는 살고 있다. 필자의 이 난고가 치세로 향하는 길목에 미세하게나마 일조가 되었으면 하는 주제넘은 기대를 해본다.

단기 4345년 윤3월

磊山精舍에서 이민홍 삼가 씀

제1편

맹자 정치론의 이해

1. 주공周公과 공부자 그리고 맹가孟軻

서기전 2세기 무렵 사마천(司馬遷, BC, 145 ?~85 ?)은 선인 사마담司馬談이 이르기를 "주공周公이 세상을 떠난 뒤 500년 만에 공부자가 태어나 활동했고, 공부자가 서거한 다음 500년이 지난 현재 능히 이를 계승하여 세상을 밝게 하기 위해 『주역』을 바로잡고 『춘추』를 계승하고 '『시경』·『서경』·『예경』·『악경』'의 근본을 구명할 수 있는 사람이 나타나야 하지 않겠느냐"고 했는데, 선인의 뜻이 여기 있는 터에 소자(小子, 사마천)가 어찌 감히 이를 소홀히 여겨 사양할 수 있는가라고 했다.

사마천은 주공의 뜻을 500년 뒤에 공부자가 조술했고, 공부자가 타계한 지 500년이 또 지났으니, 자신이 『시詩·서書·예禮·악樂·춘추春秋』 등의 정통사상을 세상에 천명할 의무가 있다고 했다. 상대부 호수(壺遂, 사마천과 율격을 확정)는 "공부자는 위로 현명한 군주가 없었고 도를 행할 직위도 얻지 못했기 때문에 『춘추春秋』를 저술하여 시비포폄是非褒貶의 전범이 될 만한 문장[공문空文]을 담아서 예의를 펼치려고 했지만, 지금 부자[사마천]는 위로 영명한 지도자[한무제]를 만났고, 아래로는 도를 실천할 직책을 얻어 만사를 두루 구비하여 그 올바른 뜻을 모두 현실화시킬 수 있는 상황에서, 구태여 공언空言에 의탁하여 무엇을 더 밝히고자 하느냐"라는 대화를 나누기도 했다.

공자와 주공, 그리고 사마천의 시대를 각각 500년으로 대략적으로 분류한 것이 흥미롭다. 사마정[司馬貞, 당대인唐代人]은 이를 부연하여 "맹자가 일컫기를 요순에서 탕湯까지가 500년이고, 탕에서 문왕文王까지가 500여 년이며, 문왕에서 공부자까지가 500여년"이라고 했다. 공부자가 서세한 뒤 200여 년 만에 선현 맹가가 탄생하여 유학을 다시 계승했기 때문에, 아성亞聖으로 숭앙받고 있다는 것이다. 16세기 조선조는 맹가가 사망한 후 1000여 년간 도의 맥이 끊어졌다가, 주자朱子가 태어나 이를 찬연하게 이어받아 보완했다고 인식했다. 유교를 국시로 삼았던 조선조 16세기 학자들은 한 걸음 나아가 동아시아의 도맥道脈은 송대宋代 이후 중원에서는 거의 단절되었지만, 다행히 한반도로 이행되어 풍성하게 발화했다고 자부했다. 다시 말하면 주자가 사망한 뒤 400여 년 무렵 도학의 꽃이 16세기 조선조에서 만발한 것으로 인식한 것이다. 중원의 경우 '원元·명明' 대에 유학이 위축되어 기진맥진한 경지에 있었던 것은 사실이다. 이에 반해 16세기 이후 우리 조선에서는 유학이 성리학性理學으로 정예화되어 당시 세계 학계에서 최고의 경지에 있었다.

조선조가 대한제국으로 재조再造되어, 우리 민족의 반만 년간 숙원이었던 칭제건원稱帝建元을 한 뒤 얼마 안 되어 일제에 의해 국권이 강탈된 후에도, 유학은 소멸하지 않고 전승되었다. 한동안 소위 개화파 지식인들에 의해 수모를 겪기도 했지만, 우리 겨레의 심성 깊숙이 각인된 유학 이념은 서학西學의 폭풍우를 지혜롭게 극복하여 다시 재활의 궤도에 진입하고 있다. 표면적으로 유학 이념이 서구식 문화에 완전하게 침윤된 것처럼 인식될 수도 있으나, 이는 서구식 문화로부터 살아남기 위해 연출한 보호색이었다. 유학은 세계사의 격동기였던 15세기경부터 19세기까지 우리 민족의 국권과 정체성을 지킨 보루였음을 우리는 아직도 잘 모르고 있다.

유사 이래 세계의 선진국으로 반만 년간 우뚝 섰던 중원 국가가, 서구에서 몇몇 학자가 책상 위에서 만들어낸 정체불명의 이데올로기를 수용하여 나라를 통치한 50여 년 동안, 세계 최빈국으로 추락했다는 사실을 교훈으로 삼아야 할 것이다. 근자에 와서 이를 뉘우치고 공부자를 다시 부각시킨 것은 만시지탄晩時之歎이긴 하나, 다행이라 할 수 있다. 이와는 달리 우리는 유교 이념을 버리지 않고 말초적 서구식 문화의 횡포로부터 살아남아서 중흥의 궤도에 진입하고 있다.

유학의 경전 중 어느 하나 중시하지 않은 것이 있었을까마는, 그중에서 『논어』와 『맹자』에 기울인 애착과 열정은 남다른 바가 있다. 선인들은 이를 두고 '어맹語孟'이라 일컬어 기리기도 했다. 『육경六經』을 중시하지 않은 것은 아니지만, 차원 높은 도덕적 삶과 경국제민의 진수가 담긴 '어맹語孟'을 특히 귀하게 여겼다. 『논어』와 『맹자』는 윤리서이면서 제세안민의 정론政論이 담긴 정치학 논저이다.

제세안민濟世安民의 요체는 정치에 있다는 사실을 우리 겨레는 일찍부터 파악했으므로, 정치현실에 특히 관심이 많았다. 『맹자孟子』를 정치학 저술로 인식한 것은 중원의 학자들도 예외가 아니었다. 『맹자』의 저자 맹가孟軻 역시 도학자에 만족하지 않고, 세상을 인의仁義가 충만한 이상향을 만드는 것이 꿈이었다. 그가 당시 제후들을 찾거나 또는 초청을 수락하여 당대의 정치적 실세들을 면담한 이유도 여기에 있었다. 사마천 역시 맹가를 실패한 정치인으로 생각하고 『맹자열전孟子列傳』을 편술한 흔적이 보인다.

태사공(太史公, 사마천 또는 사마담)이 이르기를, 내가 『맹자서』를 읽다가 양 혜왕이 "무엇으로 우리나라를 이롭게 하겠느냐"는 구절을 읽고 책을 덮고 탄식하며 말하기를, "이익은 진실로 분란의 시초이므로, 공부자가 이익에 대해 언급한 바가 거의 없는 것도 그 분란의 본원을 방지하고자 한 것이다. 그러므로 이익에 근거하여 행동하면 많은 사람들로부터 원망을 받게 되기 때문에, 위로 천자天子로부터 아래로 서인에 이르기까지 이익을 추구하는 피해가 막대함에는 차이가 없다"고 평했다.

인간은 본능적으로 이익과 이속을 추구하는 속성이 있다. 성인은 이 같은 인간의 본성을 두고 '성선설性善說'을 강조하여 악을 방지하고자 했다. 서기전 4세기 무렵 맹가가 활동하던 시대에 열국의 지도자들이 저들 국가의 이익을 최우선으로 삼은 것은 어쩌면 당연한 처사이다. 서기전 6세기 춘추시대 공부자가 '인仁'을 열국의 통치자들에게 역설했는데, 서기전 4세기에 들어와서 맹가는 이를 한층 더 보강하여 '인의仁義'를 제창했다. 맹가는 공부자의 '인' 사유에서 '의義'를 첨가하여 한결 강화된 행동법칙을 내세웠다. 서기전 4세기에 진입하여 '인'에 '의'를 추가할 수밖에 없었던 시대상의 퇴락을 읽을 수 있다.

2. 서기전 4세기의 정치상황과 맹가

『사기』「맹자열전」; 맹가孟軻는 추騶·鄒나라 사람으로 자는 자여子輿로서 제나라의 경이 되었다. 추는 연주兗州의 한 현이다. 공부자의 손자 자사(子思, 이름은 급伋이다)에 수업하여 도가 통한 뒤 제나라 선왕宣王을 섬기고자 했으나, 선왕이 등용하지 않았다. 일설에는 자사에게 직접 배운 것이 아니라 자사의 문인에게 수업했다는 견해도 있다. 이에 양(梁, 위魏)나라로 갔지만, 혜왕 역시 "지나치게 이상적이어서 현실정치에 도움이 안 된다"고 하며 거리를 두었다. 이 무렵 중원의 정치상황은 전국시대로서 진秦나라는 상군(商君, 공손앙公孫鞅)을 등용하여 부국강병을 꾀했고, 초楚와 위魏는 오기吳起를 발탁하여 세를 확장하고 있었으며, 제齊의 위왕威王과 선왕宣王은 손자(孫子, 손무孫武)와 전기(田忌, 제의 공족公族 장수) 등의 병술가를 임용하여 제후들을 제어하고자 했다. 그러므로 맹가 시대의 중원은 합종연형책合縱連衡策이 교차하여 공벌을 최선책으로 여기던 시기였다.

맹가는 자신의 고매한 정치적 이상을 제후들을 통하여 현실화하는 것이 불가능함을 깨닫고, '요 · 순'과 '하 · 은 · 주' 삼대三代의 도덕을 조술하는 것이 자신의 사명임을 깨달아, 물러나 제자 만장萬章 · 공명고公明高등과 함께 『시경』과 『서경』을 서술하고, 공부자의 높은 뜻을 조술하고 계승하여 『맹자』 7편을 저작했다. 『논어』가 결집된 지 대략 1세기여가 지난 무렵이었다. 『맹자』는 『논어』를 계승하고 조술한 경전이다. 맹가를 아성亞聖이라 칭하는 이유도 공부자의 고귀한 뜻을 맹자가 계승했기 때문에 붙여진 명칭이지, 일반적으로 알려진 것처럼 공부자보다 한 단계 아래인 차위의 성인이라는 의미는 아니다.

맹가를 성인보다 약간 낮은 자리에 있는 두 번째 성인이라 칭하는 것은, 공부자와 맹자 두 분에게도 욕이 되는 것으로 여겨진다. 사실 『논어』도 '요 · 순 · 우 · 탕 · 문왕 · 무왕 · 주공'의 뜻을 종합하여 공부자가 조술한 것으로, 공부자 개인의 독창적 저작은 아니라고 볼 수 있다. 그런 의미에서 공부자와 맹가는 긴밀히 연계된 보완적 관계로서 하나이지 둘이 아니다. 만일 맹가가 없었다면 공부자와 『논어』가 오늘의 영광을 차지하지 못했을 것이다.

전국시대 맹가 이후 강국으로 부상한 제나라의 실권을 장악한 인물은 맹가의 제자들인 유학자가 아닌 소위 추자騶子 유의 무리들이었다. 당시 통치자들은 고매한 이상을 지닌 맹가와 그 제자들을 멀리하고 음양오행陰陽五行 등 현실과 직접적으로 결부시킬 수 있는 논리를 전개하고 있는 인물들을 현실 정치에 참여시켰다. 사마천이 맹가 이후 추자의 무리들이 두각을 나타냈다고 했는데, 그 대표적 인물이 맹가 이전에 활동했던 추기騶忌와 이후에 활동했던 추연騶衍 등을 들 수 있다. 공부자와 맹가가 선왕의 도를 법으로 삼아 인의로 세상을 교화하고자 한 것과 달리, 이들은 괴이하고 흥미로운 언설을 논하여 제후들의 마음을 사로잡아, 그들로부터 극진한 예우를 받고 현실적인 부귀영화를 누린 사실을 두고 뜻있는 자들은 탄식해 마지않았다.

전국시대 제후들이 맹가를 박대한 것과는 달리 추자 같은 인물들은 환대했고, 양나라(위)에 갔을 때 혜왕이 교외에 나와서까지 마중했으며, 조趙나라에 갔을 때 평원군平原君 역시 최고의 대우를 했고, 연燕나라를 방문했을 때도 소왕昭王 또한 파격적으로 예우했다. 당시 맹가가 푸대접받은 것과는 퍽이나 대조적이다. 예나 지금이나 '인의仁義'는 인기가 없다. 하물며 공부자의 '인'에다 맹가는 '의'까지 첨가했으니, 푸대접받음이 당연한 것일 수도 있다. 사마천은 합리적 정도에서 벗어난 추자의 무리들이 당시 제후들에게 극진한 대접을 받고 권세와 영화를 행사하고 누리는 사실을 두고, 공부자가 진陳과 채蔡나라 사이에서 굶주려가며 곤욕을 치루고, 맹가가 제齊나라와 양나라에서 박대 받던 사실과 결부시키며 안타까워했다.

무왕武王이 '인의'로서 은의 주紂를 정벌하고, 백이伯夷가 주나라 녹을 먹지 않고, 위영공魏靈公이 공부자에게 전쟁에 대해서 물었지만 이에 대해 대답하지 않았던 것과, 양 혜왕이 조나라를 공격하려고 하자 맹자가 대왕이 빈邠땅으로 간 사실 등과 결부시킨 사례들을, 사마천은 맹가가 인의로서 제후를 설복시켜 제세안민하려는 의도와 비교하여 네모난 장부(예枘)를 둥근 구멍(조鑿)에 끼우는 것과 대비시켜 간접적으로 그 불가함을 암시했다. 또 이윤伊尹이 요리로써 탕왕에게 나아가 왕업을 이루게 했고, 백리해百里奚가 소수레 아래에서 식사하며 목공穆公을 패자로 만든 점 등을 볼 때, 먼저 실력자의 마음을 사로잡아야 대도로 인도할 수 있는 것으로 여겼다. 추연의 언설이 비록 상도에서 벗어나 우활한 면은 있지만, 일말의 긍정적인 요소도 있다고 했다. 사마천의 추자 무리에 대한 이같은 견해를 두고, 초주(譙周, 촉한蜀漢의 학자)는 "태사공太史公의 논리는 이들을 사랑하고 기이하게 여긴 것 같아 문제가 있다"고 비판했다.

『맹자』 7편은 맹가가 제자 만장·공명고 등과 『시경』과 『서경』을 정리하고, 공부자의 뜻을 받들어 직접 저술한 것으로 알려져 있지만, 일설에는 『논어』처럼 맹가의 문도들에 의해 결집된 것이라는 견해도 있다. '불문이위문不文而爲文'이라는 말이 있다. 과거 성현들은 저작을 남기려는 의도가 있었던 것이 아니라, 문도와 후인들에 의해 자연스럽게 경전으로 편성되었다는 것이 이른바 '불문이위문'이다. 공부자가 주창했던 '술이부작述而不作'은 동아시아 학계와 문원에 암묵적으로 일관된 현상이었던 점을 상기할 때, 맹가가 '『시경』·『서경』'을 풀이한 것은 인정되나, 『사기』「맹자열전」에 기록된 것 같이 '작맹자칠편作孟子七篇'이라는 문맥을 그대로 인정하여, 맹가가 과연 자신의 논리에 입각하여 편장의 이름까지 스스로 붙였는지는 속단할 수 없다. 이에 대해 한자韓子, 愈는 "『맹자』는 맹자 자신이 직접 저술한 것이 아니라, 맹가가 사망한 뒤 만장과 공손추公孫丑 등이 상의하여 선생의 말을 편집했다"고 했다.

3. 『맹자장구孟子章句』의 저자 조기의 정치적 입지

현재 전하고 있는 가장 오래된 『맹자』 주석서의 저자는 후한 조기(趙岐, 歧로도 나옴)이고, 한 대漢代에 찬술된 유일한 것으로 맹가가 서거한 후 500여 년 뒤에 나왔다. 공부자 서거 후 200년 만에 맹가가 출생했다. 따라서 『맹자』는 『논어』의 미의微意를 핍진하게 밝힌 것으로 생각된다. 조기는 비록 맹가 사후 2세기라는 시간이 흘렀지만, 그 이전의 주석서를 모두 참고하여 『맹자장구』를 저술했으므로, 맹가의 만세에 교훈이 될 미의를 잘 살린 것으로 보고 있다. 조기는 한대에 유행했던 훈고학적 접근에 만족하지 않고, 내재된 깊은 뜻과 주제를 밝히려는 의지를 가졌기 때문에 더욱 의미가 있다. 그러므로 『맹자』의 미의를 파악하는 데는 조기의 주석서를 배제하고는 논의가 불가능하다.

맹가 사후 조기가 주석을 한 시기까지 500여 년 동안 『맹자』를 해설한 책은 적은 편이 아니었다. 『맹자정본孟子正本』에서 초순焦循은 맹가 이후 『맹자』를 이끌어 논의한 사람들 가운데, '순경(筍卿, ?BC 298~

390), 한영(韓嬰, 전한 문제文帝 때 사람), 동중서(董仲舒, ?BC 176~104), 유향(劉向, 전한시인), 양웅(楊雄, BC 53~AD.18), 왕충(왕충, ?30~?106), 반고(班固, 32~90), 장형(張衡, 후한 때 인물), 정강성(鄭康成, 정현鄭玄, 127~200), 허신(許愼, 30~124) · 하휴(何休, 129~182)' 등이 있지만, 거개가 일부를 취하여 설명하는 수준이었다. 『후한서後漢書』「유림전儒林傳」에 정증(程曾, 자字 수승秀升, 예장 남창 사람)이 『맹자장구孟子章句』를 지었다고 했다. 정증은 건초建初 3년(78)에 효도 · 염치로 천거되었다고 했는데, 건초(78~83)는 장제章帝의 연호로서 동한東漢 초엽 무렵이니 조기보다 앞선 인물이다. 『맹자』를 전문적으로 연구한 학자는 이로부터 시작했다. 『수서隋書』「경적지經籍志」에 한대 정강성의 『맹자주』 7권과 유희劉熙의 『맹자주』 7권이 있다고 했다. 「정강성본전鄭康成本傳」에 그의 저서가 소상하게 적혀있지만, 『맹자』에 대한 언급은 없다. 그러므로 『수지隋志』에 실린 『맹자주』가 어디에 근거했는지 알 수 없다고 『맹자정본孟子正本』 서叙는 평했다.

조기趙岐는 앞서 말한 것처럼 맹가 사후 500여 년 뒤에 태어난 인물이다. 그는 후한 말기의 학자 겸 정치가로서 난세를 만나 다사다난한 삶을 치열하게 살았던 인물이었다. 『후한서』「조기열전」은 조기를 다음과 같이 말했다. 조기의 자는 빈경邠卿으로 서경 장릉長陵 사람이다. 초명은 가嘉로 그의 조부가 어사였으므로 어사대御史臺에서 출생했기 때문에 자를 대경臺卿이라고도 했다. 후에 난을 피해 이름과 자를 바꾸었으나, 근본을 망각하지는 않았다. 조기는 어려서부터 경전에 밝았고 재예가 있었으며, 부풍扶風 마융馬融의 형 마돈馬敦의 딸 종선宗善을 아내로 삼았다. 마융은 외척으로 호가豪家였지만, 그는 이를 비천하게 여겨 상종하기를 꺼렸다. 주군州郡에 벼슬하면서 성정이 강직하여 주변 사람들과 조화를 못 이루어 항상 알력이 있었다.

나이 30 무렵(40세라는 설도 있음) 중병에 걸려 7년간 병석에 신음하다가 죽음을 예견하고, 형자(兄子, 기의 큰형은 경磬으로 주군州郡의 종사로 있다가 일찍 죽었고, 차형 무기無忌, 자 세경世卿 당현唐玹에게 살해되었다)에게 "대장부 세상에 태어나 은둔하여 기산箕山의 지조도 누리지 못하고, 벼슬하여 이윤伊尹과 강여상姜呂尙 같은 공훈도 이루지 못하였으니, 내가 무슨 말을 할 수 있겠는가? 그러므로 둥근 돌 하나를 내 무덤 앞에 세우고 '한에 일인逸人이 있어 성은 조 이름은 가嘉였는데, 뜻은 컸지만 때를 만나지 못한 것이 운명이니 어찌하겠느냐'"라 새기라고 지시했는데, 곧이어 병이 쾌차하여 실현되지 못했다.

조기와 사이가 아주 나빴던 중상시中常侍 당형唐衡의 형 당현이 경조윤京兆尹이 되자, 조기는 종자從子 진戩을 데리고 도피하여 방랑생활을 했다. 이 무렵 당현은 조기의 예상대로 조기 일족을 잔인하게 살육하여 조씨 집안은 멸문의 화를 입었다. 조기는 참담한 심경을 품은 채 사방을 방황하며 스스로 성과 이름을 바꾸어 북해北海시가에서 떡을 팔아 생계를 유지했다. 당시 안구安丘에서 나이 20여 세의 손숭孫嵩이 시가지를 유람하다가, 떡을 팔고 있는 조기를 발견하고, 그가 비범한 인물임을 알고 수레를 멈추고 함께 가자고 했다. 조기는 크게 놀라 어쩔 줄 몰라 했다. 손숭은 수레에서 내려 행인들을 물리치고, "내가 보기에 그대는 떡을 팔 사람이 아닌데, 무슨 사정이 있어서 망명한 것으로 보인다. 나는 북해의 손빈석孫賓石으로 당신을 구제할 힘이 있다"라고 했다.

조기는 손숭의 이름을 익히 들어 알고 있었기 때문에, 자신의 신세를 사실대로 알렸다. 이에 함께 그의 집으로 가서, 손숭은 먼저 어머니에게 죽음에 이른 친구를 만났다고 한 뒤 당으로 모셔 극진히 환대했다. 손숭은 조기를 집의 복벽複壁 속에 수년간 숨겨주었고, 여기에서 그는 「액둔가厄屯歌」 23장을 저작했다. 시간이 흘러 당현 등이 처형되고, 조기는 사면되었다. 삼부三府에서 조기를 발탁하여 여러 관직을 거쳐 병주자사幷州刺史에 차임되자, 변방 수어책을 상주했다. 그러나 조정에 올라가기 전 당쟁과 연계되어 빛을 보지 못하고, 인하여 「어구론御寇論」을 찬술했다.

후한이 쇠퇴의 나락으로 빠져들기 시작할 무렵인 영제(靈帝, 재위 168~189) 초에, 조기는 다시 당고黨錮의 환난을 만나 불운을 겪다가, 서기 184년 사방에서 반란군이 창궐하자, 황제가 조를 내려 문무를 겸전한 인사를 녹봉 2천 석으로 선발할 때, 조기는 의랑議郞으로 발탁되었다. 대장군 하진何進이 조기를 돈황 태수로 천거하여 부임 도중 도적들에게 잡히는 불운을 겪었다. 헌제(獻帝, 재위 190~219)가 수도를 장안(서도西都)으로 옮긴 후, 의랑으로 다시 보임되었다가 태복太僕으로 옮겼다. 당시 전권을 장악했던 이최李傕가 태부太傅 마일제馬日磾로 하여금 천하를 위무하게 했는데, 조기를 부副로 삼았다. 마태부와 함께 여러 군현을 시찰하는 도중 군현의 백성들이 조기를 보고, 오늘 다시 사자使者의 거기車騎를 보게 되었다고 기뻐할 정도로 백성들에게 인기가 있었다.

조기는 학자이기보다 정치가로 행세하기를 원했다. 그가 『맹자』에 특히 관심을 가진 이유도 맹자에 담긴 정론政論을 중시했기 때문이다.

조기는 『맹자』를 『논어』와 유기적으로 결부시켰다. 『논어』 역시 『맹자』와 더불어 정론이 주제의식으로 자리매김하고 있는 점은 동일하다. 조기는 후한 말에서 삼국시대로 이행하는 난세에 태어나 간고한 정치 현실에 신음하며 살았다. 그가 전국을 위무 차 순행할 때, 원소袁紹와 공손찬公孫瓚이 기주를 차지하기 위해 쟁탈전을 벌이고 있었다. 조기가 오고 있다는 소식을 들은 원소와 조조는 친히 군사를 거느리고 수백 리까지 나와서 영접했다. 조기는 이들 군웅에게 천자의 은혜를 개진하여 먼저 군사를 파하고 백성을 편안하게 할 것을 역설했고, 공손찬에게 편지를 보내 이해관계를 설득했다. 그는 한실漢室의 중흥과 안보를 간절하게 원한 충신이었다. 조기의 충정에 감동을 받은 원소 등이 각각 군대를 끌고 돌아간 후, 모두 조기와 함께 낙양에서 만나 거가를 영접하기로 약속하기도 했지만, 실행되지는 못했다.

서기 194년 헌제獻帝는 조를 내려 조기를 불렀다. 황제가 낙양으로 돌아와 동승董承에게 궁실 수리를 맡겼는데, 조기는 동승에게 "이제 해내海內는 소란하여 여력이 없는데 반해, 형주荊州는 땅이 넓고 풍광이 뛰어날 뿐 아니라, 서로 파촉과 통하고 남으로 교지交阯와 연접하여, 해마다 풍년이 들어 군사와 백성들을 차출할 수 있다고 하여, 스스로 형주로 가서 유표劉表를 설득하여 군사를 끌고 와 조정을 보위하고 함께 황실을 합심하여 돕게 하는 것이 상책"이라고 진언했다.

이에 조기가 몸소 형주로 가서 유표를 만나 사정을 설명하자, 유표는 즉각 군대를 파견하여 궁실 수리를 도왔고 군자금까지 보냈다. 이때 손숭도 유표에게 의탁하고 있었지만 유표가 예로서 대하지 않으니, 조기가 손숭이 행실이 돈독하다고 칭찬했다. 이 무렵 조조는 사공

司空으로 있었는데, 환전桓典과 공융孔融이 조기를 추천하여 태상太常이 되었다. 이보다 앞서 조기는 수장壽藏을 만들어 계찰(季札, BC, 6세기 경 오의 공자)·자산(子産, 춘추 시 정나라 공손교公孫僑의 자), 안영(晏嬰, 춘추 시 제의 대부 『안자춘추晏子春秋』의 저자), 숙향(叔向, 춘추 시 진晉의 대부)의 화상을 배치하고 스스로 자화상을 그려 중앙에 안치했다. 서기 201년 90여 세를 일기로 조기는 삶을 마감했다. 임종에 가까워지자 조기는 아들에게 "내가 죽는 날 묘 가운데 모래를 깔아 상牀을 만들고 대자리에 흰 옷을 펴서 그 위에 머리칼을 흩어 홑 겹을 덮은 후 당일에 하관하여 덮도록 하라"고 말했다. 그는 저술이 많았지만, 『맹자장구』와 『삼보결록三輔決錄』만이 세상에 전한다. 『후한서』의 찬자 범엽范曄은 조기가 강역을 나와서 지방관들을 만난 것은 조정의 위엄을 높이기 위해서였다고 했으며, 소기의 목적을 이루었다고 평했다.

이상은 『후한서』「조기열전」에 실린 조기에 관한 기록이다. 이는 조기가 정치에 관심이 많았고 현실 정치에 깊숙이 관여했음을 알 수 있는 자료로서, 그가 『맹자』를 정론에 초점을 맞추어 장구章句를 만들고 해석했음을 방증한다. 조기의 『맹자주』는 그가 북해에 피난 시 손빈孫賓의 집 복벽에 은신할 때 은신처에서 저작되었다. 한나라 유학자들의 경전 주석은 대체로 훈고명물訓詁名物에 치중했는데 반해, 조기의 『맹자주』는 문구를 해석하여 대의를 밝혔으므로 후세의 구의口義와 같아서 고학古學과는 차이가 있다. 송宋의 손석孫奭은 『맹자정의孟子正義』서문에서 『맹자』에 대해서 서술한 것으로, 필자가 이를 독자의 이해를 돕기 위해 약간의 의역을 곁들여서 번역한 것이다.

“여러 성현들의 도를 총괄하여 종합한 것은 육경六經이고, 육경의 가르침을 계승하여 확충시킨 책에는 『맹자』만 한 것이 없습니다. 공부자의 서거를 전후하여 전국시대가 시작되어, 지극한 교화는 쇠락하고 이단이 곳곳에 일어나, 법도는 문란해지고 궤변이 횡행하여 양자와 묵적의 무리들이 도를 거역하는 달콤한 언사를 논하자, 드디어 왕과 공후들이 그들의 계책을 채택하여 상층은 분란에 빠졌고 학자들도 그들의 망설을 추종하여 하층 백성들을 미혹시켜 나라 안팎을 혼란으로 몰고 갔습니다. 궤변과 이단이 홍수처럼 범람하여 산을 뒤덮고, 시세가 잡초가 우거진 황야처럼 암흑으로 빠져들어 올바른 길을 막아 이를 제거할 인물이 없었습니다. 이때 오직 맹가가 기라성처럼 나타나 선각자들의 뜻을 포괄하여, 사악을 뽑아내고 정의를 부식하고 고매한 행동과 정정당당한 논의를 전개하여 왕화王化의 근원으로 인도하여, 시대의 폐악을 삼제芟除하고 성인의 도리를 열어 갖가지 의혹을 단절시켰습니다. 맹가의 언설은 정미롭고 풍성하며, 주지는 심오하고 통명通明하여 공부자의 가르침을 홀로 천고千古에 부각시켰으니, 성현이 아니고서야 어찌 여기에 이르렀겠습니까? 『맹자서孟子書』는 화덕火德으로 입국한 한나라 시대부터 세상에 성대하게 전해져, 주注를 가한 자는 조기와 육선경(陸善經, 당대 집현전 학사로 육전六典을 편수했다)이고, 음音을 단 사람은 장일(張鎰, 당의 절도사)과 정공저(丁公著, 당의 태상경)입니다. 육선경 이후로 그 뜻을 풀이한 바가 비록 약간의 차이는 있긴 하나, 조기의 『맹자』 해설을 기본으로 삼았습니다. 오직 음과 해석의 경우 두 사람의 편찬 내용이 모두 정미롭지 못하며, 장일은 오로지 장과 구만을 나누었는데 누락된 바가 매우 많았습니다. 정공저의 찬록은 주제를 어느 정도 이해했으나, 오류와 착오가 간혹 보이고 있는 만큼 다시 교정하여 바로잡지 않는다면, 이를 학계에 통행시킬 수 없는 정도였습니다. 이에 신臣 손석은 몇몇 관료 식자들과 더불어 『음의音義』 2권을 만들어 이미 올린 바가 있습니다. 이제 천학비재를 채찍질하여 조기가 발명한 해석을 좇고, 우러러 선유들의 경전 해석을 본받아서 『맹자정의』를 저작했습니다. 대저 이치의 옹색함과 사실의 누락은 선학들의 경전 해석을 참고하고 보강하여 구명했습니다. 비록 우러러 지극한 말씀을 헤아리긴 했지만, 그 오묘한 뜻을 깊이 있게 밝히지는 못했습니다. 훗날 다방면에 박식한 학자가 나와서 천학이 미처 보지 못한 심오한 맹자의 지취를 명료하게 천명할 것을 기대합니다."

상기 『맹자정의』의 서문을 지은 손석은 자가 종길宗吉이고 박평인博平人으로 송나라 태종 단공(端拱, 988~989) 중 구경급제로 관계에 진출하여, 벼슬은 병부시랑 · 용도각학사龍圖閣學士에 이르렀으며, 『맹자정의孟子正義』를 편찬하였다.

4. 맹가의 도통적道統的 위상과 업적

맹가(BC 327~289)는 기원전 3~4세기 전국시대戰國時代의 아성亞聖이다. 아성의 뜻은 여러 가지가 있지만, 대체로 성인聖人 공부자孔夫子의 사상을 훌륭하게 계승했다는 의미로 해석한다. 사마천司馬遷(BC 145~86?)은 내가 『맹자孟子』를 읽다가, 양 혜왕梁惠王(BC 400~319)이 '우리나라(위魏)를 어떻게 하면 이롭게 하겠습니까?' 하는 구절에 이르러서, 책을 덮고 탄식하지 않을 수 없었다고 한 바 있다. 맹가는 노魯나라의 속현屬縣인 추騶나라 사람으로 자사子思(BC 483?~402, 『사기史記』에는 자사의 문인門人이라고 했다)에게 배워서 도道를 통한 뒤 제齊나라 선왕宣王에게 갔지만 등용되지 못했다. 곧이어 혜왕惠王을 찾았고, 혜왕 역시 현실 감각이 없다고 하여 환대歡待하지 않았다.

그가 살았던 시대는 '진秦·초楚·위魏·제齊' 등이 자웅雌雄을 다투었고, 그러기 위해 한결같이 부국강병책富國强兵策을 중요한 국정 지표로 삼고 있었다. 따라서 '상앙商鞅(BC 390~338)·오기吳起(BC ?~

378)·손자孫子(손빈孫臏 전국 시 제나라 무장)·전기田忌' 같은 인물들과 '소진蘇秦(BC ?~317)·장의張儀(BC ?~309)' 등이 죽순처럼 족출簇出하여 합종연형合從連衡이 초미焦眉의 관심사로 부각되었다.

이 같은 현상은 천하통일天下統一이라는 정치적 귀결에 이르기 위한 피할 수 없는 과정일 수도 있다. 자고로 통일은 부국강병을 대전제로 한다. 통일을 위해서 소수의 이익利益은 무시되어야 하고, 또 이들 소수나 비주류의 정파를 제압하지 않고는 불가능하다. 왜냐하면 통일은 절대다수의 이익에 반하는 소수파의 이익을 배제해야만 가능하기 때문이다.

사실 맹자는 통일된 국가에서 능력을 발휘할 인물이지, 난세亂世에 필요로 하는 분은 아닐 수도 있다. 양 혜왕이나 제 선왕에게 발탁되어 정사에 본격적으로 참여하지 못한 것은 당시 상황으로 봐서 당연했다고 생각된다. 공부자와 마찬가지로 맹자가 정치에 참여하여 조정朝廷에서 활동했다면, 불후不朽의 명저인 『맹자』는 이 세상에 존재하지 않았을 것임을 생각할 때, 맹자 개인의 불우不遇는 만세萬世의 행운이 되었다는 역설逆說을 실감케 한다. 동서고금東西古今을 막론하고 이상주의와 이상주의자들은 한결같이 패배했다는 쓰라린 역사를 갖고 있다.

이상이 막강한 현실에 대항하는 것은 이란투석以卵投石이기도 하다. 그럼에도 불구하고 이상은 현실보다 항상 생명력이 장구했다. 현실이 한때 극성하다가 얼마 안 가 단명으로 끝나는 경우가 상례인 데 반해, 어린아이같이 나약하게 여겨지는 이상은 죽지 않고 다시 되살아나는 끈기가 있다. 춘추시대春秋時代 공부자의 이상은 실패했지만, 1세기가 지나 전국시대에 와서 맹가에 의해 침잠沈潛되었던 이상이 다시 되살아난 것도 한 예이다.

냉혹한 현실이 노도怒濤처럼 출렁이는 시대에 정면으로 대결하지 못한 채 현실에서 물러날 수밖에 없었던 맹가를 두고, 사마천이 피력한 『사기』의 다음과 같은 기록은 마치 오늘의 어떤 뜻 있는 기고자寄稿者가 쓴 정론正論을 보는 듯한 느낌을 준다. 이익은 진실로 모든 혼란의 시초이다, 공부자가 이利에 대해서 거의 말하지 않았던 것은 혼란을 근원적으로 방지하기 위해서였다. 그러므로 이익에 초점을 맞추어 행동하면 많은 사람들로부터 원한을 사게 된다.

위로 천자天子로부터 아래로 서인庶人에 이르기까지 이익 위주로 사고하고 행동할 때 야기되는 폐단을 족히 알 수 있다, 오로지 이익만을 집요하게 추구하는 현실의 벽에 부닥친 맹자는 '요堯 · 순舜과 하夏 · 은殷 · 주周' 삼대三代의 덕치德治를 외쳐봤자, 당시 위정자들에게 수용될 기미가 전혀 없음을 알고, 물러나 문도門徒 '만장萬章 · 공명고公明高' 등의 협조를 얻어 『시경詩經』과 『서경書經』을 차례대로 조술祖述하고, 공부자의 유의遺意를 부연敷衍하여 『맹자』 칠편七篇을 찬술撰述했다, 라고 사마천司馬遷은 서술했다.

공부자가 『시경』을 제일로 삼은 것처럼 맹가도 『시경』을 가장 중시했다. 위衛를 떠나 노魯나라에 돌아온 후, 악樂을 바르게 하여 아雅와 송頌이 각각 제 위치를 찾았고, 뒤이어 『시경』을 산정刪定하고 『서경』을 정리定理했고 『주역周易』을 계사繫辭했으며, 『춘추春秋』를 저작했다고 「맹자제사孟子題辭」는 밝혔다. 맹자 역시 제후들에게 실망하여 제와 양나라에서 귀국하여, 요순堯舜의 도를 조술祖述한 뒤 저작著作에 임했다고 했는데, 이는 대현(大賢-맹자)이 공부자처럼 현실에 좌절한 후, 고향으로 돌아와 인류문화사에 위대한 업적을 남긴 맹자의 학문적 생애에 관해 언급한 것이다.

한漢의 조기趙岐(?~201, 후한 경조京兆 장릉인長陵人)는 『맹자』 7편을 구체적으로 261장章 34,685자字(『맹자주소孟子注疏』에 양 혜왕편 21장 5334자, 공손추편 23장 5120자, 등 문공편 15장 4533자, 이루편 61장 4285자, 만장편 18장 5120자, 고자편 36장 5535자, 진심편 84장 4159자로 기록되어 있는데, 편장 수와 글자 수가 합치되지 않는다. 장절의 분장 기준과 조사와 허자의 산정등과 연관이 있는 듯하다)로 분류하여 계산했다.

『맹자』는 천지天地의 묘리妙理를 포괄했으며 만류萬類를 헤아려 서술했고, '인의仁義·도덕道德·성명性命·화복禍福' 등 수록되지 않은 것이 없다고 말했다. 한유韓愈(768~824)는 『맹자』는 맹가孟軻 자신이 직접 저술한 것이 아니라, 맹가 사후 문도인 만장萬章·공손추公孫丑 등이 스승이 한 말을 기록한 것이라고 했다. 한편 『맹자』는 7편이 아니라 11편이라는 설도 있다. 즉 7편은 내서內書이고 나머지 4편은 외서外書라는 주장이다.

'성선性善·변문辯文·설효경說孝經·위정爲正'이 이른바 외서의 편장인데, 이들은 내서 7편과는 내용이나 성향이 전혀 다르기 때문에 후세에 조작된 것으로 알려져 있다. 맹자 사후 도덕은 땅에 떨어지고 진秦이 육국六國을 통합한 뒤, 국론 통일을 기하기 위해 분멸경술焚滅經術과 갱육유생坑戮儒生을 자행하여 맹가의 도당徒黨이 완전히 소멸되었다. 이 와중渦中에 다행스럽게도 『맹자』가 '제자諸子'에 분류되었기 때문에 민절泯絶을 면했다.

중국의 개인 저작 명칭이 거의 저자의 성씨姓氏를 따서 '『맹자孟

子』·『묵자墨子(BC 480~390, 이름은 적翟)』, 『순자荀子(?BC 298~238)』·『열자列子(전국시대, 이름은 어구禦寇)』'라고 하는데, 이런 관례를 따른다면 『논어論語』도 '공자孔子'라고 했을 터인데 그렇지 않다. 『맹자』는 『논어』를 본받아 저술되었다. 「맹자제사」는 『논어』를 일컬어 오경五經의 관할錧鎋(수레의 비녀장으로 운행에 긴요한 부분)이요 육예六藝(예禮·악樂·사射·어御·서書·수數)의 후금喉衿(목구멍과 옷깃으로, 즉 중요부분을 지칭)이라 하여, 오경의 관건이요 핵심임을 예찬했다. 이 부분의 '정의正義'에서, 『논어』는 공부자가 제자들과 당시 사람들과 주고받았던 말을, 공부자 사후 찬집했기 때문에 얻은 명칭이라 했다.

정현鄭玄(127~200, 후한의 학자 자字는 강성康成, 마융馬融에게 수학했다) 주注에는 '중궁仲弓·자유子游·자하子夏' 등이 『논어』를 찬술했는데, '논論'은 '윤綸'으로서 이 책이 세무世務를 경륜經綸하는 내용이 주류인 까닭으로 '논論'이라 했다고 풀었다. '어語'는 『주례周禮』에 이르기를 '대답하여 이른 말'을 뜻한다고 했다. 『논어』가 제자와 당시 인들의 물음에 답한 말로서 내용이 짜여 있는 만큼 '어語'라고 했다는 것이다. 즉 『논어』라는 제목의 의미는 국가경영을 위한 경륜을 문답형으로 다뤘다는 의미라고 보았다.

『한서漢書 예문지藝文志』에 『논어』는 공부자가 제자들과 당시를 살았던 사람들의 질문에 답한 것이며, 문인들과 나누었던 대화를 공부자 서거 후, 논의하여 편집했기 때문에 붙여진 명칭이라 했다. 『논어』의 논論을 륜綸이라 한 것은 세상을 경륜하는 방책을 제시했기 때문이고, 륜輪이라 한 것은 세상의 이치가 수레바퀴처럼 돌고 있음을 지적한 것이며, 이理라고 한 것은 삼라만상의 도리가 모두 포함되었음을 뜻하고, 각 편장이 체계적으로 짜인 까닭으로 차次라고 했고, 찬撰이라 한 것은 현인들이 모여 편찬했음을 의미했다. 『논어』의 어語는 제자들과 당대인들의 질문에 답한 것임을 지적했다. 어語를 논論자 아래 배치한 이유는 엄정한 고증과 논의를 거쳤기 때문에 오류가 없음을 확인한 것으로 해석했다. 『맹자』 역시 『논어』의 이 같은 면을 본받아 저술된 것으로 파악했다. 『맹자』가 『논어』를 닮은 것은 사실이다. 그렇기 때문에 사마천이 중니仲尼(공부자의 자字)의 뜻을 조술했다고 『맹자』를 평가한 것이다.

주자朱子(1130~1200)는 그의 『맹자집주孟子集註』「서설序說」에 『사기』「맹자열전孟子列傳」을 인용하면서 맹자에 해당하는 본문 중, 후미의 칠자七字(其後有騶子之屬)를 삭제한 것은 의도적인 듯하다. 그는 맹자의 외서 4편을 사마천의 견해를 좇아 인정하지 않았다. 맹자가 자사에게 직접 배우지 않고, 자사의 문인에게 배웠다는 문맥에서 '인人'자는 잘못 삽입된 글자라는 견해도 있지만, 쉽게 결정할 사안은 아닌 것 같다.

주자는 한유韓愈(768~824)의 '도통설道統說'을 긍정했다. 천하의 도통은 요堯에서 순舜으로, 순舜에서 우禹로, 우禹에서 다시 탕湯으로 전해졌고, 탕湯은 다시 문왕文王, 무왕武王, 주공周公으로 계승되었다. 면면히 이어진 도통은 공부자에 와서 집대성되었으며 이렇게 집대성된 도통은 맹자에게 전수되었다는 것이다.

즉 공부자에서 증자曾子(BC 505~435)로 증자에게서 자사로 전해졌는데 맹가가 이를 계승했다고 했다. 그러므로 성인의 도道를 알려면 '맹자'로부터 출발해야 한다고 한자韓子(한유)는 주장했다. 맹자의 사후 도통은 끊어져 천 년 동안 암흑시대가 지속되었다는 것이 유가儒家의 지론이다. 제자백가諸子百家가 난무亂舞하여 이단학異端學의 시대가 이처럼 천 년간 계속되다가 주자가 일어나서 도통이 다시 찬연하게 되살아났다고 했다.

맹가는 자字가 자거子車 또는 자여子輿이고 추나라 사람으로서, 스스로 공부자로부터 백여 년이 지났으므로 연대도 그다지 멀다고 할 수가 없고 태어난 곳 역시 멀지 않으므로, 만일 내가 이를 계승하지 않으면 성인의 도는 없어지고 말 것이라고 자부했다. 맹가는 아버지의 이름도 확연하게 나타나지 않고 있는 이유도 그의 가문이 한미寒微했기 때문일 것이다. 노魯나라 맹손孟孫의 후예라는 견해도 있지만 확인이 안 된 상태이다. 필자는 소위 '치맛바람'의 예찬론자이다. 반세기 동안 한국이 세계에 두각을 나타낸 원인이 1960~80년대까지 우리 어머니들이 자식을 위해 경주했던 헌신적인 치맛바람에 있었다.

맹가는 태어날 때부터 고매한 기질을 타고났지만, 일찍 아버지를 여의고 어머니의 삼천지교를 받고 자랐으며, 자사를 스승으로 섬겨 유술儒述을 닦아서 『오경五經』(역경易經 서경書經 시경詩經 춘추春秋 예기禮記)에 통달했고 특히 시경과 서경에 뛰어났다고 했다. 그는 또 비유譬喩에 능했고 문사文辭가 박절迫切하지 않았으며 의사意思가 남의 추종을 허하지 않았다고 조기는 평했다.

맹가의 어머니가 아들과 함께 묘지 근처에 살다가 시장 부근으로 이사했고 다시 서당 근처로 전전한 점을 볼 때, 맹자는 스스로의 힘으로 입신立身한 의지의 인물이다. 당시에 현실적으로 위정자들에게 발탁되어 영화를 누리는 데 첩경捷徑인 제자백가諸子百家에 경도하지 않고, 인기가 없었던 유가에 몰두한 것만 봐도 맹가의 기개가 얼마나 고매했던가를 알 수가 있다.

맹가 시대의 취사取士는 권모술수權謀術數를 가진 자를 상현上賢이라 하여 이들을 위주로 발탁되었다. 따라서 유가는 빛을 잃고 이단의 학문이 일어나 '묵적墨翟(BC 480~390)과 양주楊朱(BC 440~360?)'의 무리가 횡행하는 시대에, '인의仁義'의 깃발을 들고 나온 맹가의 용기는 위대하다. 당대 현실에 수용되지 못했던 맹가의 이상은 기실 오백여 년 동안 전수자가 많았다고 조기는 말했다. 여기서 말하는 오백 년은 맹가 사후 오백 년 만에 조기가 나와서 『맹자주孟子注』를 저술했다는 의미이다.

맹가 후 천 년 만에 주자가 나타났다고 했지만, 오백 년 만에 조기가 태어나서 『맹자』에 주소注疏를 했기 때문에 유가의 도통이 온전해졌다. 만일 조기의 주소가 없었다면 『맹자』는 대부분 그 본의本意를 잃어버렸을 가능성도 있다. 중국은 『사서오경四書五經』을 위시해서 모든 문헌들을 후인들이 계속해서 주注를 달고 소疏를 붙이고 이것도 부족하여 정의正義까지 첨가하는데 반해, 우리 한국은 『삼국사기三國史記』와 『삼국유사三國遺事』를 비롯해서 『동문선東文選』 등 문학 서적에 이르기까지 천여 년 동안 주석본 하나 만들지 못한 사실을 두고, 이를 어떻게 해석해야 할 것인지 되돌아볼 시점에 와 있다.

조기는 『맹자』 7편에서 '「양 혜왕」 23장 · 「공손추」 23장 · 「등 문공滕文公」 15장 · 「이루離婁」 61장 · 「만장萬章」 18장 · 「고자告子」 36장 · 「진심盡心」 84장'으로 가름하여 총 260여 장 34,685자로 정리했다. 『맹자』가 7편인 것은, 칠기七紀와 칠정七政(일日 · 월月 · 금金 · 목木 · 수水 ·

화火·토土)과 관련이 있다고 보고 있다. 『맹자집주孟子集註』는 7편을 각각 상하로 나누어서 전부 14편으로 분류했다. 예를 들면 「양 혜왕」은 모두 23장인데, 「양 혜왕장구梁惠王章句」의 상을 7장으로 하고 하를 16장으로 가른 분류가 그것이다.

맹가는 당시 여타의 지식인들과는 달리 스스로 자청해서 실력자를 찾아서 만난 적이 없고, 반드시 정중하게 예를 베풀어 초청할 경우에만 응했다. 그리고 이들 제후나 실권자를 방문할 때는 종자從者와 거마車馬를 배열하여 당당하게 만났다. 권력자 앞에서도 맹가는 소신을 굽히지 않고 의연하게 기견己見을 피력하여 절대로 타협하지 않았다. 맹가가 일관되게 당대 위정자들에게 주장한 것은 실현이 쉽지 않은 인의仁義였다.

그러므로 맹가는 당시에 어느 실력자들에도 환영을 받지 못했던 것이다. 비록 생존 시에는 세속적 영화를 누리지 못했지만, 2300여 년이 지난 오늘에 맹가는 존숭尊崇을 받는 데 비해, 동시대에 온갖 영화를 누렸던 수많은 인물들은 망각되었거나, 아니면 기억조차 하지 않으려고 하는 점을 감안할 때, 이상의 생명은 영원한 것임을 확인하게 된다.

『맹자』는 모두 7편 14장구로 짜여 있고, 각 장은 상하로 분류되어 있다. 『맹자』의 각종 주소본注疏本에는 '편篇'이라는 칭호는 없지만, 필자는 논의의 편의상 이를 사용하겠다. 『맹자』 7편 중 '「양 혜왕편」편'이 제일 먼저 나오는 것은 이유가 있을 것이다. 『논어』의 서장이 '학이學而'인 것은 배움을 무엇보다 중시한 공부자의 의중을 제자들이 헤아렸기 때문이고, 『맹자』의 모두가 「양 혜왕편」인 까닭은 인의仁義가 주제임을 암시한 것이다.

맹가의 시대를 칭하여 난세라고 하지만, 그래도 성인聖人 · 대현大賢 · 왕공王公 · 후백侯伯과 경대부卿大夫들이 모두 다투어 맹가 같은 성인을 스승으로 받들었고, 겸손한 말과 넉넉한 폐백[비례후폐卑禮厚幣]으로 덕음德音을 듣고자 했다. 맹자 시대 이후 중원을 장악한 통치자들 거의 전부가, 현인과 학자들을 예우하지 않고 그들의 인기를 얻기 위해 한시적으로 이용하기에 급급했다.

맹가 역시 당시 제후들에게 스승으로 추앙되어 존경을 받았으나, 이상주의적 성향 때문에 현실적으로 등용은 되지 않았다. 당대의 실력자들이 명망 있는 대현을 초빙한 것은, 이들을 정사에 쓰기 위해서라기보다 자신이 현자를 예우禮遇할 줄 아는 지도자임을 강조하기 위한 일종의 인기전술이었다. '위魏 · 조趙 · 한韓 · 진秦 · 제齊 · 연燕'의 칠웅七雄이 왕王으로 참칭僭稱하여 자웅을 겨루던 시기에, 맹자가 내건 '인의'의 깃발은 무력할 수밖에 없었다.

맹가가 만난 양 혜왕 역시 주周로부터 봉해진 왕이 아니라 스스로 붙인 참호僭號였다. 정통의 합법정권이었던 주조周朝가 황제皇帝의 나라가 아니었기 때문에 지역을 기반으로 성장한 제후가, 후侯나 공公으로 만족할 수 없는 상황에서 야기된 당연한 귀결로 볼 수 있다. 양梁은 지명이고 혜惠는 시호諡號인데, 시법諡法에 의하면 '백성을 사랑하고 베풀기를 좋아 한[애민호여왈혜愛民好與曰惠]' 지도자에게 부여하는 것으로 되어 있다. 사실 양혜왕은 그 나름대로 최선을 다하여 정치를 했다. 『맹자』 모두冒頭의 중심인물로 등장한 제후인 혜왕이 다스린 위魏는 강국이었다. 맹자가 위의 혜왕과 더불어 논쟁하는 것으로 시작한 것은 의미가 있다.

「양 혜왕」편은 상하 2권으로 나누어졌고, 상권은 7장이고 하권은 16장으로 전부 23장이다(조기는 이를 21장으로 분류했다). 「양 혜왕장구」 상의 경우, 1장은 치국治國은 인의로써 해야 함을 말했고, 2장은 위대한 지도자는 백성과 더불어 즐거움을 함께 해야 하며, 3장은 올바른 정치는 백성의 삶을 윤택하게 하고 상례喪禮를 경건하게 갖출 것을 지적했고, 4장은 위정자의 도리를 말했고, 5장은 백 리百里의 땅에 인의를 시행하면 천하가 귀의歸依한다고 했고, 6장은 천하의 도리는 하나인데 그것은 바로 백성의 생명을 중시하는 것이며, 7장은 전적典籍에 실려 후세에 전해지는 것은 패자覇者의 일이 아니라, 왕도王道를 실천한 인물의 업적임을 말했다.

「양 혜왕장구」 상에 등장하는 직접적인 인물은 맹가와 '양 혜왕' · '양 양왕梁襄王' · '제 선왕齊宣王'이다. 『맹자』의 수편首篇이 이들 제후들과의 만남과 그리고 함께 나누었던 이야기로 구성된 것은, 『맹자』 역시 『논어』처럼 국가와 사회를 경영하는 경륜이 주된 주제임을 말한 것이다. 맹가는 당대의 권력가들을 만나서 자신의 견해를 조금도 굽히지 않고 당당하게 개진했다. 이들 실력자들을 만나서 직위를 얻어 영화를 누리겠다는 사적인 생각은 추호도 없었다. 맹가가 이처럼 당당할 수 있었던 것은 제후들을 설복시켜 공부자의 유의遺意인 왕도정치王道政治를 실천하겠다는 고매한 이상을 품었기 때문에 가능했다.

그러므로 맹가는 벼슬자리와 식록食祿을 얻기 위하여 허리를 굽히는 일이 없었다. 당시 제후를 찾아다니며 '경세제민經世濟民'이란 미명美名을 걸고, 실지로는 구직활동求職活動을 일삼던 제자諸子들과는 판연히 달랐다. 『맹자』의 수편이 당대 실력가였던 '양 혜왕'의 이름을 취한 것은, 권력자에게 아부하지 않고 의연하게 자신의 이상을 추구했음을 암시하는 것이다. 만일 맹가가 양 혜왕에게 '인의'가 아닌 고식적인 '이국利國'의 방법을 제시했다면, 위魏에서 벼슬도 얻고 봉록俸祿도 받아서 현실적으로 영화를 누릴 수 있었는데도 불구하고, 맹가는 끝까지 '인의'를 주장한 추상秋霜 같은 아성亞聖이었다.

제2편

맹자 정치론의 실제

1. 인의론仁義論 – 인의와 이익의 경계

공부자孔夫子의 중심 사상은 '인仁'이다. 인은 온유돈후溫柔敦厚만을 속성으로 하지 않고, 권선오악勸善惡惡을 근저에 깔고 있다. 맹가가 공부자의 '인'을 계승하면서 이에 부연敷衍하여 '의義'를 첨가한 것은 필연이다. 의는 행동과 실천을 전제로 한다. '행동하는 지성'이니 하는 등의 근사한 용어가 한때 유행했지만, 실제로는 인의가 아니라, 인의로 포장된 '위인위의僞仁僞義'가 태반이었음은 근래에 와서 증명되었다. 당시 부도덕한 참왕僭王으로 알려진 양 혜왕이지만, 맹자를 초빙해 얻고자 한 것은 그래도 '이기利己'가 아닌 '이국利國'이었다.

자고로 국가경영의 요체는 '삼사육부三事六府'였고, 그로부터 수천 년이 지나고 숱한 정치 발전의 단계를 거쳐 민주주의가 정착된 오늘날에도 이 구도에서 크게 벗어나지는 않는다. 삼사는 '정덕正德 · 이용利用 · 후생厚生'이고, 육부는 '수 · 화 · 금 · 목 · 토 · 곡穀'이다. 올바른 정치이념[정덕正德]을 바탕으로 정책을 실시하여 백성을 편리하게 이용[利

用]하고 유족한 삶을 영위하게[후생厚生] 한다는 삼사가 추구하는 바는, 지금도 유효할 뿐 아니라 영원불멸의 통치 목표이다. 과거 제왕帝王들이 삼사를 실천하기 위해 수덕水德이나 화덕火德 등 오행五行 중 하나를 택하여 국정을 집행한 근본 의도를 현대적으로 재해석할 필요가 있다.

> 孟子見梁惠王. 王曰: "叟不遠千里而來, 亦將有以利吾國乎?" 孟子對曰: "王何必曰利? 亦有仁義而已矣. 王曰 '何以利吾國?' 大夫曰 '何以利吾家?' 士庶人曰 '何以利吾身?' 上下交征利而國危矣."(梁惠王篇)

> 맹자가 위나라 양 혜왕을 만나자, 왕은 "노장이 천리를 멀다 않고 찾아오셨으니, 역시 어떤 방책으로 우리나라를 이롭게 해주리라 믿습니다"라고 하자, 맹자가 대답하기를, "왕은 하필 이익만을 챙기려 하십니까? 이익보다 '인의仁義'를 논해야 합니다. 모든 왕들이 자기 나라의 이익만을 말하고, 대부大夫들 모두가 자기 집안의 이득만을 취하고자 하고, 사인士人과 서인庶人들 거개가 자신의 이익에만 관심을 가지면, 나라의 상하가 서로 이익을 취하기에 여념이 없게 되고, 이렇게 되면 국가가 위태롭게 됩니다"라 했다.

맹자가 위나라 수도인 양梁을 지나고 있을 때, 혜왕惠王이 정중한 예의를 갖추고 정성을 다해 초빙했고, 맹자는 혜왕의 이 같은 초대에 응했다. 그러나 이들의 만남은 성과 없이 논쟁으로 끝났다. 혜왕은 어떻게 하면 부국강병을 실현할 수 있을까 하는 현실 문제에 관심이 집중되어 있었고, 맹자는 부국강병만을 일삼는 전국시대의 정치 상황을

'인의'로 개혁하려는 일관된 신념을 가졌기 때문이다.

만일 지금 맹자가 다시 태어나 중국과 미국, 프랑스 등 각국의 지도자들과 만나서, 인의를 실천해야 한다고 주장했을 때, 이를 경청해줄 지도자가 있을 것인가를 생각하면, 양 혜왕과의 만남이 소득 없이 끝난 것은 어쩌면 너무나 당연한 결과일지도 모른다. 전국시대의 지도자들이 비록 백성들에게 인기를 얻기 위해 맹자와 같은 현인賢人들과 면담을 했다고 해도, 오늘날 세계 각국의 지도자들보다 양 혜왕을 위시한 당시의 패자들이 훨씬 격이 높다고 생각된다. 왜냐하면 현재 선진국이라고 자부하는 많은 국가의 지도자들 대부분이 맹자와 같은 사람을 만나 주지도 않을 뿐 아니라, 한술 더 떠서 만나기를 신청해도 이런 저런 이유를 대며 시대의 조류를 파악하지 못하는 이상주의자라고 비웃음의 대상으로 취급할 것이 분명하기 때문이다.

양 혜왕이 그래도 요즘의 정치가들보다 훨씬 상위에 있다고 볼 수 있는 까닭은, 그는 적어도 자신의 친인척이나 자신의 측근들만을 위한 정치를 하지 않고 국가 전체에 이익이 되는 정치를 추구하고 있기 때문이다. 한 나라의 지배적 위치에 있는 자들이, 친가親家나 처가妻家 또는 외가外家의 이익과, 자신을 둘러싼 일당들의 이익을 취하기 위한 모리謀利의 대상으로 국가를 치부하는 예가 매우 많은 현실에서, 양 혜왕 정도의 지도자가 오늘에 있다면, 그는 단연코 훌륭한 정치가일 것이다.

孟子見梁襄王. 出, 語人曰: "望之不似人君, 就之而不見所畏焉. 卒然問曰: '天下惡乎定?' 吾對曰: '定于一.' '孰能一之?' 對曰: '不嗜殺人

者能一之.'"(梁惠王篇)

맹자가 위의 양왕을 만난 후 나와서 사람들에게 이르기를, "멀리서 볼 때도 훌륭한 임금 같지가 않았고 가까이 나아가서 봐도 위엄이 없었는데, 창졸간에 '어찌하면 천하를 평정할 수 있느냐?'고 묻기에 내가 대꾸하여 말하기를 '인의仁義로써 평정할 수 있다'고 했더니, '누가 능히 천하를 통합할 수 있느냐?'고 되물어서, 내가 '백성을 죽이지 않고 인의로써 잘 다스리는 자라면 통일이 가능하다'고 대답했다"고 하였다.

위魏의 양왕襄王은 혜왕의 아들이다. 맹자가 혜왕부자를 만난 것은 위나라에 강한 애정이 있었다는 증거이다. 당시 강국 위를 통하여 인의를 펼치겠다는 맹자의 집념을 읽을 수 있다. '양襄'은 시호諡號이다. 시법에 의하면 국토를 유용하게 관리하면서 덕德을 갖추었거나, 또는 사업을 추진하여 공이 있을 때 부여하는 것[벽토유덕왈 양闢土有德曰 襄, 용사유공왈 양用事有功曰 襄]으로 되어 있다. 혜왕의 아들이 '양'이라는 시호를 받은 것을 볼 때, 위나라에서는 반드시 나쁜 지도자로 평가된 것 같지는 않은 데 반해, 맹자는 시호의 의미와 달리 용렬한 지도자로 평가했다.

권력승계에는 여러 가지 방법이 있다. 어떤 방법으로 승계를 했든 간에 권력을 잡은 지도자는 앞선 지도자의 행적을 나쁘게 평가하거나 실정과 인간적인 단점을 부각시켜 백성들의 울분을 풀어주는 것이 일반적인 경우였다. 이 같은 권력전승의 갈등을 미연에 방지하기 위해

'부자세습父子世襲'이라는 절묘한 방법이 창출되었다. 부자승계가 아닌 한 권력 이양에 따른 마찰과 잡음은 피할 수 없는 것이 정치의 본질이다.

맹자가 생각하기에 양 혜왕이 모든 면에서 자질이 부족한데도 불구하고 천하통일을 위한 방법을 물어오자, 인의로써 통치를 하면 가능하다고 답했다. 그러자 양 혜왕이 그렇다면 구체적으로 어떤 성향을 지닌 정치가가 이를 감당할 수 있느냐고 다시 물었는데, 이에 대해 맹자는 살인을 즐겨 하지 않는 지도자라면 충분히 통일을 이룰 수 있다고 했다. 맹자 시대의 대다수 지도자들은 천하통일이라는 명분을 내세워 백성을 혹독하게 혹사하고 착취하며 때로는 사람 죽이기를 여반장如反掌으로 했다. 맹자가 여기서 말한 살인은 백성을 속박하고 착취하고 억압한다는 의미이다.

어느 나라의 어떤 지도자가 정치를 잘하느냐를 아는 방법은 간단하다. 그것은 다름 아닌 국경을 개방하는 것이다. 국경이 개방된 상황에서 백성이 어느 나라로 이주해 가느냐를 보면 맹자가 말한 살인 여부를 확연하게 알 수가 있다. 맹자 이후 수천 년이 흘렀는데도 불구하고, 아직도 현대판 노예국가는 우리의 가까운 곳에 없다고 할 수 없다. 살인적 행위를 백성에게 시도 때도 없이 자행하면서 천하통일을 외치는 것은 권력 유지를 위한 거짓 구호일 따름임을, 맹자는 위의 양왕에게 엄중하게 경고한 것으로 해석된다. 양왕은 자신의 권력 유지를 위해 '천하통일'이라는 구호를 백성에게 내건 후, 이를 위해 배고프고 어려운 살림살이를 하고 있는 대다수 백성들에게 이 참담한 현실을 참고 견디라고 요구한 음험한 의도를 맹자는 간파하고 있었던 같다.

2. 악론樂論 – 민인民人 통합을 위한 악무의 보급

『맹자』「양 혜왕」편 하의 제1장은 제의 대부 장포莊暴와 맹자 그리고 제 선왕이 예악禮樂에 관한 견해를 주고받은 것은 맹자 악론樂論의 일부를 접할 수 있는 중요한 자료이다. 고대나 중세에 있어서 예악은 오늘날 국가 통치의 이데올로기에 준하는 것으로 대단히 포괄적이면서도 차원 높은 통치이념이다. 악樂은 인간의 내면內面을 다스리고, 예禮는 인간이 외면外面을 제어하는 것으로 내외가 합일되어 원숙한 인간을 만드는 데 목적이 있다. 오늘날 이데올로기의 핵심이 강제적으로 외면적 질서를 확립하기에 급급한 현상에 비할 때, 예술적 향기가 풍기는 낭만적 통치이념으로서, 소위 법고창신法古創新의 중요한 고전古典으로 재조명되어야 할 명제이다.

莊暴見孟子, 曰: "暴見於王, 王語暴以好樂, 暴未有以對也." 曰: "好樂何如?" 孟子曰: "王之好樂甚, 則齊國其庶幾乎!" 他日, 見於王曰: "王嘗語莊子以好樂, 有諸?" 王變乎色, 曰: "寡人非能好先王之樂也, 直好世俗之樂耳." 曰: "王之好樂甚, 則齊其庶幾乎! 今之樂由古之樂也." 曰: "可得聞與?" 曰: "獨樂樂, 與人樂樂, 孰樂?" 曰: "不若與人." 曰: "與少樂樂, 與衆樂樂, 孰樂?" 曰: "不若與衆." "臣請爲王言樂.

今王鼓樂於此, 百姓聞王鐘鼓之聲, 管籥之音, 擧疾首蹙頞而相告曰: '吾王之好鼓樂, 夫何使我至於此極也? 父子不相見, 兄弟妻子離散.' 今王田獵於此, 百姓聞王車馬之音, 見羽旄之美, 擧疾首蹙頞而相告曰: '吾王之好田獵, 夫何使我至於此極也? 父子不相見, 兄弟妻子離散.' 此無他, 不與民同樂也.

今王鼓樂於此, 百姓聞王鐘鼓之聲, 管籥之音, 擧欣欣然有喜色而相告曰: '吾王庶幾無疾病與, 何以能鼓樂也?' 今王田獵於此, 百姓聞王車馬之音, 見羽旄之美, 擧欣欣然有喜色而相告曰: '吾王庶幾無疾病與, 何以能田獵也?' 此無他, 與民同樂也. 今王與百姓同樂, 則王矣."(梁惠王篇)

장포가 맹자를 뵈옵고 "포가 왕을 뵈오니 왕이 저에게 음악을 좋아한다고 했지만 이에 대해 답하지 못했습니다. 음악을 좋아하면 어떻습니까?"라고 물었다. 맹자는 "왕이 음악을 좋아하면 제나라는 그런대로 다스려질 것이다"고 대답했다. 다른 날 맹자가 왕을 만나서 "왕은 일찍이 장자莊子에게 음악을 좋아한다고 하신 적이 있습니까?"라고 묻자, 왕은 얼굴빛을 바꾸며 "과인은 선왕先王의 음악을 즐기지 않고 단지 세속世俗의 음악을 즐깁니다"라고 했다. 맹자는 "왕이 음악을 특히 좋아하면 제나라는 거의 다스려질 것입니다. 금악今樂은 고악古樂에 연유했기 때문입니다"라고 응수했다. 왕이 "그렇다면 이에 대해서 그 전말을 들을 수 있겠습니까?"라고 하자, 맹자는 "음악을 홀로 즐기는 것과 다른 사람들과 더불어 즐기는 가운데 어느 것이 기쁩니까?"라고 되묻자, 왕은 "많은 사람과 더불어 즐기는 것만 못합니다"라고 대답하자 맹자는 "신臣은 지금부터 왕을 위하여 음악에 대해서 말하겠습니다"라고 했다.

지금 왕이 여기서 악을 연주하면, 백성들이 왕의 종소리 북소리 피리소리 젓대소리를 듣고, 모두 괴로워하여 이마를 찌푸린 채 서로 말하기를 "우리 왕이 음악을 좋아하는데, 어찌 우리들로 하여금 이와 같은 곤궁에 이르게 하여 부자가 서로 만나지 못하고 형제와 처자가 흩어지게 하는가?"라고 불평합니다. 지금 왕이 여기서 사냥을 하면 백성들은 왕의 수레소리 말소리를 듣고 아름다운 깃털과 들소 꼬리로 만든 깃발의 찬란함을 보고 모두 괴로워하며 이마를 찌푸린 채 서로 주고받기를 "우리 왕이 사냥을 좋아하는 바, 어찌 우리로 하여금 이 같은 곤궁에 처하게 하여 부자가 이별하고 처자식을 이산케 하는가?"라고 원망한다면 그것은 백성과 더불어 즐기지 않았기 때문입니다.

이제 왕이 여기서 음악을 연주할 때 백성이 왕의 종소리 북소리 피리소리 젓대소리를 들은 후 모두 기쁨을 이기지 못하여 마주 보며 "우리 왕이 질병이 없으시니까 음악을 베풀 수 있구나"라고 즐거워할 것이고, 이제 왕이 여기서 사냥을 할 때 백성이 왕의 마차 소리를 듣고 화사한 깃털장식의 정기를 보며 모두들 기쁨을 참지 못하고 마주 보며 "우리 왕이 건강하기 때문에 능히 사냥도 할 수 있으시다"고 말하는 까닭은 백성과 즐거움을 함께 하기 때문일 것입니다. 이제 왕이 백성과 즐거움을 같이 나눈다면 족히 훌륭한 왕이 되실 것으로 믿습니다.

제왕에게 개진한 맹자 악론의 핵심은 '선왕지악先王之樂'과 '세속지악世俗之樂' 그리고 '금지악今之樂'과 '고지악古之樂'이다. 선왕지악은 '고악古樂'이고 세속지악은 '금악今樂'인데, 고악은 오늘날에 비정하면 정통성 있는 고전음악이고 금악은 백성들이 즐겨 하는 대중음악이다. 여기서 말하는 선왕지악은 황제黃帝의 '함지咸池'와 전욱顓頊의 '육경六莖'제곡帝嚳의 '오영五英'·요의 '대장大章'·순의 '소韶'·우의 '하夏'·탕의 '호濩'·무왕의 '무武'·주공의 '작勺' 등 주로 육대악무六代樂舞를 지칭한다. 제왕은 맹자에게 자신이 즐겨 하는 음악은 세속의 음악이라고 솔직히 말했다.

세속지악은 중국의 여러 견해를 좇아서 다산茶山(1762~1836)도 그의 『맹자요의孟子要義』에서 '정성鄭聲'과 '위성衛聲'을 가리킨 것이라고 했다. 음악은 분류 기준에 따라 다양하게 구별된다. 정치와 결부시키면, '치세지음治世之音'·'난세지음亂世之音'·'망국지음亡國之音' 등으로 나누어지고, 도덕적 차원으로 접근하면 '음악淫樂'·'화악和樂' 또는 '간성姦聲·정성正聲', '덕음德音·익음溺音'으로, 시대를 기준하면 '고악'과 '신악新樂' 등 갖가지 유형으로 분류된다. 우리나라의 경우는 대체로 '아악雅樂과 속악俗樂' 그리고 '당악唐樂과 향악鄕樂'으로 구별되지만, 제 선왕처럼 우리 선인들도 대체로 속악과 향악을 즐겨 들었다.

위 문후魏文侯가 자하子夏에게 "내가 옷깃을 여미고 고악을 들어도 졸음이 와서 눕고 싶은 반면, 정성과 위성을 들으면 지루하지 않은데, 왜 고악은 졸음이 오고 신악을 들을 때는 신바람이 나는지 알고 싶다"라고 한 질문도 맹자와 제 선왕 간에 주고받은 내용과 관련이 있다. 맹자가 제 선왕에게 왕이 음악을 좋아한다고 들었는데 그것이 사실이냐고 묻자, 왕은 당황하여 자신은 고상한 옛 음악이 아닌 세속에 유행하는 악을 좋아한다고 답했다. 이는 위문후가 자하에게 자신은 정성과 위성 같은 신악을 즐긴다고 한 말과 같은 맥락이다. 이 같은 악에 대한 견해는 수천 년의 세월이 흐른 지금도 동일하다. 새로 유행하는 음악을 대부분 애호하지, 흘러간 음악은 마지못해서 듣는 척한다고 하는 것이 정확할 것이다.

맹자는 지도자가 음악을 즐겨 하는 것은 바람직한 것이라고 했다. 맹자 역시 정치는 '예악'으로 해야 마땅하고, 모든 위정자가 손쉽게 구사하는 '형벌刑罰'과 '정령政令'으로 해서 안 된다는 공부자의 유의를 계승했으니 당연하다 하겠다. 앞서 필자는 『맹자』는 『논어』의 유의를 조술祖述한 것이라고 말한 바 있다. '논어' 역시 공부자가 위로는 '요 · 순 · 우 · 탕'과 '문왕 · 무왕 · 주공'의 유의遺意를 조술한 것으로서, 공부자가 지은 것은 별로 없다. 공부자가 '술이부작述而不作'이라고 스스로 언명한 것도 이 같은 정황을 말한 것이다. 『논어』가 가급적 설명을 피하고 주제나 핵심적인 내용만 기술했다면, 『맹자』는 각 '장章'이 한 편의 소논문으로서, '서론 · 본론 · 결론'의 형태를 대체로 갖추고 있다. 그러므로 앞에 제시한 본문 역시 중간을 생략하거나 '거두절미去頭截尾'하기가 쉽지 않기 때문에 자연 인용이 길어진 것이다.

맹자는 금악은 고악과 맥락이 닿는 것이지 전혀 관계없이 나타난 음악이 아니라고 했다. 따라서 '금지악유고지악今之樂由古之樂'에서 '유由'는 보통 '유猶'와 통용되기 때문에, '같다'라고 해석하는 것이 통례이지만, 필자는 '석경石經 · 한본韓本' 등에 나오는 대로 '유由'로 보고, '말미암았다'나 '원인이 되었다'로 해석하고 싶다. 이 부분에서 우리는 맹자의 '악론'이 공부자와 약간 다름을 확인하게 된다. 공부자는 '정성 · 위성'을 극력 배척했는 데 반해, 맹자는 정성 · 위성이라도 백성들과 함께 '여민동락與民同樂'이면 가하다고 했다. '금악'과 '세속지악'을 모두 정성 · 위성으로 간주한 만큼 이렇게 봐도 별 무리가 없다.

왕이 수렵狩獵을 하고 악무樂舞를 크게 베풀어도, 백성들이 왕이 건강하여 이 같은 행사를 계속하기를 바라게 만들면, 수렵과 악무도 치세治世에 도움이 될 수 있다는 맹자의 뜻은 진보적이다. 악무에 있어서도 반드시 어렵고 재미없는 '고악'만 고집할 것이 아니라 시속時俗에 맞고 백성들과 함께 손뼉 칠 수 있는 경쾌하고 흥미 있는 '정성 · 위성' 같은 세속의 유행 음악도 필요하다고 했다. 맹자 역시 공부자와 같이 고악인 정악正樂을 긍정했지만, 일시적인 필요에 의해서 비록 속악일지라도 치도治道에 도움이 된다면 쓸 수밖에 없는 현실적인 여건을 고려한 것이라고 주를 달았다. 그러니 이처럼 어렵게 해석하기보다는 맹자가 시대의 변천에 따라 신악이 나와야 하고, 이미 등장한 신악을 어느 구구도 배제할 수 없으니 이를 정치에 활용하는 것이 현명한 것으로 맹자가 이해했다고 보고 싶다.

악무를 정치에 활용하는 문제는 지금도 심각하게 검토되어야 할 사안이다 이천여 년 전에 기록된 「위서동이전魏書東夷傳」을 비롯하여 각종 중원사서中原史書에 채록된 우리 민족의 품성에 해당되는 내용을 보면 노래와 춤과 술을 좋아하고, 노래와 춤과 술을 마시며 밤을 새우는 경우가 많다고 했다. 오늘날 전국 방방곡곡 전 세계 어디에서도 찾기 어려운 어마어마한 노래방이 존재하는 것은 도저히 바꿀 수 없는 우리 민족성과 관계가 있다.

다산은 맹자가 공부자가 방기放棄한 정성과 위성을 금악은 고악과 같다고 하면서 인정한 까닭은, 백성을 구출하는 것이 시급한 마당에 '정악'을 주창할 겨를이 없기 때문이라고 했다. 우리가 처한 현실도 정악을 보급할 수도 없고, 보급해봤자 백성들이 외면할 것이 분명한 터에 위정자들이 현재의 속악을 다산의 조언대로 통치에 정당하게 활용하는 문제도 고려해봐야 할 것이다.

왕이 혼자 즐기기 위해 전렵과 악무를 베풀면, '부자 · 형제 · 처자'가 뿔뿔이 흩어지는 불행한 사태가 야기되지만, 백성과 더불어 사냥을 하고 백성과 함께 악무를 참관할 경우 '지어차극至於此極'과 같은 원성은 일어나지 않는다고 맹자를 밝혔다. 이에 대해 다산은 앞에 인용한 부분에서 '부자불상견父子不相見 · 형제처자이산兄弟妻子離散'의 11자는 '극極'자의 각주나 해설로 보는 것이 타당하다 했다. 맹자가 국가 통치에 있어서 예만 강조하여 치중한 것이 아니라 백성의 마음을 부드럽게 순화시키는 악을 활용해야 한다고 제 선왕에게 밝힌 것은 오늘날 정치가들이 반드시 유념해야 할 탁견이다.

3. 외교론外交論 - 국가 간 외교의 중요성

맹자의 「양 혜왕장구」는 내용상으로 볼 때, '제 선왕장구齊宣王章句' 라고 명명하는 것이 타당하다. 제 선왕과의 대화 내용이 중심인데도 불구하고 「양 혜왕장구」라고 한 까닭은, 맹자의 중심 사상인 '인의'에 관해서 양 혜왕과 토론했기 때문인 듯하다. 제 선왕의 이름은 전벽강田辟疆이며 위왕威王의 아들이고, '선宣'은 시호이다.

시법에 의하면, 사사로운 일을 배제하고 공변되게 일을 처리하거나(시이불사施而不私), 남의 선한 말을 들어서 두루 펴고(선문주달善聞周達), 성실한 뜻이 밖으로 나타나는(성의견외誠意見外) 등의 업적을 이룩한 지도자에게 부여하는 글자이다. 제 선왕이 과연 이 같은 치적을 이룩했는지는 알 수 없지만, 맹자가 당시 여타의 지도자들보다 선왕에게 관심을 가졌던 점을 감안할 때, 용렬한 제후는 아니었을 것이다.

필자가 다음에 인용할 「양 혜왕장구하」의 '3장'에 특히 관심을 갖는 이유는, 동서고금을 막론하고 국가의 중대사인 '외교' 문제를 두고, 맹자가 제 선왕의 질문에 답변하는 형식으로 논정해서이다. 우리의 역대왕조는 특정 시대를 배제하면 대체로 '사대교린事大交隣'을 외교의 지표로 삼고 이를 일관되게 실시했다. '사대'는 중국을 대상으로 한 외교이고, '교린'은 발해와 여진 그리고 탐라·대마도·충승 등의 국가들에 시행했던 외교정책을 뜻한다.

순종황제純宗皇帝 융희隆熙 2년(단기4241, 서기1908)에 완결된 『증보문헌비고增補文獻備考』는 영종대英宗代에 제후예악諸侯禮樂에 입각하여 찬술된 내용을 바꾸어 황제국皇帝國의 예악인 천자예악天子禮樂으로 격상시켜 그 편차와 내용이 짜여졌다. 즉 '왕계王系'를 '제계帝系'로 교체하고, '조빙朝聘'을 '교빙交聘'으로 했을 뿐 아니라, 책을 완성하여 올리는 글도 '전箋'이 아닌 '표表'로 했으며, 왕의 '교敎'를 받들어 글을 쓴다고 하지 않고 '칙勅'을 받들어 기술했다고 했다.

그러므로 『증보문헌비고』는 지금까지의 시각을 떨쳐버리고 접근해야 할 귀중한 유서類書이다. '교서敎書'와 '칙서勅書'는 천양지차天壤之差의 내용을 가진 단어이다. '교서'는 제후왕의 글이고, '칙서'는 황제 천자의 글이다. '조빙'과 '교빙'은 내용상 큰 차이는 없으나, 조빙이 중국에 대한 사대가 중심이라면, 교빙은 사대보다도 사소事小(한반도 주변의 왜와 유구 대마도 여진 등 약소국을 포용하는 외교시책)에 중점을 둔 어휘이다.

외교의 중요성은 임진왜란과 병자호란이 조선조가 왜국과 청조淸朝에 대한 외교적 실패로 인해 자초한 난임을 상기하면 자명해진다. 대한제국大韓帝國 말엽의 비극 역시 열강과의 교린정책交隣政策의 실패에 기인한 것임은 두 말할 필요가 없다. 그러므로 맹자가 2500여 년 전에 제 선왕과 주고받았던 주변 나라들과 교접交接의 방도에 관한 대담은 진부한 것이 아니라 지금도 새롭다. 이는 옛것을 알지도 못하고 알려고도 하지 않으며 배척하는 현실의 경박한 풍조에도 경종이 된다. 해묵은 술이 향기롭고 가치 있는 것처럼, '정통고전正統古典'이 언제나 새롭고 영원한 진리임을 새삼 확인하게 된다.

> 齊宣王問曰: "交鄰國有道乎?" 孟子對曰: "有. 惟仁者爲能以大事小, 是故湯事葛, 文王事昆夷; 惟智者爲能以小事大, 故大王事獯鬻, 句踐事吳. 以大事小者, 樂天者也; 以小事大者, 畏天者也. 樂天者保天下, 畏天者, 保其國. 詩云: '畏天之威, 于時保之.'"
>
> 王曰: "大哉言矣! 寡人有疾, 寡人好勇." 對曰: "王請無好小勇. 夫撫劍疾視曰: '彼惡敢當我哉!' 此匹夫之勇, 敵一人者也. 王請大之. 詩云: '王赫斯怒, 爰整其旅, 以遏徂莒, 以篤周祜, 以對于天下.' 此文王之勇也. 文王一怒, 而安天下之民.
>
> 『書』曰: '天降下民, 作之君, 作之師, 惟曰其助上帝, 寵之四方, 有罪無罪, 惟我在, 天下曷敢有越厥志?' 一人衡行於天下, 武王恥之. 此武王之勇也. 而武王亦一怒而安天下之民. 今王亦一怒而安天下之民, 民惟恐王之不好勇也."(梁惠王篇)

제나라 선왕이 "이웃나라와 교류하는 데도 방식이 있습니까"라고 묻자, 맹자는 "있고 말고요, 오직 어진 지도자만이 능히 자기나라가 커도 작은 나라를 포용할 수 있습니다. 이런 연유로 해서 은나라 탕왕은 갈葛나라를 보호했고, 주의 문왕은 혼이混夷(흉노족의 국가, 이 부분은 『십삼경주소十三經注疏』에 의거했음)를 보호했습니다. 한편 지혜로운 작은 나라의 군주가 주변의 큰 나라를 섬긴 실례로써 주의 대왕大王이 훈육獯鬻(흉노족의 국가)을 섬겼고, 월越의 구천句踐이 오吳나라를 신하의 예로 섬긴 것을 들 수 있습니다. 대국의 지도자가 소국을 섬기는 것은 천리에 순응한 것이고, 소국의 지도자가 대국을 섬기는 것은 천리를 두려워하는 것이며, 천리를 순응하면 천하를 보존하고, 천리를 외경하는 지도자는 자신의 나라를 보존합니다. 『시경』에 이르기를 '하늘의 위엄을 두려워함으로써 국가를 잘 보존했네'라고 한 것이 그것입니다"라고 했다.

선왕이 이르기를 "선생의 말씀은 참으로 위대합니다. 과인에게 병통이 있는 바, 다름 아닌 무력을 좋아하는 것입니다"라고 대답했다. 이에 맹자는 "청컨대 왕은 소용小勇을 좋아하지 마십시오, 칼을 어루만지며 사방을 노려보며 '감히 저자가 어찌 나를 당하겠느냐'는 식의 오만은, 필부의 호기로서 고작 한 사람을 상대하는 것에 불과하오니, 청컨대 왕은 대용大勇을 가지십시오. 『시경』에 '왕께서 진노하사 이에 군대를 정돈하여 침략군을 저지시켜 주나라의 복을 두텁게 하여 천하에 보답했네'라는 찬사는 문왕이 한 번 진노함으로써 천하의 백성을 편안하게 한 사실의 표현입니다.

『서경』에 '하늘이 백성을 내리어 그 임금으로 삼아주시고 스승으로 삼아준 것은 상제上帝의 뜻을 좇아 사해四海의 백성을 교화시켜 행복하게 함에 있거늘, 죄의 유무에 관한 평결은 오직 나에게 있으니, 천하의 어느 누가 하늘의 뜻을 거역하겠느냐'라고 했는 바, 한 사람의 폭군이 천하를 횡행하는 것을 무왕이 부끄럽게 여겨 토벌한 것이 바로 대용이니, 무왕의 이 같은 진노는 천하 만백성을 평안하게 했습니다. 그러므로 왕(제 선왕)께서 역시 한 번 진노하시어 천하 만백성을 편안하게 한다면, 백성들이 왕께서 혹시 용기를 좋아하고 이를 행사하지 않을까 두려워할 것입니다"라고 했다.

인간의 삶에 있어서 대인관계가 그 무엇보다 중요한 것처럼, 국가 역시 인접했거나 또는 멀리 있는 다른 국가와의 관계가 그 나라의 흥망성쇠興亡盛衰를 좌우하는 예는 무수히 많다. 수렵채취 사회에서 농경사회로, 농경사회에서 산업사회로, 산업사회에서 정보사회로 변화했다고 하지만, 국가 간의 교류와 복속服屬 관계는 맹자의 시대와 본질에 있어서 조금도 달라진 것이 없고, 앞으로 수만 년이 흘러도 이 같은 기조는 결코 변하지 않을 것이다. 세계사의 전개에 있어서 강국과 약소국들이 함께 존재하는 것은 피할 수 없는 운명이다. 그러므로 세계사의 전개는 강대국과 약소국이 함께 어떤 방식으로 공존할 것이며, 강대국 간에 서로의 관계를 어떤 식으로 설정하여 존재할 것인지가 주류로서 작용한다.

따라서 천하 평정에 야심을 가졌던 제나라 선왕이, 당대의 저명한 스승이었던 맹자를 만나서 국가 간 외교문제의 본질에 대해서 고견을 듣고자 했던 것은 너무나 당연하다. 춘추전국 시대의 긴장된 국가 관계에서 외교정책은 다른 어떤 것보다 중요했다. 당시 중원은 수많은 국가들이 있었는데, 이들 국가들은 오늘날 통일 중국의 시각으로 보아서는 안 된다. 주실周室의 입장에서 제후국으로 인식되었지만, 사실상 각각의 전통문화를 지녔던 독립국들이었다. 이 같은 중원의 상황을 참작할 때, 외교문제가 당시에 얼마나 심각한 것이었던가를 알 수 있다.

맹자는 선왕에게 외교문제에 있어서 명확한 원칙을 다음과 같이 제시했다. 강대국과 약소국 간에는 '이대사소以大事小'와 '이소사대以小事大'의 양대 기준을 천명하면서, 맹자 이전 중국 전통외교의 골격이 담겨 있는 『시경』과 『서경』의 외교원칙을 찾아내어 그 타당성을 강조했다. 약소국이 국가적 긍지를 살려 강대국에 결연하게 대항하여 옥쇄玉碎하는 것은 존경할 만한 일이긴 하지만, 국가 자체가 소멸하는 비극을 맞게 되는 것이 통례이기도 했다. 반면 힘의 논리를 앞세운 강대국에 주체성을 버린 체 노예처럼 복종할 경우, 나라를 보존하는 대가로 국가나 민족의 자존심은 씻을 수 없는 상처를 받게 마련이다. 역사적으로 '이소사대'는 사례가 흔하지만 '이대사소'는 그 유례가 별로 없다.

맹자는 덕망 있는 지도자(인자仁者)만이 '이대사소'가 가능하고, 현명한 지도자(지자智者)라야 자존심을 살리면서 '이소사대'를 할 수 있다고 했다. 조선조 개국 시조 이태조李太祖는 대표적인 지혜로운 지도자였기 때문에 당시 세계 최대 강국이었던 명조明朝와 공존하면서, 보국안민保國安民에 초점을 맞추어 찬란한 한문화韓文化를 이룩하는 기틀을 다져놓았다.

강대국이든 약소국이든 간에 국가 간에 전개하는 힘의 외교에서, 맹자는 '대용'과 '소용'이 있다고 했다. 맹자의 말처럼 감히 강대국인 우리의 율령律令을 거역하고 방자하게 구느냐고 질책하며 무력을 함부로 휘두르는 강대국의 횡포가 절정에 이른 시대에 우리는 살고 있다. 소용은 혈기에서 나온 것이고, 대용은 이이理義에서 발로된 것이라고 「집주集註」는 설명했다. 지금 강대국의 지도자는 대부분 인자가 아니다. 그러므로 소용밖에 지니지 못한 강대국 지도자들이 자국의 막강한 무력과 재력을 앞세워 약소국의 귀중한 문화와 민족적 긍지를 마구잡이로 유린하는 파렴치한 행위를 예사로 하고 있다.

강대국이 약소국을 보살피고 보호하는 것을 골자로 하고 있는 '이대사소'의 외교정책은 사실상 처음부터 존재하지 않았는지도 모르겠다. 맹자가 주나라의 문왕과 무왕 그리고 은나라의 탕왕이 '이대사소'를 한 지도자였다고 했지만, 아직 위력적인 힘을 갖추지 못했기 때문에 부득이하게 몸을 낮춘 것이 아닌지 의심스럽다. 반면 '이소사대'의 예로, 주의 선대인 '문왕'과 월越의 '구천句踐'이 훈육獯鬻과 오국吳國을 섬긴 사례로 열거한 것은 인정된다.

맹자 시대를 전후하여 흉노족이 강대했다는 것은 역사가 증명한다. 중원 세력에 밀려 야기된 흉노족의 서진西進이 세계사에 끼친 크나큰 변혁을 참작할 때, 주 태왕太王이 흉노를 사대한 것은 당연하다. 그러나 그것은 과거의 영광일 뿐 지금 흉노족은 역사의 뒤안길로 사라졌고, 그들의 후예는 흔적조차 희미해졌으니, 과연 강대국이 약소국을 보호했는지는 알 수 없는 일이다.

'이소사대'는 약소국이 자신의 자주성을 확보하는 것을 전제로 한 외교정책이다. 과거 강대국은 대체로 이를 인정했는데 반해, 근대의 강대국은 약소국의 문화와 정체성을 말살하여 국가로서 존재하는 자체도 용인하려 하지 않는다. 강대국이 국가 정체성의 근간이 되는 약소국의 문화를 근원적으로 말살하여, 원천적으로 이를 소멸시키기 위해 자신들의 종교를 활용한 지는 오래되었다. 맹자의 주장대로 약소국으로 하여금 진심으로 '이소사대'라도 하게 하는 '인자'가 강대국의 지도자로 부상했으면 하는 바람을 가져본다.

고려조 왕태조가 '이대사소'의 외교정책을 펴서 발해의 상류층과 백성들을 포용한 것은, 고려조 흥성興盛의 밑바탕이 되었다. 조선조 이태조가 '이소사대'의 외교정책을 구사하여 국가를 반석 위에 올려놓은 역사적 사실을 우리는 냉정하게 되새겨야 한다. 만일 이태조가 후삼국 시대 말기에 태어났다면, 아마도 왕태조같이 '이대사소'의 외교를 구사했을 것이고, 반면 왕태조가 고려조 말기에 태어났다면, 응당 '이소사대'의 외교를 펼쳤을 것이다. 왜냐하면 당시 중원의 상황과 인근 여러 민족들의 동향을 살펴볼 때, 이들 두 창업주의 선택은 피할 수 없는 공약수였기 때문이다.

역사적 사실을 두고 가정을 하는 것은 부질없다고들 한다. 그러나 필자는 생각을 달리한다. 역사의 가정은 오늘의 현실을 볼 수 있는 거울이 될 수가 있고, 미래를 유추할 수 있는 단서를 제공해준다. 『맹자』를 읽을 때, 맹자의 시대로 거슬러 올라가서 맹자의 문맥을 파악해야만 당시의 진실을 알 수 있다. 그러나 여기에 머물고 만다면, 맹자가 후세에 남기고자 했던 진정한 메시지를 놓치고 만다.

맹자는 '교린장交隣章'을 통하여 강대국 지도자는 '인자'여야 하고, 약소국의 지도자는 '지자知者'라야 한다고 논정한 후, 인자는 '대용'을 가져야 하지 결코 '소용'을 가지지 말기를 당부했고, '지자'는 천리를 두려워해야 나라를 지킬 수 있다고 논했다. 2500년 전에 논했던 맹자의 이 같은 외교론에 대해서 아마도 진부한 옛이야기라고 주장할 사람은 없을 것이다.

맹자는 '교린장'을 통하여 '이소사대'와 '이대사소' 및 '대용'과 '소용' 등의 명제를 제시한 후, 구체적인 사실을 들면서 논리정연하게 '외교론'을 개진했다. '민족문화의 보존'과 '세계화'의 갈등 속에 전 세계의 국가들이 함께 고민하고 있는 21세기 벽두에, 맹자의 외교론은 의미심장한 메시지를 우리들에게 주고 있다. 남북한의 지도자 모두 이 편장의 일독을 권하고 싶다.

4. 화색론貨色論 – 재물과 여색에 대한 담론

맹자는 '명당明堂' 문제를 두고 제 선왕과 토론을 벌이면서 재화財貨와 호색好色에 관해서 집중적으로 언급했다. 대체로 이 편장을 일러 통시적으로 맹자 연구자들은 「명당장明堂章」으로 명명했지만, 필자는 '화색론貨色論'을 주로 개진한 것으로 판단하고, 이를 통하여 맹자의 재물에 대한 인식과 여색에 대한 견해를 밝혀볼까 한다.

공부자는 맹자보다 1세기를 앞서서 여색에 대해서 "젊을 때는 혈기가 안정되지 않았기 때문에 여색에 주의해야 한다(소지시少之時, 혈기미정血氣未定, 계지재색戒之在色 – 『논어 · 계씨季氏』)"라고 한 바 있고, 또 "덕을 좋아하기를 여색을 좋아하는 것처럼 하는 자는 보지 못했다(오미견吾未見, 호덕여호색자야好德如好色者也 – 『논어 · 자한子罕』)"라고 하면서 여러 차례 이를 멀리할 것을 경고했다.

'재화財貨'는 '여색女色'과 더불어 인간이 가장 애호하는 외물外物이다. 여색에 탐닉하면 방종해지고, 재화를 축적하면 교만해지기 때문에, 공부자는 "부유한 자는 예에 유의해야 한다(부이호례자야富而好禮者也 - 『논어·학이』)"고 자공子貢에게 교시했을 뿐 아니라, "재화를 축적할 수 있다면 나는 마부 노릇도 하겠으나, 이를 순리로서 획득하기가 어려울 진대 내가 좋아하는 바를 따를 뿐이다(부이가구야富而可求也, 수집편지사雖執鞭之士, 오역위지吾亦爲之, 여불가구如不可求, 종오소호從吾所好 - 『논어·술이述而』)"라고 하여 경제력의 중요성을 말하기도 했다. 맹자는 공부자의 유의를 조술한 만큼, 『논어』에 담긴 메시지를 충실히 부연 설명한 경전이다. 그렇다면 맹자가 제 선왕에게 '부'와 '여색'에 대해서 언급한 내용도 공부자의 유의를 구체적으로 설명했다고 볼 수 있다.

제 선왕이 맹자에게 질문한 것은 재화와 여색에 대한 것이 아니고, '명당'의 존폐여부에 관한 것이었다. 그런데 맹자는 선왕이 제기한 '명당' 문제를 간략하게 대답하고, 오히려 부의 축적과 여자 문제에 초점을 맞추어 왕을 설득하고 있다. '명당'은 '왕정王政'과 직결되는 것인 까닭으로 훼철해서 안 된다고 맹자가 대답한 것은, 제 선왕으로부터 왕정, 즉 '왕도정치'가 무엇이냐는 질문을 이끌어내기 위해서였던 듯하다. 명당은 본래 천자가 제후들로부터 조회를 받는 장소이다. 제 선왕은 자신이 제후임을 인정하고 자신의 강역疆域으로 편입된 명당을 없애려고 했다. 그러나 맹자는 왕정을 편다면 제후라도 명당을 활용할 수 있다고 진보적인 해석을 하면서 다음과 같이 말했다.

齊宣王問曰: "人皆謂我毁明堂. 毁諸? 已乎?" 孟子對曰: "夫明堂者, 王者之堂也. 王欲行王政, 則勿毁之矣." 王曰: "王政可得 聞與?" 對曰: "昔者文王之治岐也, 耕者九一, 仕者世祿, 關市譏而不征, 澤梁無禁, 罪人不孥.

老而無妻曰鰥. 老而無夫曰寡. 老而無子曰獨. 幼而無父曰孤. 此四者, 天下之窮民而無告者. 文王發政施仁, 必先斯四者. 詩云: '哿矣富人, 哀此煢獨.'"

王曰: "善哉, 言乎!" 曰: "王如善之, 則何爲不行?" 王曰: "寡人有疾, 寡人好貨." 對曰: "昔者, 公劉好貨, 詩云: '乃積乃倉, 乃裹餱糧, 于橐于囊.'

思戢用光. 弓矢斯張, 干戈戚揚, 爰方啓行.' 故居者有積倉, 行者有裹糧也, 然後可以爰方啓行. 王如好貨, 與百姓同之, 於王何有?"

王曰: "寡人有疾, 寡人好色." 對曰: "昔者, 大王好色, 愛厥妃. 詩云: '古公亶父, 來朝走馬, 率西水滸, 至于岐下, 爰及姜女, 聿來胥宇.' 當是時也, 內無怨女, 外無曠夫, 王如好色, 與百姓同之, 於王何有?"

제나라 선왕이 "사람들 모두가 나에게 명당을 헐어야 한다고 하는데, 이를 헐어야 합니까 아니면 그대로 두어야 합니까?"라고 물었다. 맹자는 "무릇 명당이라는 것은 왕의 당堂인 바, 왕이 왕도정치를 하고자 한다면 헐지 마십시오"라고 대답했다. 왕이 이르기를 "왕정이 무엇인지 들을 수 있겠습니까?"라고 되묻자, 맹자는 "옛날 문왕이 기岐 지방을 다스릴 때, 경작하는 사람들로부터 9분의 1의 세금을 받고, 벼슬하는 자들에게는 그 전문성을 살려 대대로 봉급을 주었으며, 관문關門과 시장은 감독과 관리만 했을 뿐 세금을 걷지 않았고, 저수지 등에서 고기 잡는 것을 말리지 않았으며, 죄인을 처벌할 경우도 아내와 자식에게는 피해가 없도록 조처했습니다. 나이 들어 아내가 없는 자는 환鰥이고, 늙어서 남편이 없는 여자는 과寡이며, 늙어서 자식이 없으면 독獨(의지할 곳이 없는 사람)이고, 어린이가 부모가 없으면 고孤라고 하는데, 이들은 모두 천하의 곤궁한 백성으로서 하소연할 곳이 없는 자들입니다. 옛날 문왕이 어진 정치를 펼 때, 반드시 이들 네 부류의 사람들을 우선으로 했습니다. 『시경』에 이르기를 '부유한 사람들은 문제가 안 되지만, 곤궁하고 외로운 사람들이 불쌍하다'라고 한 것은 이를 두고 한 말입니다"라고 설명했다.

"참으로 훌륭한 말씀입니다"라고 제 선왕이 응대하자, 맹자는 "왕이 진실로 이를 공감하신다면 왜 즉각 실천에 옮기지 않습니까?"라고 반문했다. 왕이 이르기를 "과인에게는 큰 결함이 있는데, 다름 아닌 재물을 탐하는 것입니다"라고 대꾸했다. 맹자는 이에 대해 "옛날 공유公劉(주족周族의 시조인 후직后稷의 증손曾孫)도 재물을 탐했습니다만, 『시경』은 오히려 이를 두고 '곡식을 들에도 쌓고 창고에도 채웠으며, 마른 양식을 전대에 넣고 자루에도 담았네'라고 했습니다.

백성을 편안케 하고 나라를 빛내고자, 활과 화살을 비축하고 창과 방패 도끼 등의 무기를 완비한 뒤에, 비로소 동족을 이끌고 길을 떠났다'라고 칭송했습니다. 공유는 남은 자들을 위해 노적과 창고를 채웠고, 함께 떠나는 사람들을 위해 전대나 자루에 마른 양식을 넣게 한 것은, 장도長道에 오르기 위해서입니다. 왕께서 재물을 탐하여 이를 축적한 후 그 재물을 백성들과 함께 공유한다면, 무슨 문제가 있겠습니까?"라고 회유誨諭했다.

제 선왕은 "과인에게 또 다른 결함이 있는데, 그것은 여색을 좋아하는 것입니다"라고 말하자, 맹자는 "옛날 대왕大王(주족을 중흥시킨 고공단보古公亶父)도 여색을 좋아하시어 그 후비后妃를 사랑했습니다.

『시경』에 '고공단보가 아침에 말을 달려, 서쪽 물가를 끼고 와서, 기산 아래에 이르러, 강녀姜女와 함께 더불어 살 집을 마련했네'라고 했습니다. 이 무렵 안으로는 원망하는 여자가 없고, 밖에는 홀아비가 없었다고 합니다. 왕께서 비록 호색할지라도 백성들과 함께 여색을 즐기면 왕 노릇 하기에 무슨 어려움이 있겠습니까?"라고 격려했다.

위에 인용한 맹자의 소위 「명당장」은 '명당훼철明堂毁撤' 문제와 '호화好貨' 및 '호색'에 관한 내용으로 구성되어 있다. 명당은 본래 주나라가 제후를 다스리기 위해 동악東岳인 태산泰山 아래 세운 집을 의미한다. 중국의 여러 왕조들의 왕은 태산에 올라 제사를 올리고 여기서 천명을 받아야만 정통왕조로 인식했다. 문화혁명을 감행한 모주석毛主席까지 같은 의도로 이 산에 오를 정도였다. 따라서 명당은 천자의 집이지 제후가 감히 사용할 집은 아니다. 제 선왕이 자신이 사용할 수 없는 집이므로 훼철을 생각한 것일까.

제 선왕이 명당 훼철을 고려한 것은 본분을 아는 정치가였다는 해석도 할 수 있고, 원래 노나라 관할이었던 것을 제나라가 무력으로 강점했기 때문에 명당에 애정이 없었다는 판단도 가능하다. 명당은 정교政敎를 밝히는 집이기 때문에 왕도를 행하는 지도자만이 사용할 수 있다는 맹자의 해석은 정당하다. 명당은 제후의 존비를 밝히고 천자인 주왕周王에게 동방의 제후들이 조회를 올리는 집이다. 명당에는 5실五室이 있어서 다섯 천제天帝와 다섯 인신人神의 좌座가 설치되었는데, 이는 오행五行을 상징했다. 구태여 우리의 경복궁에서 명당을 찾는다면 아마도 '근정전'을 포함한 주변 지역이 될 것이다. 항간에 분묘와 연계시켜 사용하는 이른바 명당은 이로써 보건대 잘못된 것임을 알 수 있다.

조선왕조의 경우 근정전이 명당으로 기능했을 때는 웅혼雄渾한 기상이 있었는데 반해, '창덕궁'으로 정치의 핵심이 옮겨간 이후부터 국세가 위약해진 것은, 명당이 가진 기세와 관계가 있는 것일까. 맹자는 명당이 가진 의미를 왕도정치를 하는 곳으로 규정하고, 훼철 문제를 제기하자 이를 빌미로 삼아 제 선왕으로 하여금 맹자 당신의 진언을 받아들여 선정을 베풀 것을 강하게 요구했다.

인의를 실천하는 왕도정치의 주역이 되라는 맹자의 간곡한 제안을 받은 제 선왕은, 스스로를 재물을 탐하고 여색을 좋아하는 평범한 지도자라고 시인하고 자신이 없다고 얼버무렸다. 이미 주나라의 중흥은 불가능하다는 것을 맹자가 인식했기 때문에, 당시 강국이었던 제나라가 천자의 명당까지 차지했으니, 맹주가 되기를 은근히 기대했는지도 모르겠다. 공부자가 주나라 왕조가 부흥해 주에 의한 천하의 질서가 수립되기를 열렬히 기원한 것과는 달리, 맹자는 공부자의 그 같은 이상은 실천이 불가능한 것으로 본 흔적이 곳곳에 보인다.

재물과 여색을 즐겨 하는 것은 인간의 본능이다. 제 선왕은 지도자들이 흔히 범하는 위선적 언행을 하지 않고, 솔직하게 자신은 부와 색을 추구하는 평범한 제후임을 맹자에게 고백했다. 맹자는 제 선왕의 이 같은 솔직담백한 태도에 호감을 가졌던 듯하다. 그리하여 맹자는 지도자가 재물을 탐하여 축적해도 좋고, 여색을 밝혀도 나쁠 것이 없다고 위로의 말을 했다. 만일 축적한 재물을 백성들에게 나누어주고, 여색 역시 백성들과 더불어 즐긴다면 그것은 통치에 도움이 된다고 맹자는 보완 설명을 했다.

이는 맹자의 파격적이면서도 대담한 현실 긍정으로 여겨진다. 공유公劉가 재물을 모았기 때문에 주나라 개창할 수 있었다는 것은, 매우 적극적인 사고로 백성을 위하여 쓰려고 한다면 재물은 축적할수록 가치가 있다는 사유이다. 다만 재물을 모으기 위해 교통 요충지를 막아 통과세를 받거나, 시장을 열어서 구전을 받고, 어장漁場에 돈을 낸 사람만이 고기를 잡게 하는 식의 착취는, 절대로 해서 안 된다는 단서를 달았다. 고속도로나 기타 도로를 만들어 통과세를 받는 요즘의 상황을 맹자가 목격했다면 백성을 착취하는 행위라고 강하게 비판했을 것이다.

축적된 부를 풀어서 의지할 데 없는 '환과고독鰥寡孤獨'의 어려운 처지의 백성을 구제한 주나라 문왕의 치적을 제 선왕이 본받기를 충고한 것이다. 맹자가 제기한 '환과고독'을 위한 궁민정책窮民政策은 지금도 절실하게 요구되고, 죄는 죄인에게만 국한되어야 하며 가족들에게까지 미치는 연좌제를 비판한 진보적 인식 또한 현재에도 유효하다. 기업인 못지않게 부를 축적한 요즘의 정치가들이 특히 읽어야 할 편장이다.

옛날의 부자들은 사랑방을 열어 행인을 묵게 하고 식사를 제공한 예가 매우 많은 데 비해, 요즘의 자산가들은 시대의 변천을 감안해도 저택을 요새화시켜 출입을 철저하게 통제하고, 어려운 사람을 도와주는 일에는 지나치게 인색하고 끝없이 부를 축적하는 데만 관심을 쏟고 있는데 이러한 행태는 비판받아 마땅하다. 수천 년 전 『시경』이 노래한 "부자는 상관이 없지만, 가난한 사람들이 가련하다"라는 내용이 오늘에도 절실하게 들리는 것은, 수년 전 야기된 경제위기 이후부터 시작된 사회상이 이를 실감나게 말해주고 있다.

제 선왕이 자신이 호색하기 때문에 '왕도정치'를 시행하기에는 어려운 점이 있다고 말한 부분에 대해서, 맹자는 주나라 선대인 대왕의 호색을 예를 들어 백성들과 함께 호색했기 때문에, 원망하는 여인과 홀아비가 없어진 긍정적인 효과도 있었다고 두둔했다. 제 선왕이 말한 '호색'이 과연 맹자가 인용한 『시경』의 내용처럼 정상적인 부부애를 말하는 것인지 필자는 단정할 수 없다. 부부간의 애정을 호색으로 규정한 사례는 없기 때문이다.

이 글의 첫머리에서도 말했지만, '호색'에서 '색'은 대체로 부부 간의 금실琴瑟을 뜻한다고 보기는 어렵고, 반대로 부부 간이 아닌 외간 여자와의 사랑을 의미한다고 보는 것이 타당할 듯하다. 제 선왕이 자신이 가진 '호화 · 호색'의 결함 때문에 왕정을 할 수 없다고 밝힌 점을 감안할 경우, 왕비를 사랑한다는 의미로 해석하기에는 무리가 있다.

역대의 맹자 해설서 모두가 한결같이 부부 간의 사랑으로 '호색'을 풀고 있지만 필자는 이 의견에 동의하지 않는다. 고공단보가 그의 아내 강녀, 즉 '대강大姜'과 함께 기 지방岐地方으로 이주한 사실을 제 선왕의 호색에다 대비시킨 것은, 맹자가 왕으로 하여금 정상적인 애정관계를 갖도록 권유한 의도로 볼 수는 없을까. 제선왕의 '호화' 또한 부를 축적하여 주나라 선대인 공유처럼 백성들에게 베풀어주기를 기대한 맹자의 조언으로 이해하고 싶다.

제 선왕의 '호화'와 '호색'을 두고 주왕조의 선대에 대비시킨 맹자의 진의가 무엇이었는지는 알기 어려우나, 제나라가 중심이 된 중원의 새로운 질서를 은근히 기대했다는 해석도 가능하다. 그러므로 맹자의 '화색론貨色論'은 현재는 물론이고 앞으로 영원히 역사의 정답으로 인정되고, 또 그렇게 되어야 할 것이다.

맹자가 제 선왕에게 '명당'의 보존을 건의한 것은, 전통문화를 보존해야 한다는 의지에 따른 것이다. 오늘 우리의 전통문화는 외인倭人들에 의해 모든 명당이 파괴되었고 그나마 남은 것도 외래 종교와 사이비 진보주의자들에 의해 또다시 괴멸되어, 오백 년 수도 서울의 문화유적은 남은 것이 별로 없을 뿐 아니라, 요행히 잔존한 것도 전통의식이 없는 경박한 지식인 집단들에 의해 또다시 훼철당할 위기를 맞고 있다.

이와는 달리 유독 왜인이 건축하여 우리 민족을 수탈한 조선총독부 건물의 보존을 일부 지식인들이 언론매체를 통해 그렇게 열렬히 주장했던 것도, 이 같은 부박한 지식인들의 신사대적 의식과 관계가 있다. 우리의 전통문화로 인정되는 명당들이 훼철된 터전에 속속 소위 현대식 건물들이 들어서고 있는 현실을 과연 자랑해도 되는 것인지는 의문이다. 그러므로 만일 사대문 안에 조선조 한양성漢陽城의 도시 전부가 그대로 보존되었다면, 아마도 세계적인 관광지로 부상하여 막대한 외화를 벌어들였을 것이다.

그런 의미에서 경복궁을 위압할 정도로 높다랗게 지은 소위 정부종합청사부터 훼철하여 다른 곳으로 옮기고, 새로운 현대식 건물들은 사대문 밖 넓은 터전을 잡아서 웅대하게 건설하는 것이 역사적 순리이다.

5. 당로자론當路者論 – 행정 담당자의 자질 문제

『맹자』의 공손추편公孫丑篇은 상하로 나누어져 있는데, 「공손추장구公孫丑章句」 상은 9장이고 하는 14장으로써 모두 23장으로 짜여 있다. 「공손추장구」는 맹자가 제자들과 더불어 국가나 사회의 여러 가지 문제에 대해 문답형식을 통하여 자신의 견해를 밝힌 것으로, 제나라에 머무르는 동안 있었던 토론 내용이 대부분이라는 점도 유의할 만하다. 맹자는 당신 생존 시기에 쟁패爭覇를 다투었던 여러 나라 중에서 제나라에 대해서 특별한 관심을 가졌음을 앞서도 말한 바 있다. 당시 제나라는 중국의 정통 예악문물禮樂文物을 가장 많이 갖고 있는 나라였다는 사실과도 연관이 있다.

이 편장의 이름을 '공손추'라 한 것은, 『논어』 제13 '자로편子路篇'과 관련이 있는데, 즉 자로가 공부자에게 정사에 대해서 묻는 것으로 편장을 시작한 점과 유사성이 있기 때문이다. 『맹자』의 공손추편 역시 공손추가 맹자에게 정사를 담당하는 '당로자當路者(당국자)'가 어찌하면 과거 관중管仲(?~BC 645)과 안자晏子(안영晏嬰 ?~BC 500)가 이룩한 공적을 재현할 수 있느냐고 묻는 것으로 편장을 시작했다. 그러므로 『논어』의 자로편과 『맹자』의 공손추편은 상호 보완관계가 있다. 맹자는 공손추편을 통하여 『논어』 자로편에서 상세하게 말하지 않았던 공부자의 유의를 조술하고자 했다.

공손추는 성이 공손이고 이름은 추丑로서 맹자의 제자이고 정사에 재질이 있었던 제나라 사람이다. 도연명陶淵明(365~427)의 『성현군보록聖賢羣輔錄』 팔유편八儒篇에 공손추가 『역경易經』에 전傳을 달았고 도를 행함에 있어 결정정미潔淨精微한 유자였다는 내용과 악정씨樂正氏의 『전춘추傳春秋』에 속사비사屬辭比事한 유자라는 기록은 모두 공손추를 두고 평한 것이라는 주장도 있다. 조기(자는 분경邠卿, 경조京兆 장릉인長陵人)는 공손추가 정사에 능했다는 기록이 어디에서 나왔는지 미상이라고 했다. 『제승齊乘』 인물편에는 등주滕州 북쪽 공촌公村에 그의 묘가 있는 것으로 되어 있다. 여하튼 공손추는 맹자에게 있어서 공부자의 자로子路만큼 중요한 제자였다.

「공손추장구」 하편은 백성들은 '인화人和'를 무엇보다 중시한다는 사실을 강조한 후, 인군人君과 군자君子가 지켜야 할 덕목 및 인신人臣의 사군지례事君之禮와 출처出處에 관한 일들을 논의했다. 하늘의 뜻도 사람이 행하는 것이지만, 하늘의 뜻이 아닌 사안을 인간이 억지로 이를 행하면 실패하게 마련이라고 말했다. 맹자는「양 혜왕편」에서 혜왕에게 인의를 역설한 후, 인의를 기본으로 해야만 정사가 이루어진다고 충고했다. 그러므로 『맹자』 제2편이 정사를 주제로 한 내용으로 편차編次될 것은 당연하다.

당로자는 정치를 담당하는 실권자를 뜻한다. 만일 맹자가 제나라에서 실질적으로 권한을 행사할 요로要路에 취임했을 경우, 어떻게 정사를 행할 것인지를 공손추가 물었다. 공손추는 제 환공齊桓公의 재상이었던 관중과 경공景公의 상相이었던 안평중安平仲을 위대한 당로자로 믿고, 맹자에게 그들의 업적을 재현할 수 있는지를 알고자 했다. 이에 대해 맹자는 공손추에게 제인의 범주에서 벗어나 중원인中原人의 기개로 나라를 통치하라고 요구했다. 즉 지역 정서를 과감하게 떨쳐버리고 천하를 경영하는 '당로자'가 되어야 한다고 충고한 것이다.

맹자 시대에도 인간은 지역 정서에서 완전히 자유스럽지 못했음을 알 수가 있고, 맹자 역시 이 같은 지역 감정을 불만스럽게 여겼다. 공손추는 제나라를 부강하게 만든 관중과 안자를 두고 제나라 지역의 정치가에 불과하다고 판단한 맹자의 견해를 수긍하지 않았다. 맹자는 당신이 가령 제나라의 당로자가 된다면 관중과 안자와는 달리 제왕齊王으로 하여금 패자가 아닌 왕자로 격상시켜 왕도정치를 펼치게 하겠다고 했다.

曰: "管仲以其君霸, 晏子以其君顯. 管仲 · 晏子猶不足爲與?" 曰: "以齊王, 由反手也." 曰: "若是則弟子之惑滋甚. 且以文王之德, 百年而後崩, 猶未洽於天下; 武王 · 周公繼之, 然後大行. 今言王若易然, 則文王不足法與?"

曰: "文王何可當也? 由湯至於武丁, 賢聖之君六七作. 天下歸殷久矣, 久則難變也. 武丁朝諸侯有天下, 猶運之掌也. 紂之去武丁未久也, 其故家遺俗, 流風善政, 猶有存者; 又有微子 · 微仲 · 王子比干 · 箕子·膠鬲皆賢人也，相與輔相之，故久而後失之也. 尺地莫非其有也，一民莫非其臣,.

然而文王猶方百里起, 是以難也. 齊人有言曰: '雖有智慧, 不如乘勢; 雖有鎡基, 不如待時.'今時則易然也."(公孫丑篇)

공손추는 "관중은 환공桓公으로 하여금 패자霸者가 되게 했고, 안자는 경공景公을 유명하게 했음에도 불구하고 관중과 안자를 부족하다고 하십니까?"라고 반문했다. 맹자가 이르기를 "당시 제나라의 위상을 참작컨대 왕도를 행하는 것은 손바닥 뒤집는 것처럼 쉬운 일이었다"라고 하자, 공손추는 "그렇다면 제자의 의혹이 더 심해집니다. 문왕의 덕으로도 사망하기 전 재세在世 백 년간 천하에 교화가 미치지 않다가, 무왕武王과 주공周公이 계승한 뒤에 크게 행해졌습니다. 이제 왕도를 행하기가 쉽다고 하신다면 문왕도 전범이 될 수 없다는 뜻입니까?"라고 이의를 제기했다.

이에 대해 맹자는 "문왕을 어찌 당할 수 있겠는가? 탕왕에서무정武丁에 이르기까지 현명한 지도자가 6, 7명이 일어나 천하가 은殷으로 귀속된 지 이미 오래되었고, 오래되면 멸망시키기가 어렵다. 무정이 제후들에게 조회를 받으며 천하를 가진 지가 장구하여 마치 손바닥을 움직이는 것처럼 하고 있었고, 주왕紂王과 무정이 시대적 차이가 오래되지도 않는 처지였다. 게다가 이들 현성賢聖한 7군七君을 모셨던 구신舊臣의 남은 관례와 유풍流風 그리고 선정의 영향이 당시에 잔존하고 있었을 뿐 아니라, '미자微子·미중微仲·비간比干·기자箕子·교력膠鬲' 등의 현신이 있어서 더불어 서로 보좌했기 때문에, 쉽게 나라를 잃지 않았으니 한 치의 땅도 은의 소유가 아님이 없었고, 한 사람의 백성도 은의 사람이 아닌 것이 없었다.

사정이 이러함에도 불구하고 문왕은 겨우 백리의 땅을 가지고 일어났으니 왕업을 이루기가 어려웠던 것이다. 제나라의 어떤 사람이 '비록 지혜를 가졌다 해도 형세를 타는 것만 못하고, 농기구를 갖추었다 해도 때가 이르러야 농사를 지을 수 있다'라고 말한 바 있는데, 지금이 왕도를 펴기가 용이한 시기이다"라고 응수했다.

맹자는 왕을 '왕자王者'로 만들거나 '패자'로 만드는 것은, 왕을 보필하는 당로자의 경륜과 능력에 달려 있다고 했다. 관중과 안자는 맹자 당대는 물론이고 이전이나 이후에도 현명한 재상으로 공인된 당로자였지만, 맹자는 제나라가 처한 당시의 위상을 참작건대, 환공과 경공을 탁월하게 보필하지 못했다고 격하했다. 제자인 공손추가 제나라를 관중과 안자의 시대로 중흥시키는 것을 최고의 목표로 삼고 있는 점을 맹자는 불만스러워했다.

맹자는 당시 제나라의 국력으로 볼 때, 환공이나 안자보다 차원 높은 당로자가 나타나서 제왕을 보좌해야 한다고 했다. 따라서 당신의 제자인 공손추도 정도를 걷는 지도자를 보필하는 왕좌지재王佐之才는 못 되고 기껏해야 패도를 행사하는 패좌지재覇佐之才에 불과하다고 비판했다. 공손추를 보고 '너는 현실적으로 제나라 사람의 범주를 벗어나지 못한 인물밖에 못 된다'라고 한 것은 공손추로 하여금 지역 감정을 불식하라는 경고이다.

맹자는 만약 자신이 제나라의 당로자가 된다면 제나라로 하여금 손쉽게 왕도를 천하에 펼치게 할 수 있다고 장담했다. 그러나 공손추는 스승의 이 같은 낙관적인 시국관을 쉽게 받아들이지지 않았다. 더구나 그가 존경하는 관중과 안자까지 과소평가하는 부분에 대해서는 선뜻 동의하지 않았을 뿐 아니라, 맹자가 당로자가 될 경우 관중과 안자보다 월등한 업적을 남길 것이라는 스승의 말에 대해서도 수긍하지 않았다.

이에 공손추는 옛날 문왕 같은 성왕聖王도 향년 97세 동안 왕업王業을 이루지 못하다가, 아들인 무왕과 동생 주공 시대에 와서 주실을 세울 정도였는데, 아무리 훌륭한 스승이지만 어찌 그토록 쉽게 왕도를 천하에 펼칠 수 있겠느냐고 항변하면서, 그렇다면 스승이 문왕보다 더 위대한 성인이냐고 되물은 것이다.

일반적으로 제자로부터 이처럼 예리한 공격을 받았을 때, 대부분의 스승은 호통부터 치는 것이 일반적인 데 반해, 맹자는 논리정연하게 제나라가 왕도를 펼칠 수 있는 좋은 여건을 갖추었음을 실례를 들어가며 차분하게 설득했다. 맹자 자신은 문왕文王과 비유할 수 없는 인물이라고 밝힌 후, 은조殷朝가 탕왕에서 주왕 이전 무정武丁(고종高宗)에 이르는 동안, 태갑大甲 · 대무大戊(중종中宗) · 반경盤庚 · 조을祖乙 · 소갑小甲 · 병탕幷湯 등 7성七聖이 나라를 이끌어 천하가 귀의했기 때문이지, 문왕의 자질이 낮아서 그의 당대에 주실을 세우지 못한 것은 아니라고 했다.

문왕시대에 은의 주왕과 성왕聖王인 무정과의 연대차가 그리 멀지 않아서 무정의 교화가 아직 뚜렷하게 남아 있었고, 게다가 미자와 '미중 · 왕자비간 · 기자 · 교력' 등 세가世家의 현인들이 당로자로 남아 있었던 까닭으로 문왕 같은 현인으로서도 손쉽게 은조를 멸망시키지 못했다고 말했다. 미중과 교력은 주왕의 현명한 당로자였지만, 은말殷末 삼인三仁에는 속하지 않았다.

그러므로 은조 선성先聖들의 선정유풍善政遺風과 고가故家의 유속遺俗이 완연하게 남아 있었기 때문에, 한 치의 땅과 한 사람의 백성도 은조의 소유가 아닌 것이 없는 상황에서, 주조가 일조에 수립될 수 없다는 맹자의 평가는 시의적절하다. 문왕이 일어날 당시 문왕의 땅이 백리에 불과했는데, 이제 제나라는 천리의 땅을 소유하고, 수많은 백성들을 거느리고 경제력도 탄탄한 터에, 자신과 같은 사람이 당로자가 된다면 천하에 왕도를 펼치는 것은 결코 어렵지 않다고 자부했다. 공손추편 '당로장當路章' 중 "금언왕약이연今言王若易然, 즉문왕부족법여則文王不足法與"에서 '연然'자는 '즉則'자 앞에 붙여서 '연즉然則'으로 읽어야 한다는 설도 있으나, 다음에 나오는 "금시즉이연야今時則易然也"라는 문장과 결부시켜 현행대로 읽는 것이 타당하다.

맹자 이후 이천 수백 년이 흐른 지금에도 지도자로 하여금 왕도를 베풀게 할 당로자를 기다리는 상황은 동일하다. 주조의 유풍과 유속이 탕진된 중원의 공간에 맹자가 혹시 제나라의 당로자가 되었다면, 진조秦朝의 패자적覇者的 중원 통일에 앞서 왕도를 실천하는 나라가 탄생했을 수도 있었겠지만, 천하를 병합하는 대제국의 건설은 불가능했을 것이다. 왜냐하면 맹자는 대국보다 소국이라야만 왕정이 가능하다는 신념을 갖고 있었기 때문이다. 서기전 5세기 전후 그리스 세계에서 폴리스, 즉 소국가가 제일 이상적이라는 관념과 유사하다. 맹자의 소국주의小國主義는 왕기王畿를 전제한 것이긴 하나, 당시 패자들의 대제국 건설의 야망과는 반대의 입장에 있는 만큼, 맹자가 제후들에게 환영받지 못했을 것은 당연하다.

천하에 왕도를 펼치기 위해 넓은 땅과 많은 백성들이 필요치 않다는 것은, 맹자가 제후를 통한 봉건통치를 신봉했다는 증거이다. 우리는 봉건주의를 전근대적 정치제도라고 비난하고 있다. 동서고금을 불문하고 통치의 골격은 봉건주의와 군현주의郡縣主義에 귀납된다. 봉건주의가 통치자의 혈연들이 지역을 다스렸다면, 군현주의는 통치자에 의해 훈련된 관료가 해당 지역을 관장했다.

혈연이든 관료조직이든 간에 이들은 모두 통치자의 의지를 그들이 맡은 지역에 현실화했다는 점은 동일하다. 오늘날 지방자치제가 굉장히 진보된 제도라고 모두가 인식하고 있지만, 그 본질을 고찰하면 군현주의의 변형에 불과하거나, 아니면 고대 각 지역에 있었던 소국가들이 소위 현대적 의상을 입고 재현된 것으로 여길 수도 있다.

우리나라는 과거에 약 78개의 소국小國이 있었다고 역사는 기록하고 있다. 따지고 보면 이들 78개 소국가의 당시 영역이 지금도 거의 그대로 '도道·군郡·면面·이里' 등의 관할 하에 존속되고 있는 듯하다. 국계國界나 '도계道界·군계郡界·면계面界·이계里界'를 변경시키려 할 경우, 해당 주민의 반발로 무산된 예를 수없이 보아온 점을 볼 때, 수천 년 전 소국의 경계를 그대로 보존한 경우가 태반이다.

요즘의 지방자치제가 주민선거에 의해 장이 선출되므로 민주적이라고 찬양되기도 하지만, 내막을 알고 보면 그 지역에서 실력을 가진 인물들이 지도자로 선출되는 것이 일반적인 만큼, 주민들이 투표하기 이전에 사실상 결정되어 있는 경우가 대부분인 상황에, 선거라는 이름을 빌린 하나의 요식 행위라고 해도 지나치지 않는다.

공손추가 일종의 지역주의에 입각하여 관중과 안자 같은 당로자가 되는 것을 염원하는 데 대해, 맹자는 지역주의를 버리고 제국이 왕도를 펴는 국가가 되어야 한다고 교시教示했다. 지역주의를 청산해야만 정당한 당로자가 될 수 있다는 이천여 년 전 맹자의 주장이 오늘 우리들에게 생생한 감동으로 다가오는 것은 무슨 까닭일까.

맹자는 당신이 살았던 시대를 "왕자가 출현하지 않음이 지금만큼 오랜 적이 없었고, 백성이 학정에 시달려 초췌해진 현상이 현재만큼 심한 예가 없었다[차왕자지부작且王者之不作, 미유소어차시자야未有疏於此時者也. 민지초췌어학정民之憔悴於虐政, 미유심어차시자야未有甚於此時者也]"라고 진단하고, 만일 인정仁政을 펴는 지도자가 나타나면 순식간에 천하의 주인이 될 것이라고 공손추에게 확언했다.

우리와 전혀 상관없는 서기西紀에 근거한 '밀레니엄'이라는 해괴한 구호와 더불어, 조잡한 외래문화의 수라장이 된 오늘의 한반도 현실이, 맹자가 설파한 위의 논리와 전혀 무관한 것인지 옷깃을 여미고 생각해야 할 까닭이 있다. 만백성에게 마구잡이로 휘두르는 포악한 정치를 혁파할 도덕적 인품을 구비한 지도자가 출현할 경우, 이를 받아들일 지혜를 우리 겨레는 본원적으로 갖고 있다.

6. 왕패론王覇論 - 왕도王道와 패도覇道의 변별

서양의 정치이념이 수입되기 전 동양에서는, 위정자를 크게 '왕자王者'와 '패자覇者'로 나누어서 정치 현실을 논했다. 왕자와 패자를 구태여 서양식 정치가의 개념 규정에 맞추어 평결한다면, 전자는 민주적 지도자로 후자는 독재적 지도자로 분류될 것이다. 근대 이후 동양의 정치현실은, 지도자의 선택을 백성이 투표로 선정하는 서양식 제도의 수용 여부와, 이에 따른 갈등 양상이 주류가 되어 전개되었다.

일찍부터 동양에서는 지도자를 백성들이 뽑은 적이 없었다. 그러므로 지도자를 백성들이 선택한다는, 한없이 낯설고 이상한 이 같은 정치 실험이 제대로 착근되었는지, 또는 착근이 가능한지도 의심되는 현상이 도처에 일어나고 있다. 동양의 정통 지도자관은 '인'을 행하고 '덕'을 쌓은 자에게 하늘이 부여하는[천수天授] 것으로 인식했고, 반세기 동안 서양식 정치제도를 시험하고 있는 현재에도, 국가 최고의 통치자는 하늘이 내려준다고[천명天命] 암암리에 굳게 믿고 있는 실정이다.

신라의 개국 주 '박혁거세朴赫居世 거서간居西干'은 특이하게 육부六部 지도자에 의해 옹립되었으나, 그 칭호가 불구내弗矩內 또는 혁거세赫居世인 까닭은, 누리를 밝히는 태양과 같은 지도자라는 의미를 갖고 있는데, 이 역시 하늘이 임명했다는 의식이 깔려 있다. 거서간을 한자로 환치한다면 태조太祖인 바 이는 중원의 정치적 사유가 들어오기 전 우리 고유의 개국시조에 대한 호칭이다. 고려조를 개창한 왕태조의 '연호年號'가 '천수天授'인 점 또한 하늘로부터 통치권을 부여받았다는 강력한 '천명사상天命思想'이 근저로 작용하고 있다.

동양의 강국인 중국의 최고지도자는 지금도 백성들이 투표로 뽑지 않고 있으며, 일본의 왕도 천여 년간 세습하고 있으며, 태국도 왕정이 연면하게 지속되고 있고, 월남과 북한의 경우도 투표로 선출하지 않고 있다. 다만 '한국'과 '대만'만이 백성들의 투표로 결정되고 있을 따름이다. 만일 서양식 정치제도가 가장 훌륭한 것이라면, 앞으로 동양은 한국과 대만이 최대 강국으로 부상해야 마땅하겠지만, 그 결과는 아직 속단키 어렵다.

투표에 의해 선택된 지도자가 우리 민족사의 맥락에서 어떤 역할을 했으며, 민족문화를 차원 높게 발전시켰고, 현재 우리가 누리고 있는 경제적 부도, 이들 선출된 지도자들에 의해 성취되었는지, 되돌아볼 시점에 와 있다. 혹자는 만일 백성들이 선출한 지도자와, 그를 둘러싼 인맥들이 음양으로 압박을 하지 않고 기업인들의 경영을 도와주었다면, 이미 선진국 권역에 진입했을 것이라는 견해도 음미해볼 만하다.

백성들이 선출한 지도자의 자질 문제는, 지도자에게 있다기보다 이들을 뽑은 백성들의 성향에 보다 많은 책임이 있다. 『대학』 9장 '제가치국장齊家治國章'에서 말한, 요순시대에 요와 순 같은 '왕자'가 국가를 통치한 것은, 당시의 백성들이 요순 같은 자질을 가졌기 때문에 가능했고, 걸주 시대桀紂時代에 걸과 주 같은 '패자'에도 미치지 못할 뿐만 아니라, '금수禽獸'에 가까운 인물들이 나라를 다스린 까닭은, 걸주시대를 살았던 백성들이 걸주와 같은 포악한 자질을 가졌기 때문에 가능했다는 진단은 적의하다(요순솔천하이인堯舜帥天下以仁, 이민종지而民從之; 걸주솔천하이포桀紂帥天下以暴, 이민종지而民從之; 기소령반기소호其所令反其所好, 이민종지而民不從. 시고군자유저기이후구저인是故君子有諸己而後求諸人, 무저기이후비저인無諸己而後非諸人. 소장호신불서所藏乎身不恕, 이능유저인자而能喩諸人者, 미지유야未之有也. 『대학大學』, 제가치국장齊家治國章). 요순과 걸주 같은 극단적인 자질의 차이를 지녔던 지도자들을 비록 백성들이 선출하지 않았지만, 걸왕과 주왕은 결국 백성들의 뜻을 대변한, 탕왕과 무왕 같은 왕자적王者的 지도자에 의해 축출되었다.

맹자가 제기한 정치가의 '왕자'와 '패자'에 관한 논의는 과거는 물론이고, 현재와 미래에도 정치가 자질론資質論의 핵심이다. 비록 명칭은 시대에 따라 변경될지라도, 그 본질은 영원불변일 수밖에 없다. 그런데 문제는 민본주의적 통치를 했던 왕자는 아득한 옛날 하·은·주 등 소위 삼대에만 존재했고, 그 이후로는 나타나지 않았다는 데 있다. '왕자'는 문왕과 무왕 등 주대 이후에는 출현하지 않은 것으로 역사는 보고 있는데, 그렇다면 왕자의 출현은 더 이상 기대할 수 없다는 말인가. 왕자가 수천 년간 나타나지 않았다는 사실은, 왕자의 개념이 지나치게 이상적이거나 환상에 가깝기 때문에, 상상의 세계에서만 존재할 수 있는 신기루 같은 지도자라는 가정도 가능하다.

사정이 어떻든 간에, 왕자적 통치자의 혜성 같은 출현을 기대하는 백성들의 염원은, 인류가 존재하는 한 영원할 것이다. 맹자는 '왕패론王覇論'에 관해서 덕을 기반으로 한 행인行仁 여부를 척도로 설정하면서, 다음과 같이 간명하고 정확하게 말했다.

孟子曰: "以力假仁者霸, 霸必有大國, 以德行仁者王, 王不待大. 湯以七十里, 文王以百里. 以力服人者, 非心服也, 力不贍也; 以德服人者, 中心悅而誠服也, 如七十子之服孔子也. 詩云: '自西自東, 自南自北, 無思不服.' 此之謂也."

孟子曰: "仁則榮, 不仁則辱. 今惡辱而居不仁, 是猶惡濕而居下也. 如惡之, 莫如貴德而尊士, 賢者在位, 能者在職. 國家閒暇, 及是時明其政刑. 雖大國, 必畏之矣. 詩云: '迨天之未陰雨, 徹彼桑土, 綢繆牖戶. 今此下民, 或敢侮予?' 孔子曰: '爲此詩者, 其知道乎! 能治其國家, 誰敢侮之?'

今國家閑暇, 及是時般樂怠敖, 是自求禍也. 禍福無不自己求之者. 詩云: '永言配命, 自求多福.' 太甲曰: '天作孽, 猶可違; 自作孽, 不可活.' 此之謂也."(公孫丑篇)

맹자가 이르기를, "힘으로 나라를 다스리면서 인을 표방하는 지도자가 패자인데, 패자는 반드시 대국을 목표로 삼는다. 반면 덕을 근본으로 삼아 인을 실천하는 지도자를 일러 왕자라고 하는 바, 왕자는 큰 나라를 만들고자 애쓰지 않는다. 탕왕은 70리의 강역으로 천자 노릇을 했고, 문왕은 100리의 땅으로 천하를 통치했다. 무력으로써 백성들을 강제로 복종시킬 경우, 진심으로 복종하는 것이 아니라, 힘이 없기 때문에 마지못해 복종하는 척할 따름이다. 그러나 덕을 펴서 백성을 복종시킨다면, 백성이 진심으로 승복하게 되는데, 공부자의 70제자가 충성스럽게 심복했던 것이 그 실례이다. 『시경』에 '서쪽 동쪽에서 남쪽 북쪽에서 심복하지 않는 사람이 없었다'라는 것은, 이를 두고 한 말이다"라고 했다.

맹자가 이르기를, "인을 행하면 영화가 따르고, 인을 버리면 치욕이 발생하나니, 이제 치욕을 싫어하면서도 인을 실천하지 않는 것은, 음습한 곳을 싫어하면서 낮은 곳에 거처하는 것과 같다. 만일 치욕을 멀리하고자 한다면, 덕을 귀하게 여기고 선비를 높여야 마땅하다. 현자가 높은 지위에 있고, 능력 있는 자가 정당한 직책에 있으면, 국가는 잘 다스려지게 마련이다. 이 같은 태평시대를 연출하여 정사와 형벌을 정당하게 행사하면, 비록 주변의 대국도 넘보지 못하고 두려워할 것이다. 『시경』에 이르기를, '장맛비 내리기 전 뽕나무 뿌리를 벗겨다가, 창과 문을 단단하게 엮고 얽었으니, 이제 아래에 있는 너희들이 나를 업신여길 수 있겠는가'라고 했다. 공부자가 이르시기를 '이 시를 지은 사람[주공周公]은 도를 알고 있었다. 따라서 자기 나라를 제대로 다스린다면, 누가 감히 능멸할 수 있겠는가'라고 했다.

지금 국가가 무사하다고 해서, 마냥 이를 즐겨서 태만하고 방자하게 군다면, 이는 스스로 재앙을 자초하는 것이다. 그러므로 재앙과 복 모두가 스스로 자초하는 것이 아님이 없다. 『시경』에 이르기를, '길이 천명을 받들어 스스로 복을 구하라'고 했고, 『서경』 「태갑太甲」에 이르기를 '하늘이 지은 재앙은 피할 수가 있지만, 자신이 저지른 재앙은 회피할 수 없다'라고 한 것은, 모두 이를 두고 한 말이다"라고 했다.

맹자는 행인을 정책목표로 삼는 민본적 지도자인 왕자와, 제국주의를 실천하기 위하여 끊임없이 국토를 확장하면서, 한편으로는 수단과 방법을 가리지 않고 부를 추구하여, 일신과 일족 그리고 일당의 부귀영화만을 탐하는 독제자인 패자에 대해 언급한 짤막한 글에서, 『시경』과 『서경』의 편장을 무려 네 차례나 인용했다. 『시경』「대아大雅」의 '문왕유성편文王有聲篇'과 「빈풍豳風」의 '치효편鴟鴞篇' 및 「대아」의 '문왕편文王篇' 그리고 『서경 · 상서商書』「태갑편」이 그것이다. 중국 역대의 정치문화의 근본도 '육경六經'을 벗어나지 않고 있음을 새삼 확인하게 된다.

육경은 동양의 영원한 고전이다. 아마 영겁의 시간이 흘러가도 육경이 차지하는 이 같은 비중은 변함이 없을 것이다. 왜냐하면 육경에는 인류의 예지와 지혜와 기지가 무한량으로 담겨 있기 때문이다. 따라서 육경을 수천 년 전에 발간된 고서에 불과하다고 하여, 이를 폄하하거나 폐기되어야 한다는 일부의 주장은, 무식과 우둔에서 나온 치졸한 발상이 아닐 수 없다.

오천 년 전이나 지금의 인류는 의복만 바꾸어 입었지 이목구비는 그대로이고, 앞으로 오천 년이 지난 이후의 인류도, 오늘의 모습을 그대로 갖고 있을 것이다. 인류의 모습이 이처럼 변하지 않는 것은, 육경이 함유한 사상이 영원한 이념일 수밖에 없는 이유이기도 하다. 오늘 이후 수천 년 뒤, 사람의 눈이 하나가 되고 귀가 하나가 없어진 모습으로 변한다면, 육경의 가치도 응당 변해야 할 것이다.

패자는 대국을 지향하면서 '인'을 포장하여 백성을 기만하고, 인자는 소국에 만족하고 이를 바탕으로 제후국에 인을 펴서 천하 백성들을 심복시켜, 천하를 화목하고 태평하게 한다고 맹자는 말했다. 이는 공부자가 권력과 경제력도 없었는데도 불구하고, 70여 명의 제자를 거느린 것과 대비된다고 했다.

그러므로 인자는 영화를 누리고, 불인자는 치욕을 당한다고 확신했지만, 맹자 이후 지금까지 오히려 당대에 있어서, 인자가 치욕을 당했고 불인자가 영화를 누린 것을, 우리는 역사를 통하여 보아왔다. 다만 어질지 못한 자들이 당대에 누렸던 영화가, 사후에는 치욕과 치소嗤笑의 대상으로 전락했다는 사실에서, 얼마간의 위로를 받을 따름이다. 불인자들은 자신들의 사후에는 관심이 없고, 오직 당대에 영광을 누리는 것만을 최우선으로 삼는다는 공통점이 있다. 죽은 뒤에 어떤 불명예를 당해도 상관이 없다는 오만방자한 인식은, 이로 인해 받는 치욕적인 대가를 그들 자손이 고스란히 받는다는 냉혹한 사실을, 그들 패자들이 모두 제대로 파악하지 못한 어리석음에서 비롯된 것이다.

작은 나라의 지도자가 인정을 펴서 백성들을 심복시켜 조야상하가 뭉쳤을 때, 주변의 강대국도 감히 넘보지 못한다는 맹자의 주장은 지금도 정당하다. '인자'가 '왕도'를 펴자면 반드시 '현자'가 '고위'에 있어야 하고, '능자能者'가 중요한 '직책'을 맡아야 가능하다고 했다. 오늘날 우리가 한데 묶어서 사용하는 '직위職位'라는 단어가, 맹자시대에는 엄연하게 변별되었음을 알 수가 있다.

도덕심과 해당 분야에 실천 능력을 분별하여 논한 것은, 맹자가 단순한 이상주의자가 아니고 현실적 감각도 지녔음을 의미한다. 왕자王者의 휘하에 현자와 능자가 집정執政하여 천하가 태평해졌다고 해서, 방심하거나 행동을 함부로 하지 말고, 닥쳐올 수도 있는 위기에 대응하는 지혜를 가지라는 경고를, 『시경』 '빈풍豳風'에 나오는 '치효鴟鴞'의 생태를 빗대어 맹자가 개진한 것은, 독자의 심금을 울리는 표현 기법이다.

하늘이 내린 재앙은 피할 수 있지만 스스로 자초한 재앙에서는 살아남을 수 없다는 맹자의 질책은, 비정상적인 방법으로 집권하여 정당하지 못한 목적을 달성키 위해 자행하는 갖가지 비리와 행악을 능사로 일삼는 패자에 대한 추상 같은 경고이다. 백성들이 지도자의 과오를 용서하는 것은, 그것이 지도자 자신의 사심邪心에서 나온 것이 아니라, 불가항력으로 빚어졌을 경우이다. 반면 자신의 과오로 인한 재앙임이 분명한데도, 교활하게 자신으로 말미암은 것이 아니라고 미사여구를 동원하여 선전할지라도, 백성들은 이를 가슴으로 간파하기 때문에 등을 돌리게 마련이다.

맹자의 논의보다 더 절실하게 이 같은 교활한 지도자의 포장술을 비판한 우리의 속담이 있다. 잘된 것은 자기 탓이고 못된 것은 조상탓이라는 속언俗諺이 그것이다. 행복과 불행 및 복과 화는 모두 자기탓이지 남의 탓이 아니라는 사실을, 맹자는 『시경』과 『서경』의 권위를 빌려서까지 강조했다.

『맹자정의』는 이 편장의 주제를, 국가는 반드시 정사를 닦아야 하고, 지도자는 인을 실천해야 하며, 재앙과 복은 모두 자신의 업보業報이지, 하늘의 탓이 아닌 만큼, 필히 미구에 닥쳐올 수도 있는 재앙을 방비하기 위해, 만반의 준비를 갖추라고 당부한 것이라고 했다. 또한 이를 좀 더 부연하여, 국군國君이 인을 실천하면 나라가 번창하고 백성이 편안(국창민안國昌民安)해져 영화와 안락을 누릴 것이고, 반대로 국군이 인을 시행하지 않을 경우 나라는 파괴되고 백성을 도탄에 빠뜨리게 하여(국파민잔國破民殘) 형언키 어려운 치욕을 당한다는 사실을 논한 것이라고 했다.

'패자'의 시대가 가고 '왕자'의 시대가 오기를 기다렸던 맹자의 염원이, 이천여 년이 경과한 오늘에도 실현되지 않고 있는 것은,『대학』에서 지적한 대로 백성이 못났기 때문인지, 아니면 지도자가 사악해서인지, 단정할 수 없다.

7. 인화론人和論 – 소통疏通의 미학

『사서四書』와 『육경六經』의 내용은 특별하거나 신기한 것이 아니고, 우리들 일상생활 주변에 평범한 사람들이 주고받는 말 그대로이다. 『사서』와 『육경』이 수천 년이 지난 오늘날에도, 여타의 신기하고 흥미로운 내용이 듬뿍 담긴 신서新書들을 제치고 적지 않은 고정 판매부수를 유지하는 이유, 역시 가장 현실적이고 평범한 내용을 담고 있기 때문이다. 이 같은 '사서四書와 육경六經'의 판매부수는 수많은 시간이 흘러가도 변함이 없을 것이다.

유가사상이 불가佛家나 도가道家와 현저하게 변별되는 점은, '내세來世'나 신기루 같은 '이상향理想鄕'을 설정하거나 미화하지 않는 데 있다. 불가가 현실에 존재하지 않는 극락세계를 추구하고, 도가가 무릉도원武陵桃源을 희구하는 것과 달리, 유가儒家는 벼와 보리 그리고 기장·서숙 등의 곡식과 뽕나무와 삼이 자라는 들녘을 중시한다. 밥과 김치는 수천 년을 먹어왔고, 또 수천 년을 먹어도 싫증이 나지 않고 계속 먹을 수 있지만, 사탕이나 꿀 · 콜라 · 햄버거 따위는 며칠만 연이어 먹어도 지겨워져 멀리하게 되는 것도 같은 이치이다. 『맹자』를 우리들이 수천 년간 읽었음에도 불구하고, 싫증내지 않고 지금도 탐독하는 것 역시 동일한 까닭이다.

『맹자』는 윤리와 도덕을 최우선으로 하고, 이를 국가 사회에 현실화시키기 위해 저술된 정치학에 준하는 경전이다. 서양의 마키아벨리즘 등 갖가지 정치적 저술 등과 전혀 달리, 높은 차원에서 너무나 인간적이고 게다가 아름답기까지 한 온갖 주장을 개진한 완미한 정론政論이다. 동양의 정치 행태에는 '황도皇道 · 제도帝道 · 왕도王道 · 권도權道 · 패술覇術' 등의 오도五道가 있다. 패도는 '도'자를 붙일 수 없다는 인식에서 패술로 표기할 정도였다. 맹자는 '황도'와 '제도'를 언급하지 않고 '왕도정치王道政治'를 집중적으로 논했다. '황도'는 '삼황三皇'의 정치를 의미하고, '제도'는 '오제五帝'의 정치를 뜻한다.

'황도'와 '제도'를 겸비하여 통치하겠다는 야심을 진시황秦始皇이 품었지만, 그것은 한갓 공염불이 되고 말았다. "삼황오제三皇五帝, (「삼황三皇」; 천황天皇 지황地皇 인황人皇 - 복희伏犧 신농神農 황제黃帝〔수인燧人〕, 또는 포희包犧 여왜女媧 신농神農, 「오제五帝」; 소호少昊 전욱顓頊 제곡帝嚳 요堯 순舜, 또는 황제黃帝 전욱顓頊 제곡帝嚳 요堯 순舜)"의 정치는 맹자의 시대에도 너무나 홍황鴻荒하여 실천이 불가능한 것으로 인식했기 때문에, 당대의 입장에서 볼 경우 보다 현실적인 '문왕 · 武무왕'이 실현시켰던 '왕'에 기준을 두고, 맹자는 정론을 펼친 것이다. 왕도를 정치 현실에 실천하기 위해, 맹자는 인화人和 즉 민화民和에 근간이 되는 현자를 등용하고 해당 분야에 전문가를 부려야 한다는 '존현사능尊賢使能'을 제창했다.

孟子曰: "尊賢使能, 俊傑在位, 則天下之士皆悅而願立於其朝矣. 市廛而不征, 法而不廛, 則天下之商皆悅, 而願藏於其市矣.

關譏而不征, 則天下之旅皆悅而願出於其路矣. 耕者助而不稅, 則天下之農皆悅而願耕於其野矣. 廛無夫里之布, 則天下之民皆悅而願爲之氓矣."(公孫丑篇)

맹자는 "현자賢者를 존중하고 능자能者를 부려서 출중한 인재를 적소에 앉히면, 천하의 선비들 모두가 기꺼이 그 조정에 벼슬하기를 원할 것이고, 시장에 자릿세만 받고 기타의 세금을 징수하지 않으며, 옛법대로 처리하고 신법新法에 근거한 전세廛稅를 안 받으면, 천하의 상인들이 기뻐하고 솔선하여 그 시장에 물건을 비치한 후 장사하려고 할 것입니다.

관문에서는 감찰만 하고 통과세를 받지 않으면, 천하의 여행자들이 기꺼이 스스로 그 나라를 통하는 길로 나오고자 할 것이고, 농민들에게 공전公田에만 일하게 한 후 사전私田에서의 세금을 받지 않으면, 천하의 농민들이 기꺼이 그 들판에 일하고자 할 것이며, 주택이나 점포에서 인두세人頭稅나 택지세宅地稅를 부과하지 않으면, 천하의 백성들이 기뻐하여 자의로 그 지역 국가의 주민이 되기를 원할 것이다"라고 했다.

맹자는 '현자 · 능자 · 준걸자俊傑者'들을 적소適所에 배치하여 정사에 임하게 하면, 천하의 올곧은 지식인들을 초빙하지 않아도 저절로 찾아와서 벼슬하기를 원한다고 했다. 위정자들이 위에 열거한 훌륭한 인물들을 배제하고, 시정잡배市井雜輩와 건달들을 등용하는 것도 문제인데, 항차 이들 패거리들이 자행하는 모리謀利를 문제 삼지도 않으려하고, 아울러 비적소非適所에 비적재非適材의 임용을 능사로 한다면, 그 나라의 정사는 이미 출발하기 전부터 끝장이 난 것이다.

'조정'과 '시장 · 관문關門 · 평야 · 주거지'를 관장하는 인물들이 현인으로서 능력이 있고 출중하다면, 조정에는 인재가 구름처럼 모여들고 시장에는 장사꾼들이 몰려들 것이며, 관문에는 나라로 들어오는 여행객이 넘쳐나고, 들녘에는 농부들이 콧노래를 부르고, 주택가에는 사람들이 몰려와 행복을 구가할 것이라고 맹자는 말했다.

'조朝'는 정부라는 이름으로 지금도 있고, '시市'는 시장과 백화점 · 슈퍼 등으로 명칭이 바뀌어 현재도 존재하고, '관關'은 나라마다 있는 세관稅關에 해당되고, '경자耕者'는 농민과 일반 백성을 뜻하며, '전廛'은 주택가와 점포로 호칭되어 현재에도 엄연히 있다. 시대는 흘러가 역사가 바뀌었다고 대부분 주장하고 있지만, 실상은 변하지 않고 겉모습만 약간 바뀌어 옛날 그대로 존속하고 있으며 앞으로도 영원히 변하지 않을 것이다.

관청의 통관절차가 까다로운 나라에 여행하기를 싫어하고, 과도한 세금이나 수수료를 부과하는 시장이나 백화점들에는 상인들이 입주를 기피할 터이고, 세금이 많이 부가되는 호화 주택에 서민들은 살려고 하지 않는다. 맹자는 위에 언급한 '오자五者'가 실천되는 국가는 백성들이 그 지도자를 부모처럼 우러러볼 것이며, 그리하여 가족들을 데리고 몰려올 것이며, 이 같은 나라를 공격할 국가는 천하 어디에도 없다고 했다.

동아시아 여러 나라 해외공관에서 벌어지고 있는 북한 동포들의 필사적인 출입을 상기할 때, 맹자의 다섯 가지 정책은 지금도 생생하게 살아 있는 사안임을 확인케 한다. 『맹자』 '존현장尊賢章'에서 말한 위의 '5자'는 '왕도정치'의 핵심이다. 왕도정치가 이루어지면 조야상하와 만백성의 '인화人和'가 성취된다. 그러므로 맹자는 '인화'를 다른 무엇보다 중요하다고 강조했다.

> 孟子曰: "天時不如地利, 地利不如人和. 三里之城, 七里之郭, 環而攻之而不勝. 夫環而攻之, 必有得天時者矣; 然而不勝者, 是天時不如地利也. 城非不高也, 池非不深也, 兵革非不堅利也, 米粟非不多也; 委而去之, 是地利不如人和也.
>
> 故曰: 域民不以封疆之界, 固國不以山谿之險, 威天下不以兵革之利. 得道者多助, 失道者寡助. 寡助之至, 親戚畔之; 多助之至, 天下順之. 以天下之所順, 攻親戚之所畔; 故君子有不戰, 戰必勝矣."(公孫丑篇)

맹자는 "천시天時는 지리地利만 못하고, 지리地利는 인화人和만 못하다. 3리三里의 작은 성城과 7리七里의 곽郭을 포위 공격해도 못 이기는 경우가 있다. 무릇 포위 공격을 하고 있을 때에는 이미 천시는 얻었다고 여겨지는데도 불구하고, 끝내 이기지 못하는 것은, 천시가 지리만 못한 것임을 의미한다. 성이 높지 않은 것도 아니고, 해자垓字가 깊지 않은 것도 아니며, 병기와 갑옷이 견고하지 않은 것도 아니며, 쌀과 곡물이 풍부함에도 불구하고, 성곽을 버리고 지도자와 백성이 떠나는 것은, 지리가 인화보다 못하기 때문이다.

그러므로 옛말에 이르기를 '백성을 영역 안에 묶어두기 위해 국경을 봉쇄해서 안 되고, 나라를 견고하게 하기 위해 산이나 강의 험준함에 의지해서 안 되며, 천하에 위세를 떨치기 위해 막강한 군사력을 써서 안 된다'라고 한 것이다. '왕도를 행하는 자는 도와주는 사람이 많고, 왕도를 행하지 않는 자는 협조자가 적다. 협조자가 지극히 적게 되면 친척조차 배반하고, 협조자가 엄청나게 많으면 천하가 귀순한다. 천하가 귀순한 나라의 지도자가, 친척조차 배반한 나라를 공격하는 셈이니, 따라서 군자君子(왕자王者)가 전쟁을 한다면 승리는 확실한 것이다"라고 했다.

맹자는 '천시 · 지리 · 인화' 중에서 '인화'를 최우선으로 삼았다. 3리의 성과 7리의 곽에 불과한 소성小城을, 천시를 얻어 포위 공격을 감행해도 승리하지 못하는 경우가 있는데, 이는 지리를 얻지 못했기 때문이다. 포위 공격을 받고 있는 그 성곽이 험준한 산이나 깊은 강물 등 방비하기 유리한 지세地勢, 즉 지리를 가졌기 때문에 능히 지킬 수 있었다는 주장이다.

비록 천시를 얻어 완벽한 전략을 세워 공격해도 험고한 지역에 있는 성곽은 쉽게 파괴되지 않는다. 특정 국가나 성을 공격할 때, 천문天文을 살피고 간지干支를 헤아리고 기후를 살피고 일시日時를 엄격하게 선택한다. 따라서 천시天時는 골고루 갖춘 편이나 천혜天惠의 자연을 방벽으로 삼아 지리를 최대한으로 활용한다면, 엄정하게 계산하여 얻은 천시일지라도 지리 앞에서는 무력하게 마련이다.

성벽은 견고하고 해자는 넓고도 깊으며 최첨단의 예리한 무기를 소유했을 뿐 아니라, 군량미조차 풍족한데도 불구하고, 지도자는 성을 포기하고 도망하려 하며 백성들 역시 지키려는 마음이 없을 경우, 하늘로부터 받은 지리도 무용지물이 되고, 결과적으로 국가나 성곽은 무너지고 만다. 성곽이 붕괴되면 성안의 백성들은 어육魚肉이 된다. '붕성지통崩城之痛'이라는 말이 있다. 성이 파괴되는 아픔이라는 의미인데, 성 안의 백성들이 지도자와 한마음이 되어 '민화民和'가 되었을 때는 비통한 심정에 빠지지만, 반면 '민화' 즉 '인화'를 이루지 못한 상황일 때는, 민인들은 오히려 성(체재)이 무너지기를 고대하는 '붕성지락崩城之樂'을 노래할 나라도 우리 주변에 더러 있을 것이다.

맹자는 이 '인화장'을 통하여 화합和合이 정치의 최고 덕목임을 역설했다. 천시나 지리도 '인화'가 없이는 쓸모가 없고, '인화'가 없으면 천시와 지리를 함께 구비해도 그 국가는 지탱할 수 없다는 것이 맹자의 지론이다. 시대가 진행될수록 인화의 중요성은 더욱 높아가고 있다. 20세기 후반에 천시와 지리를 함께 구비했던 소련을 비롯한 공산권의 몰락은, 그들 사회주의 정권이 민화(인화人和)를 이루지 못한 데서 기인했다. 달나라까지 인공위성을 발사할 정도의 '병혁지리兵革之利'를 완비하여, 서북 · 동북 아세아와 중앙아시아 및 북해권北海圈과 동구권까지 위세를 떨쳤던 소련제국蘇聯帝國의 소멸 역시, 인화를 이루지 못했기 때문이다.

요즘 일부 국가에서 '사이비 인화似而非人和'가 판을 치고 있다. 각종 언론매체를 총동원하여 인화가 되어 있는 것으로 우기며, 역내域內의 백성과 주변 국가를 기만欺瞞해 봤자, 진실은 조만간 밝혀지게 마련이고, 진실이 밝혀지는 순간 최첨단의 무기로 무장한 백만대군도

붕괴를 막지 못할 것이다. 조작된 '위장인화僞裝人和'로는 웅건한 성벽과 깊은 해자를 갖춘 '고성高城'과 '심지深池'의 지리와, 천시天時를 함께 얻었다고 해도 국가를 장시간 존속시킬 수 없다.

예리한 무기와 백만여 명의 군대를 먹일 군량미의 충만함으로도 나라를 보존키 어렵다. 인화를 이루지 못해 탈출하려는 백성들을 철통 같은 방어벽을 쌓아 막아봤자, 얼마나 오랫동안 효과적으로 제어할 수 있을 것인지 의심된다. 맹자가 수천 년 전에 제기했던 역민域民(백성을 강역 안에 묶어둔다는 해석도 있다)을 강제로 통치영역統治領域 안에 구속하려고 하지 말고, 개인 의사에 따라 거주 이전의 자유를 보장하라는 제의는 참신하고 진보적이다.

국가의 안위를 산과 강의 천험天險에 의존치 말 것이며, 강대한 군사력으로 세계를 위협하지 말고, 도덕과 예의에 입각하여 나라를 경영하면, 전쟁을 하지 않고도 천하를 얻을 수 있다는 맹자의 주장은, 일견 이상적인 것처럼 여겨지기도 하나, '득도자得道者'나 '득도국得道國'이 종국에 가서는 반드시 승리한다는 고매한 뜻은, 만고불변의 진리이다.

8. 정벌론征伐論 - 반역자의 준엄한 처단

국가 간의 무력충돌을 두고 여러 가지 명칭이 있지만, 전쟁은 정통 국가 간에 일어난 무력충돌을 의미하고, 서양식 개념으로는 선전포고를 해야만 전쟁으로 인정한다. 그러나 국가 간 분쟁은 거의 선전포고 없이 전개되기 때문에, 그 개념은 일종의 탁상공론이다. 흔히 이같이 기습적으로 일어난 유혈사태를 일컬어 침략이라고 하여, 전쟁과 구분하기도 한다.

조선조 500년간 두 차례의 가공할 무력충돌이 있었다. 국사에서는 이를 일러 '임진왜란壬辰倭亂'과 '병자호란丙子胡亂'이라고 한다. 언제부터인가 이처럼 정당한 호칭을 '칠년전쟁七年戰爭'이니 '임진조국전쟁壬辰祖國戰爭'이니 하는 괴이한 용어로 바꾸어서 부르고 있고, 이를 마치 진보적 사관에 입각한 것으로 이해하는 풍조가 대두되었다. 조선왕조의 입장에서 볼 때, 양대 변란은 조선조의 제후국으로 여겼던 왜족倭族과 여진족女眞族이 일으킨 반란叛亂에 불과했고, 따라서 이 같은 무도한 침략을 칭하여 선인들이 '임진왜란'이나 '병자호란'으로 명명한 것은 지당한 논리이다.

조선조는 왜와 여진이 다스리고 있는 지역을 동등한 국가로 본 것이 아니라 제후국, 즉 번국蕃國으로 인식했다. 조선조가 제후국으로 인식한 여진족은 '대청제국大淸帝國'을 건설했고, 왜인은 일본日本이란 국호로 동아시아의 강국으로 존재했던 것은 사실이다. 인정하고 싶진 않지만 16세기의 왜는 군사와 경제 분야는 우리보다 앞서 있었던 것은 사실이다. 일설에 의하면 당시 왜군은 조총으로 무장한 세계 최강의 군대였다는 진단도 있다.

조선조가 이들 국가를 제후국으로 보고, 감히 상국인 대조선大朝鮮을 공격한 만큼 '난亂'이라 부른 것은 공변된 역사 인식이다. 조선조가 이들 나라에 대해서 준천자국으로 군림한 것은 그만한 이유가 있었다. 그러나 상국으로서 부국강병을 이루지 못했기 때문에, 난을 일으킨 여진과 왜를 정벌征伐하지 못한 까닭으로, 후세에 '칠년전쟁'이니 하는 유의 말이 나온 것이다.

동양의 질서는 천자국과 제후국의 역학관계로 이루어졌다. 제후국의 처지에서 보면 불만이지만, 엄연한 현실로서 싫든 좋든 간에 수용하지 않을 수 없었다. 소위 중원을 벗어난 극동지역에는 신라·고려·조선의 전조前朝 들을 중심으로, '여진女眞과 왜倭·대마도對馬島·탐라耽羅·유구流球' 등을 묶는 또 하나의 나름대로의 천자국과 제후국으로 형성된 세계가 있었다. 그러므로 조선조가 청군淸軍과 왜군倭軍의 침략을 '난'이라 칭한 것은 당연하다.

'난'은 반드시 정벌하여 평정되어야 한다. 그런데 조선조는 여진과 왜를 정벌하지 못하고 그들에게 오히려 치욕을 당했다. 정'征'은 정당한 행동, 즉 '정행正行'이고 '벌伐'은 천자의 위엄으로써 반란을 일으킨 제후의 나라를 토벌하는 것이라고 정의定義했다. 정통성을 지닌 천자의 나라가, 잘못을 저지른 제후의 나라를 공격하여 다시 복속시키는 것은, 전쟁이 아니고 정벌이라는 동양의 전통적 인식은 타당하다.

시대가 흘러 정통성과 관계없이 부국강병을 이룬 강대국들이 새로운 천자지국이 되어, 힘없는 작은 나라를 억지로 제후국으로 만들어 놓고, 그들의 불순한 이익에 조금이라도 위배되면, 무력을 비롯한 각가지 새로 개발된 방법을 동원하여, 침략을 일삼은 행위가 세계 도처에서 자행되고 있다. 맹자는 그의 사후 이 같은 행태가 더욱 심화될 것을 예감이라도 한 듯이, 무도한 무력 사용을 경고한 '정벌론征伐論'을 개진한 것이다.

沈同以其私問曰: "燕可伐與?" 孟子曰: "可. 子噲不得與人燕, 子之不得受燕於子噲. 有仕於此, 而子悅之, 不告於王而私與之吾子之祿爵; 夫士也亦無王命而私受之於子, 則可乎? 何以異於是?"

齊人伐燕. 或問曰: "勸齊伐燕, 有諸?" 曰: "未也. 沈同問 '燕可伐與?' 吾應之曰: '可.' 彼然而伐之也. 彼如曰: '孰可以伐之?' 則將應之曰: '爲天吏, 則可以伐之.'

今有殺人者, 或問之曰: '人可殺與?' 則將應之曰: '可.' 彼如曰: '孰可以殺之?' 則將應之曰: '爲士師, 則可以殺之.' 今以燕伐燕, 何爲勸之哉?"(公孫丑)

심동沈同이 개인적으로 "연燕나라를 정벌해도 좋으냐?"고 묻자, 맹자는 "정벌할 수 있다. 연왕燕王 자쾌子噲가 천자의 명도 받지 않고 나라를 자지子之에게 주었고, 자지 역시 부당하게 자쾌에게 연나라를 받았다. 이는 마치 연나라에서 벼슬하는 사람이 있어서 그 사람을 그대라고 가정할 때, 그대가 어떤 사람을 좋아한다고 해서 왕에게 고하지도 않고 사적으로 당신의 직위나 봉급을 물려주고, 그 사람 역시 왕의 명령도 없는 터에, 사적으로 당신의 작과 녹을 받는 다면 이를 정당하다 하겠는가. 이것은 자쾌가 자지에게 불법적으로 연국燕國을 물려준 사실과 무엇이 다르겠는가?"라고 했다.

제나라가 연나라를 정벌하자, 어떤 사람이 "선생(맹자)이 권유하여 연나라를 쳤다는 말이 있는데 사실입니까?"라고 묻자, 맹자는 "아니다. 심동이 나에게 연나라를 치는 것이 가하냐고 물어서, 내가 가하다고 응대한 바 있으므로, 그가 내 말에 고무鼓舞되어 연나라를 정복한 것은 사실일 수도 있다. 만일 그가 다시 누가(어떤 국가가) 연나라를 능히 칠 수 있느냐고 물었다면, 장차 나는 그에게 천명을 받고 이를 지키는 임금만이 정벌할 수 있다고 말할 참이었다.

이제 한 예로서 사람을 죽인 살인자가 있는데, 어떤 사람이 이 살인자를 죽여야 하느냐고 묻는다면, 나는 마땅히 죽여야 한다고 할 것이다. 그러나 그가 만일 누가 감히 살인자를 죽일 수 있느냐고 되물을 때, 나는 사법관(사사士師)만이 죽일 수 있다고 대답할 것이다. 이제 연나라 못지않게 무도한 제나라가 연나라를 정벌하는 것은, 마치 연나라가 연나라를 정벌하는 것과 마찬가지인데, 어찌 내가 이를 권유했겠는가?"라고 했다.

맹자는 '예·악'의 제작制作과 '정'과 '벌'은 천자만이 가능한 것이라고 했다. 따라서 포악무도한 국가가 비록 존재한다 해도, 천자가 아닌 패자로서는 결코 정벌할 수 없다는 주장이다. 연나라가 비록 무도하다고 해도 무도한 점에 있어서 오십보백보五十步百步인 제나라는 정벌할 자격이 없다고 맹자는 단언했다.

한 왕이 일어나 개국을 하면 '예禮'를 제制하고 '악樂'을 작作하여 국기를 공고히 한 뒤, 만일 이를 배반하는 제후가 있다면, 왕도에 입각하여 당당하게 정벌해야 한다는 것이 고대나 중세의 논리였다. 그러나 '제례작악制禮作樂'과 '정'과 '벌'은 원칙적으로 제후는 할 수 없는 행위이다.

주나라 천자의 권위가 땅에 떨어져, 제후가 칭왕稱王을 일삼아도 제어할 능력이 없었던 사실을 두고 중앙집권에서 지역분권地域分權, 즉 '지방자치'시대로 이행되었다는 긍정적 평가도 가능하다. 천자의 명령 없이 한 나라를 자신이 좋아하는 사람에게 양도하는 것은 중세 질서의 파괴이다.

자쾌가 자지에게 연나라를 넘겨준 것은, 요가 순에게, 순이 우에게 나라를 선양禪讓한 사실을 연상시키기도 한다. 당시 연나라는 나라를 부자형제 간에 상속하는 전통적 관습을 타파하고, 과감하게 재상이었던 자지에게 평화적으로 왕위를 이양移讓했다. 자지가 국가를 양도받을 만큼 현명한 사람인지는 모르겠으나, 연나라 왕 자쾌가 조종으로부터 물려받은 나라를 물려줄 정도라면 평범한 사람은 아니었을 것이다.

고대 및 중세 지방자치제도의 상징인 제후국들을 말살하고, 중원을 통일하여 중앙집권국가를 성립시킨 진시황은, 중국에게는 위대한 지도자일 수 있지만, 주변 민족 소국들에게는 불행이다. 천자를 중심으로 한 제후의 자치自治를 이상적으로 생각했던 과거 맹자 같은 성현들이 약소국으로서는 존경스럽다.

중국은 결국 공자·맹자를 비롯한 성현들의 정당하고 인도적인 정치사상을 부정하고, 진시황 유의 제국주의적 패자들의 야망을 천양하고, 이를 실천하는 것으로 중원의 정치사를를 엮어 나갔다.

이유야 어떻든 간에 제나라가 연나라를 불법적으로 침략한 것은 맹자에게도 일정한 책임이 있었다. 심동沈同이 아무리 사사로이 질문을 했다고 해도, 그가 제나라의 재상인 이상 맹자가 그의 영향력을 몰랐을까 하는 의문이 든다. 아마 당시 사람들은 제의 벌연伐燕이 맹자의 권유로 감행되었다고 생각했던 것 같다.

맹자가 심동이 다시 "누가 연나라를 정벌할 수 있느냐"고 물었다면, '천리天吏'만이 가능하다고 대답했을 것이라는 설명은 아무래도 옹색하다. '천리'는 하늘의 명령을 따르는 지도자를 뜻하고, 하늘의 명은 오직 왕도를 펴는 천자만이 시행할 수 있는 것으로 인식했다.

제나라의 벌연伐燕은 결국 실패했다. 실패했기 때문에 맹자에게 더 많은 책임이 주어졌다. 맹자는 사람을 죽인 자는 죽인다는 당시의 계율戒律을 지지했다. 살인자를 죽일 때는 일반인이 행해서는 안 되고, 형벌을 관장하는 사법관만이 사형을 언도할 수 있으며, 법에 정한 사관士官이라야 이를 집행할 수 있는 것처럼, 무도한 연나라일지라도 제나라가 정벌하는 것은 불가하다는 맹자의 부연설명은, 변명으로 받아들일 소지가 당시 사람들에게는 있었을 것이다.

동양의 법은 살인자는 처형하는 것이 정당하다고 되어 있다. 무고

한 사람을 죽인 자는 그 살인자 역시 처단되어야 마땅하다. 요즘에 와서 서양의 법에 의해 선량한 사람 수십 명을 아무 까닭 없이 짐승 사냥하듯 죽여도, 인권이 어쩌고 하면서 사형은 죄악이라는 이해할 수 없는 주장을 펴는 사람들이 많다.

길 잃은 양 한 마리를 구하기 위하여, 수만 마리의 양이 절벽으로 떨어져 죽을지라도, 비정상적인 얼빠진 양 한 마리를 구하는 것이 옳다는 사유가 배경에 깔린 것인가. 대국적으로 볼 때 엇길로 나간 고약한 양 한 마리를 포기하고, 건강하고 사랑스런 수만 마리의 양을 돌보는 것이 진리이고 정의이다. 그러므로 상궤를 벗어난 그 양은 잡아서 목동의 보양식으로 처리하는 것이 순리이다. 따라서 살인자는 법에 의해 응당 처형해야 한다는 맹자의 주장에 필자는 공감한다.

연나라는 정복당한 지 2년 만에 백성들이 힘을 합쳐, 태자 평平을 세워 왕으로 삼고 국가를 재건했다. 제의 정벌이 실패한 이유는, 패에 불과한 선왕이 연의 부형을 죽이고 자제들을 포로로 하는 등 가혹한 정책을 폈기 때문이다. 제나라가 '오도지병五都之兵'을 동원하여 연왕을 죽이고 쉽게 승리를 했지만, 정벌이 아니고 침략자였기 때문에 낭패를 당한 것이다.

燕人畔. 王曰: "吾甚慚於孟子." 陳賈曰: "王無患焉. 王自以爲與周公, 孰仁且智?" 王曰: "惡! 是何言也?" 曰: "周公使管叔監殷, 管叔以殷畔, 知而使之, 是不仁也; 不知而使之, 是不智也.

仁智, 周公未之盡也, 而況於王乎? 賈請見而解之." … 曰(孟子) … 且古之君子, 過則改之; 今之君子, 過則順之. 古之君子, 其過也, 如日月

之食，民皆見之；及其更也，民皆仰之，今之君子，豈徒順之，又從爲之辭."(公孫丑)

연나라 백성들이 반란을 일으키자, 제 선왕은 "맹자에게 부끄럽기 짝이 없다"고 하면서 반성했다. 진가陳賈[제 대부齊 大夫]는 "걱정하지 마십시오. 왕께서 스스로 주공과 비겨서 누가 더 어질고 지혜롭다고 생각하십니까?"라고 묻자, 제 선왕은 "아니 어찌 이 같은 말을 하느냐?"고 반색했다. 이에 진가는 "주공은 형 관숙으로 하여금 은殷[상商]을 감독하게 했는데, 오히려 아우 채숙蔡叔과 함께 주왕紂王의 아들 무경武庚과 연대하여 반란을 일으켰습니다. 주공이 이를 예측하고 시켰다면 불인이요, 모르고 감독하게 했다면 지혜롭지 못한 것입니다. 인과 지에 대해서 주공도 부족한 점이 있었던 터에, 항차 왕이야 말해서 무엇 하겠습니까? 그러므로 진가가 맹자를 만나뵈옵고 해명을 하겠습니다"라고 하여 위로했다. … 맹자가 이르기를(진가와 만남에서)… "옛날 군자는 과실이 있으면 즉시 고쳤는 데 반해, 요즘 사이비 군자는 과오가 있어도 고칠 생각은 하지 않고 그대로 밀고 나갑니다. 옛적 군자가 저지른 과오는 일식이나 월식과 같아서 백성들이 모두들 알았고, 그리하여 이를 고쳤을 때 모두들 우러러보았습니다. 반면 요즘 군자의 탈을 쓴 가짜 군자들은, 자신의 잘못을 그대로 밀어붙일 뿐만 아니라, 게다가 이를 합리화시키기 위해 갖은 말장난도 마다하지 않습니다"라고 했다.

정벌할 입장에 있지 못한 제나라 선왕이 무력으로 연나라를 정복

했지만, 두 해도 못 되어 연나라는 다시 일어났다. 이에 제 선왕은 맹자의 진심을 잘못 파악했다고 후회하면서, 부끄럽기 한이 없다고 솔직히 자신의 과오를 인정했다. 맹자는 자신의 잘못을 과감하게 인정하는 제 선왕을 군자라고 칭송하고, 당시 군자인 척하는 진가와 같은 지식인들을 향하여, "잘못을 뉘우칠 줄도 모르고 교묘한 언사를 동원하여 소신이라고 우기면서, 그대로 밀고 나가는 사이비 군자"라고 질책했다.

선왕의 대부大夫였던 진가는 과거 주나라 개국 초기의 무왕과 주공, 그리고 관숙管叔 · 채숙蔡叔 · 곽숙霍叔 등 형제 간에 야기되었던 갈등까지 제시하면서 왕의 비위를 맞추고자 했다. 맹자는 이 같은 진가의 사악한 태도에 대해서 "잘못인 줄 알면서 그대로 밀어붙일 뿐 아니라, 교묘한 언사로 이를 합리화시키기를 능사로 한다(기도순지豈徒順之, 우종위지사又從爲之辭)"라고 꾸짖었다.

맹자의 '금지군자今之君子', 즉 당대 지식인에 대한 위의 비판 내용이 만일 요즘 도하 언론매체들에 보도되었을 때, 이를 두고 누가 지금부터 2400여 년 전의 것이라고 믿겠는가. 자신의 잘못을 알려고도 하지 않는 마당에, 뉘우친다는 것은 상상도 할 수 없고, 설사 잘못을 알았다고 해도, 이를 미사여구로 꾸며 올바른 것으로 미화하기 예사이고, 이도 모자라서 소신이라고 강변하며 그대로 밀어붙이는 지식인들이 '당로자當路者'로 활개 치는 현실을, 맹자는 예견하고 있었던 것일까.

정벌은 천자만이 할 수 있다는 고대와 중세의 주장은 옳다. 천자의 개념 역시 지금도 명칭을 달리하여 일제日帝는 사이비 천자(소위 천황天皇이 그것이다)를 만들어 동아시아를 침략했다. 그들은 이를 정벌이라고 생각했을 것이지만, 맹자의 말대로 '이연벌연以燕伐燕'의 침탈이었기 때문에, 수년도 못 되어 전부를 잃었고, 원자폭탄 세례까지 받아서 무고한 백성들을 어육으로 만들었다. 이는 진정한 정벌이 아닐 경우 함부로 무력사용을 해서도 안 되고, 만일 했을 경우 엄청난 피해를 본다는 엄숙한 역사적 교훈이다.

우리는 6·25사변이라는 참혹한 동족상잔을 겪었다. 3년 동안 계속된 이 변란에서 무수한 동포가 죽었고, 온갖 폐해가 삼천 리 강토를 뒤덮었다. 유엔군이라는 명목으로 많은 외국군까지 들어와서 난투를 벌여 나라 안이 아수라장으로 변했다. 이는 조선조 개국開國 503년(1894) 무렵 우리 국토에서 벌어진 '청일전쟁淸日戰爭'을 연상케 한다. 혹시 한반도에서 천자를 꿈꾸고 남한과 북한을 두 제후로 간주하여 현대판 황제로 군림하려는 가당찮은 망상을 가졌거나, 아니면 그렇게 하려는 뜻을 품은 흉포한 지도자가 있는지도 모르겠다.

여하튼 6·25사변은 정벌도 아니고 전쟁도 아니다. 한반도의 4분의 3을 일시적으로 확보했던 북한이 제자리로 물러난 것은 외세의 개입 여부를 떠나, 연인의 마음을 사로잡지 못했던 제 선왕의 연나라 침략처럼, 민심을 얻지 못했기 때문이다.

정벌은 도덕적 자질을 가진 천자가 왕도를 펼치기 위해 천명을 받아서 행하는 것이지, 패자의 무리들이 무력으로 침탈할 경우, 정벌이라는 명분을 내걸었다 해도 반드시 실패하고 만다는 것을, 우리는 반세기에 걸쳐서 괴롭게 체득하고 있다.

9. 치국론治國論 – 멸사봉공滅私奉公의 강조

우리 동방에는 통시적으로 정치를 직업으로 삼는 인물군은 없었다. 하급 관료의 경우, 각 지역마다 세습되었던 향리鄕吏가 있어서 지방관아의 사무를 전문적으로 맡았다. 두 해 내지 삼 년 만에 교체되었던 '현감 · 현령 · 군수 · 관찰사' 등 방백方伯은 해당 지역 실정에 밝지 않았기 때문에, 지역 행정의 실권은 자연히 향리들이 장악했다. 지방 행정의 치소治所에 선정비善政碑들이 많이 남아 있지만, 과연 그들이 선정을 베풀었는지 아니면 향리들에게 고분고분하게 보였던 까닭으로 비석이 세워졌는지는 미지수이다.

한국의 정치 현실은 해방 이후 비정상적인 전문 정치꾼들에 의해 국정이 좌우된 이후부터 많은 문제가 야기되었다. 대학마다 정치과가 생겨서 미국이나 유럽 각지에서 정치학을 전공하고 돌아온 지식인들이 강의를 맡았다. 따라서 대학에서의 정치학 강의는 주로 우리의 역사적 정치 현실과 긴밀한 관계가 없는 서양 정치사에 포용되는 내용이 주조를 이루었다. 한국의 정치 현실이 형식과 내용면에서는 서양의 정치제도, 즉 그중에서 미국이나 일본의 그것을 모방한 부분이 많다. 그러나 실제 운용 면에 있어서는, 신라·고려·조선조 등 전조의 전통적 정치 양상들이 그대로 현재에도 지속되고 있다.

사정이 이러함에도 불구하고 정치가나 사회학자들은 물론이고, 일반 국민들까지 서양 정치의 형식과 내용에 의해 국가가 통치된다고 착각하는 사례가 매우 많다. 따라서 대학의 정치학과와 실제 정치 현실은 밀접한 관계가 없는 것으로 되어 있고, 정치학 교수들도 대부분 그렇게 알고 있거나, 또는 현실 정치와 일정한 거리를 두고자 하는 실정이다.

한국 역대 왕조의 정치 지표는 세계 모든 나라들과 마찬가지로 보국안민이었다. 그러나 한국 정치의 보국안민은 다른 국가들과는 뚜렷하게 다른 점이 있다. 세계 초강대국 옆에서 이들 거만한 국가들과 더불어 평화롭게 살아가기 위해, 우리의 역대 지도자들의 노심초사는 남다른 바가 있었다.

국토를 보존하고 민족의 복록을 수호하기 위해, 때로는 그들의 비위를 맞추고 혹은 저항하기도 하면서, 오천 년간 국가와 민족의 정통성과 정체성을 지켜왔다. 그런데 여기서 주목되는 사실은 보국안민을 위해 제왕들을 중심으로 하여 정치력을 발휘했던 인물들 대부분이 지금처럼 사이비 전문 정치꾼이 아니었다는 사실이다.

대한민국 정부 수립 이후 단군檀君 이래 가장 혁혁한 성공을 거둔 것은 경제 분야이다. 원래 경제經濟란 말은 '경국제민經國濟民'에서 나왔다. 우리 민족의 경우 경국經國은 초강대국으로부터의 보국保國이 핵심이고, 제민濟民은 안민安民과 택민澤民을 중점으로 삼는다. 경제 분야의 괄목할 만한 성공은 전문 경제인들이 경제를 이끌어왔기 때문에 가능했다.

이와는 달리 반세기 동안 운영된 정치 현실은 경제와 달리 참담한 실패를 했다. 정치에 관한 한 오천 년 역사 가운데 근래 반세기 동안 만큼 난장판처럼 악화된 예는 없었다. 한국 근현대 정치의 참담한 실패는 소위 정상배政商輩 수준에도 못 미치는 이들 정치 파락호들에게 책임의 전부를 물어도 좋을 듯하다.

서기전 307년 무렵 맹자는 등滕의 문공文公으로부터 정치고문으로 정중하게 초빙되어 왕도정치를 실현코자 수년간 노력했지만 뜻을 이루지 못했다. 동양 정치사상에 영원한 명제인 '왕도정치'는 현실 정치에 적용될 수 없는 영원한 이상일 뿐이라는 주장이 확인되는 실례이기도 하다. 이 무렵 맹자는 새로이 집권한 문공에게 만세萬世에 귀감龜鑑이 되는 '치국론治國論'을 아래와 같이 개진했다.

滕文公問爲國. 孟子曰: "民事不可緩也. 詩云: '晝爾于茅, 宵爾索綯; 亟其乘屋, 其始播百穀.' 民之爲道也, 有恆産者有恆心, 無恆産者無恆心. 苟無恆心, 放辟邪侈, 無不爲已. 及陷乎罪然後, 從而刑之, 是罔民也.

焉有仁人在位, 罔民而可爲也? 是故賢君必恭儉禮下, 取於民有制. 陽虎曰: '爲富不仁矣, 爲仁不富矣.' 夏后氏五十而貢, 殷人七十而助, 周人百畝而徹, 其實皆什一也. 徹者, 徹也; 助者, 藉也.

龍子曰: '治地莫善於助, 莫不善於貢.' 貢者校數歲之中以爲常. 樂歲, 粒米狼戾, 多取之而不爲虐, 則寡取之; 凶年, 糞其田而不足, 則必取盈焉. 爲民父母, 使民盻盻然, 將終歲勤動, 不得以養其父母, 又稱貸而益之. 使老稚轉乎溝壑, 惡在其爲民父母也? 夫世祿, 滕固行之矣. 詩云: '雨我公田, 遂及我私.' 惟助爲有公田. 由此觀之, 雖周亦助也.

設爲庠序學校以敎之: 庠者, 養也; 校者, 敎也; 序者, 射也. 夏曰校, 殷曰序, 周曰庠, 學則三代共之, 皆所以明人倫也. 人倫明於上, 小民親於下. 有王者起, 必來取法, 是爲王者師也. 詩云: '周雖舊邦, 其命惟新.', 文王之謂也. 子力行之, 亦以新子之國."

使畢戰問井地. 孟子曰: "子之君將行仁政, 選擇而使子, 子必勉之! 夫仁政, 必自經界始. 經界不正, 井地不鈞, 穀祿不平. 是故暴君汙吏, 必慢其經界. 經界旣正, 分田制祿, 可坐而定也. 夫滕壤地褊小, 將爲君子焉, 將爲野人焉. 無君子莫治野人, 無野人莫養君子."(騰文公篇)

등나라 문공이 "국가 경영을 어떻게 해야 하느냐"고 묻자, 맹자는 다음과 같이 자신의 치국론을 전개했다. "백성의 일 중에서 농사가 가장 중요한 만큼, 『시경』에 '낮에는 띠 풀을 베고, 밤에는 새끼를 꼬아, 지붕을 이은 다음, 즉시 온갖 곡식을 파종해야 한다'고 노래한 것도 이를 두고 한 말입니다. 백성들이 살아가는 행태를 볼 때, 일정한 재산을 가진 자는 떳떳한 정신을 소유하지만, 응분의 자산을 지니지 못한 자는 정신적 안정도 없습니다. 만일 올곧은 정신을 갖지 못할 경우, 방탕과 편벽 그리고 사악한 일들을 거리낌 없이 자행할 것입니다. 항산恒産을 갖지 못한 백성들이 죄에 빠진 다음 이들의 처벌을 능사로 한다면, 이는 마치 백성들을 물고기 잡듯 그물질하는 것과 동일합니다.

어진 사람이 임금 자리에 있다면, 백성을 이처럼 법망法網에 걸리게 할 수 없는 것이 아닙니까? 이런 이유로 해서 옛날 현군賢君은 반드시 공손하고 검소하였으며 아랫사람을 예로써 대하고, 백성들에게 세금을 받을 때도 법에 의해 제한을 두었습니다. 일찍이 양호陽虎(노나라 계씨의 가신家臣)도 '부를 추구하면 인할 수 없고, 인을 실천하려면 부자가 될 수 없다'고 말한 바 있습니다. 하우씨夏后氏(우왕)는 50묘를 경작케 하여 5묘의 소출을 받았고, 은인은 70묘를 경작하게 하여 7묘의 소출을 징수했으며, 주인周人은 100묘를 경작케 하여 소출의 1할을 징수했는데, 이들 '공貢 · 조助 · 철徹' 등의 조세법租稅法은 모두가 내용적으로는 동일했습니다. 철은 취물取物, 조는 차借의 의미입니다.

용자龍子(옛날의 현인)는 '토지세土地稅를 징수하는 데 '조법助法'보다 좋은 것이 없고, '공법貢法'보다 나쁜 것이 없다'고 말한 바 있습니다. 공법은 수년간 수확의 평균치를 계산한 후 이를 기준으로 하여, 풍년에 곡물이 넘쳐 과다하게 징수해도 무방하지만 적게 취하고, 흉년에 비료를 많이 주어도 수확이 결핍되는 상황일지라도, 소정의 곡물을 양껏 징수하는 제도입니다. 백성의 부모인 임금이 이 같은 공법에 의거하여 민초民草들로 하여금 노엽고 한스런 시선으로 흘겨보게 하고, 일 년간 애써서 노력해 그 부모들도 봉양할 수 없는 터에, 여기에다 이문을 붙여 대여해 고리를 취하여, 노인과 어린이를 구렁텅이에 빠뜨리게 한다면 어찌 백성의 부모라고 할 수 있겠습니까? 무릇 국가 유공자에게 대대로 봉록을 타게 하는 제도를 등나라는 정확하게 실시하고 있습니다. 『시경』에 이르기를 '우리 공전公田에 비 내리고, 마침내 나의 사전私田에도 비가 내렸네'라고 한 것을 볼 때, 생각건대 조법에 공전이 있음이니, 이로써 보면 주나라 역시 조법을 시행한 듯합니다.

'상庠과 서序·학學·교校'를 설립하여 백성들을 교육하십시오. '상'은 노인을 봉양한다는 뜻이고, '교'는 백성을 교도한다는 의미이고, '서'는 활쏘기를 익힌다는 뜻입니다. 하夏나라는 교校라 했고, 은殷나라는 서序라 했으며, 주周나라는 상庠이라 일컬었고, '학學(태학太學)'의 경우는 삼대가 공통으로 했으니, 이는 모두 인륜을 밝히는 것입니다. 인륜이 상층에서 실천된다면 소민小民들도 감화되어 서로 화친하게 됩니다. 왕자가 흥기하면 반드시 등나라에 와서 이 법을 취할 것이니, 이는 곧 등나라가 왕자(천자)의 스승이 되는 것입니다. 『시경』에 이르기를 '주나라가 비록 오래된 국가이지만, 새롭게 천명을 받았다'라고 한 것은, 문왕이 천자가 된 사실을 지적한 것입니다. 당신(문공)께서 힘써 왕을 실천한다면 그대의 나라 역시 새로워질 것입니다"라 하였다.

등 문공滕文公은 필전畢戰(등 문공의 신하)을 시켜 '정전법井田法'에 대해서 묻게 했다. 맹자는 "그대의 임금이 장차 인정을 베풀고자 신하들 중에 그대를 선발하여 보냈으니, 그대는 모름지기 최선을 다해야 할 것이다. 인정은 반드시 농경지의 구획정리가 급선무이다. 농경지의 구획과 경작권이 제대로 확립되지 못하면, 정전이 균등치 않게 되고, 따라서 곡물 수확에 다른 녹봉의 형평이 상실된다. 이런 까닭으로 해서 폭군이나 오리汚吏들은 반드시 경작지의 경계를 애매하게 하여 사리사욕을 채웠다. 일단 농경지의 구획과 경작권이 분명하게 되면,

경작지의 분배와 봉록의 획정은 저절로 쉽게 정해지게 마련이다. 등 나라는 강역이 협소하나 장차 군자 될 사람이 있고 야인野人이 될 백성도 있다. 군자가 없으면 야인을 다스리지 못하고, 야인이 없으면 군자를 봉양할 수 없다"고 하였다.

맹자는 위에 인용한 위국론爲國論(치국론治國論)을 전개하면서 말미에, 등이 비록 작은 나라이지만 군자도 있고 야인도 있는 만큼, 서로 보완 관계를 유지하면 좋은 나라가 될 수 있다고 했다. 그러기 위해 조법을 기반으로 규전圭田과 공전 및 사전 등을 포괄하는 정전제도井田制度를 공정하게 실시한다면, 백성들은 고향을 떠나지 않고 더불어 상부상조하며 행복하게 살 수 있을 것이라고 했다. 맹자는 부연하여 이 같은 국정지표를 달성하기 위해서는, 그대(필전畢戰)와 문공이 합심하여 자신이 제시한 치국론의 골자를 심화 확대하고 윤색시켜 정책에 반영해야 한다고 했다.

『孟子·滕文公篇』「위국장爲國章」의 '장지章指(주제)'는 대체로 현명한 스승(현사賢師)을 존중하고, 선한 사람을 관료로 채용할 것이며, 학교를 세워 백성을 올바르게 교육시켜야 하며, 예의를 숭상할 것을 강조하고, 국가 경영의 기반은 경제이며, 경제의 핵심은 농사이니까, 농경지의 경계를 분명히 하고, 정전법을 엄정하게 시행하여, 소출의 10분의 1만을 세금으로 징수할 것을 강조한 것으로 보고 있다. 맹자가 제기한 농지 경계經界 문제는 오늘의 경제 현실과 대비할 때, 과세지표課稅指標와 유사한 것으로 세리稅吏들이 이를 애매하게 책정해놓고 사욕을 채우려는 의도와 유사하다.

맹자는 자신의 정치사상, 즉 왕도정치를 펴는 데 있어서 대국보다 소국이 효과적이라고 생각했다. 그리하여 소국인 등나라에 문공이 새로 집권한 후 예를 갖추어 초빙하자, 자신의 이상을 실현할 기회가 왔다고 확신하고, 기꺼이 그리고 정열적으로 정치 현실에 뛰어들어, 평소의 신념이었던 치국론을 현실화시키려고 했다.

그러나 당시 맹자의 이 같은 치국론은 현실성이 없는 이상론에 불과한 것으로 이해되었던 듯하다. 따라서 등나라의 통치자로 등극한 문공의 입장에서 볼 때, 전혀 새로운 내용이 아닌, 옛부터 있어 왔던 원론적인 일반론 정도로 인식될 소지가 강했을 것이다.

지금부터 2300여 년 전에 전개한 맹자의 치국론이 오늘의 정치 현실에도 유용한 것인지, 또는 이미 진부한 논의에 불과한 것인지 신중하게 점검할 필요가 있다. 맹자는 예의 치국론을 펴면서, 『시경 · 빈풍邠風 · 7월지편七月之篇』과 「소아 · 대전지편大田之篇」 그리고 「대아 · 문왕지편文王之篇」을 중요한 논거로 인용했고, 우왕 · 탕왕 · 문왕의 농경지법을 참고로 제시했다.

당시 등의 신하였던 필전에게는 맹자는 정전법의 내용을 구체적으로 밝힌 후, 이를 근거로 하여 농업정책을 실시하라고 했다. 맹자는 과거 현인이었던 '용자'와 비현인인 '양호陽虎' 등 대칭되는 인물들을 열거하면서까지 치국론을 자상하게 설명했다. 치국론을 개진함에 있어서 짧은 문장 가운데 『시경』을 세 차례나 논증자료로 삼은 것은, 스승 공부자처럼 육경 중에서도 『시경』을 가장 중시했다는 증거이고, '시거제일詩居第一'이라는 후대의 평이 사실임을 확인케 한다. 『시경』은 당시에 있어서 오늘날 우리의 인식과 달리, 문학 위주가 아닌 정론적 성향이 짙은 경전으로 생각했던 듯하다.

맹자가 거론한 양호는 노나라 계씨의 가신으로서 횡포를 부린 인물임에도 불구하고 맹자가 언급한 것은, 사람들의 언설 가운데 취할 점이 있다면 인물 됨됨이 비록 나쁠지라도, 그가 한 정당한 말은 버릴 수 없다는 것을 실증한 것이라는 조기趙岐의 주석이 흥미를 끈다.

항산이 있어야 항심이 있다는 맹자의 주장은 지금도 정당하고 앞으로도 정당할 것이다. 경제적 여유를 축적하지 못하면, 부정을 저지르게 되고 마음과 다른 소리를 할 수밖에 없다는 사실은, 동서고금을 불문한 통례이다. 앙사부모仰事父母하고 하육처자下育妻子하기 위해 인간은 누구나 비굴해질 권리가 있다는 주장도 일리는 있다. 맹자 역시 이를 알았기 때문에 치국의 근본을 경제력에다 두었다. 그러므로 경제력이 없기 때문에 저지른 죄는 얼마간 용서받을 수 있다는 주장을 편 것이다.

농산물의 증산은 국부의 근본이고, 이를 위해 중국의 전통적 농경정책이었던 '정전법'의 공정한 실시를 역설했다. 뿐만 아니라 국가는 능률적이고 충량忠良한 관료 조직을 확보해야 하는 만큼, 공신과 그 자제에 대한 세연世祿의 필요성을 인정했다. 이것은 현대 국가에서도 그대로 도습되고 있고 앞으로도 동일할 것이다.

맹자의 치국론 중에서 '경제' 다음으로 중시한 것은 '교육'이다. 맹자는 삼대의 교육제도를 나열한 후, 교육의 목표는 인륜을 밝히는 것이어야 한다고 했다. '명인륜明人倫'은 21세기를 맞이한 오늘의 우리들에게 심각하게 재조명되어야 할 사안이다. 하의 '교校'와 은의 '서序' 주의 '상庠'은 모두 향교鄕校의 성격이 강하다. 요즘처럼 도시 집중이

안 되었던 고대에는 지역에 설립된 향교의 위상이 매우 높았다. 이들 중 '학學'은 '삼대' 모두 수도에 설치된 국립대학으로서, 현대 국가의 교육제도 역시 맹자가 제시한 이 범주를 벗어나지 않는다.

맹자는 당시 국가경제의 핵심이었던 농정을 올바르게 펴기 위해, 경작지의 경계를 확실하게 하여 폭군이나 오리들의 부정행위를 막는 것이 무엇보다 중요하다고 했다. 재화가 집중되어 있는 부서에는 항상 탐관오리들이 모여든다. 옛날에는 재화가 농업 분야에 집결되었기 때문에, 폭군과 오리들이 백성이 가꾼 농축산물을 세금이라는 명목으로 착취했다.

이 같은 경향은 오늘날에도 되풀이되고 있는데, 단지 농업이 아닌 재화가 집결되는 부서인 경제와 산업 분야 등에 문제의 관료들이 몰려들어 갖은 술수를 부리고 있는 점이 다르다.

맹자는 문공의 지시를 받아 그를 찾아온 필전에게, 인정의 근간은 농업 정책의 합리적인 시행에서 비롯된다고 한 후, 경제활동은 '선공전先公田 후사전後私田'을 기본으로 할 것이지만, 구체적인 것은 그가 제시한 '대략大略'을 토대로 문공과 필전이 심혈을 경주하여 이를 윤택하게 해야 한다고 결론지었다. '선공후사'라는 말도 여기에서 나왔다.

맹자가 추구했던 이상국가의 개념은 '동향지전同鄕之田'에서 '공정지가共井之家'가 힘을 합쳐 일하면서 고향을 떠나지 않고, 공전에서 나온 소출은 국가에 바치고, 사전의 수확물로 가족을 부양한 뒤, 이웃끼리 더불어 화기애애하게 사는 것이다. 수천 년의 시간이 흐른 지금도 합리적으로 세금을 내고, 나머지 수입으로 가족의 삶을 영위하고, 이웃들과 정겹게 살아가는 것이 행복의 요체인 점은 변하지 않고 있다.

10. 직분론職分論 - 전공 능력에 따른 역할 담당

공부자와 맹자는 계급을 긍정하는 이른바 반동적 인물로 가끔 평가되어 소위 진보적 정략가들에게 지탄의 대상이 되었다. 중국에 사회주의 정권이 들어선 후 역사상 가장 혹독한 비판을 받았고, 소위 문화혁명文化革命이라 일컬어지는 문화 반역 파괴 기간에는 공부자의 묘역墓域까지 훼손할 정도였다. 그러나 삼류 정치가들에 의해 갖은 봉변을 당한다 해도 공부자의 권위와 광채는 절대로 손상될 수 없다. 오히려 공부자를 폄하한 부박浮薄한 위정자들은 후대 역사에 의해 지탄을 받을 것이다.

인간은 계급적 동물이다. 그러므로 인간은 결코 계급의 굴레를 벗어날 수 없다. 미국인과 한국인은 같을 수 없고, 대학을 졸업한 사람과 초등학교밖에 나오지 못한 사람은 절대로 동일할 수 없다. 부자와 가난한 사람이 같다는 인식은 기만적 허위에 불과하다.

따라서 계급이 없는 사회를 만들었다는 국가만큼 계급적인 사회는 인류 역사상 일찍이 존재한 적이 없었다. 전 국민을 똑같은 노예나 세포로 만들어놓고 평등사회를 이룩했다고 주장하는 것은 위선이다. 이 같은 사실을 인정할 때 차라리 공부자가 역설했던 '예禮'를 현대적으로 재평가 내지 변용시켜, 현실에 적용하는 것이 합리적이고 효율적이다. 예는 계급의식을 저변에 깔고 있기 때문에 이를 극복하려는 의도에서 악樂을 강조한 것이다.

직업에 귀천이 없다는 말은 오래전부터 말해왔지만, 그것은 희망일 뿐 귀천은 엄연히 존재하고 있다. 다만 그 간격을 가능한 한 좁히는 문제에 관심을 가지는 것이 보다 현실적이다. 그러나 직분이 갖는 혜택의 격차는 반드시 축소되어야 하고, 이를 추구하는 것이 정당한 정책으로 자리 잡아야 한다.

맹자보다 백여 년 전에 공부자는 제사에 관한 일은 일찍이 들어서 아는 바가 있지만. 군사에 관한 일이나 농사에 대한 일 등은 공부한 바가 없으니, '가稼 · 포圃'와 관련된 농사문제는 자기에게 묻지 말고, 농부나 노포老圃에게 물으라고 역정스럽게 당신의 제자인 번지樊遲에게 답한 적이 있다(『논어 · 위영공衛靈公』: "공자대왈孔子對曰: '조두지사俎豆之事, 즉상문지의則嘗聞之矣; 군려지사軍旅之事, 미지학야未之學也.'")고 단언하기도 했다. 자하子夏 역시 온갖 공인工人들은 공장에서 일해야 하고, 군자는 도를 익혀서 이를 실천해야 한다(『논어 · 자장子張』: "자하왈子夏曰: '백공거사이성기사百工居肆以成其事, 군자학이치기도君子學以致其道.'")고 하여 직분론에 관해서 언급한 적이 있다.

우리는 공부자를 중심으로 한 유가에서 기능공[백공百工]을 천시했다고 대체로 단정하고 있다. 그러나 공부자는 농부와 노포老圃[원예사]

를 인정했고, 그들의 기능을 과소평가하거나 홀대하지 않았다. 자하 역시 백공이 생산하는 모든 기구와 공예품의 가치를 높게 평가했다. 공부자의 경우 농업이나 원예업 등을 소인小人이 하는 직분으로 인식했다고 알려져 있다. 그러나 공부자가 농업이나 원예나 채소업에 관해서 당신에게 질문하는 번지를 일컬어 '소인'이라고 나무랐을 따름이지, 이들 업에 종사하는 사람들은 소인이라고 지칭했다는 증거는 없다. 후세의 『논어』 주석자들이 맹자의 말을 빌려, 농업이나 채소 원예에 종사하는 농민을 공부자가 소인으로 보았다는 주장에는 의문이 간다.

만일 공부자가 농민을 소인으로 보았다면, 소인의 개념은 오늘날 소인의 그것과는 확실히 달랐을 것이다. 예악을 전공한 공부자에게 농업에 관한 질문을 한 번지의 의식을 소인적 발상이라고 공부자는 판단했다. 맹자의 스승인 공부자 역시 직분을 분명히 해야만 모든 것이 순리적으로 해결된다고 믿었고, 이 같은 공부자의 '직분론'도 주공의 예론禮論에 근거한 것으로 보인다. 맹자의 직분론은 이처럼 유구한 전통을 가진 동양의 고전적 분업의식이다.

"然則治天下獨可耕且爲與? 有大人之事, 有小人之事. 且一人之身, 而百工之所爲備. 如必自爲而後用之, 是率天下而路也. 故曰或勞心, 或勞力; 勞心者治人, 勞力者治於人; 治於人者食人, 治人者食於人; 天下之通義也.

當堯之時, 天下猶未平, 洪水橫流, 氾濫於天下. 草木暢茂, 禽獸繁殖, 五穀不登, 禽獸逼人. 獸蹄鳥跡之道, 交於中國. 堯獨憂之, 擧舜而敷治焉. 舜使益掌火, 益烈山澤而焚之, 禽獸逃匿. 禹疏九河, 瀹濟潔, 而注諸海; 決汝漢, 排淮泗, 而注之江, 然後中國可得而食也. 當是時也, 禹八年於外, 三過其門而不入, 雖欲耕, 得乎? (…)

堯以不得舜爲己憂, 舜以不得禹 皐陶爲己憂. 夫以百畝之不易爲己憂者, 農夫也. 分人以財謂之惠, 敎人以善謂之忠, 爲天下得人者謂之仁. 是故以天下與人易, 爲天下得人難. 孔子曰: '大哉堯之爲君! 惟天爲大, 惟堯則之, 蕩蕩乎民無能名焉! 君哉舜也! 巍巍乎有天下而不與焉!' 堯舜之治天下, 豈無所用其心哉? 亦不用於耕耳.

吾聞用夏變夷者, 未聞變於夷者也. 陳良, 楚産也. 悅周公 仲尼之道, 北學於中國. 北方之學者, 未能或之先也. 彼所謂豪傑之士也. 子之兄弟事之數十年, 師死而遂倍之." (滕文公 篇)

"(맹자가 이르기를) 그렇다면 천하를 다스리는 일에 한해서 농사를 지으며 함께 할 수 있다는 것인가? 세상사에는 대인大人의 몫이 있고 소인의 몫이 있게 마련이다. 한 사람이 살아감에 있어서 백공이 만든 온갖 물품들이 반드시 구비되어야 한다. 만일 이들 물품들을 전부 자신이 손수 만들어서 써야 한다고 주장한다면, 이는 천하의 백성들로 하여금 동분서주하게 하여 지치게 만드는 것이다. 그러므로 어떤 사람은 마음을 쓰고, 어떤 사람은 힘을 쓴다. 마음을 쓰는 자는 사람을 다스리고, 힘을 쓰는 사람은 남에게 다스림을 받는다. 남에게 다스림을 받는 자는 다스리는 사람을 봉양하고, 백성을 다스리는 사람은 백성들에게 봉양을 받는다 하니, 이는 천하의 공변된 도리이다.

요임금 때에는 아직 천하가 평정되지 않아서 홍수가 멋대로 흘러서 천하에 범람했으며, 따라서 초목이 무성하고 금수가 엄청나게 번식했으며, 오곡이 영글지도 못했고 짐승들이 사람을 덮치기 일쑤였고, 짐승이나 새들의 발자국이 국가의 중심부까지 종횡으로 엉켰다. 요임금이 홀로 이를 근심하여 순을 기용하여 이를 다스리게 했다. 이에 순은 백익伯益으로 하여금 불을 관장하게 하니, 백익은 초목이 무성한 산야와 택지澤池에 불을 놓아 태웠으므로, 모든 짐승들이 도망하여 숨었다. 또한 우를 시켜 치수治水를 담당케 하였는데, 우는 9하九河를 소통시키고, 제수濟水와 탑수漯水를 바다로 흘러가게 하고, 여수汝水와 한수漢水의 물길을 트고, 회수淮水와 사수泗水의 수로를 만들어 양자강으로 흐르게 했다. 이로 인해 중국이 농사를 잘 짓게 되어 백성들이 배불리 먹고 살게 된 것이다. 이렇게 되기까지 우는 8년 동안이나 외지에서 지냈으며, 세 차례나 그의 집 앞을 지나치면서도 집 안으로 들어가지 못했다. 이런 와중에 우가 비록 농사지을 마음이 있었다 해도, 그것이 가능할 수 있었겠는가. (…)

요는 순 같은 인재를 얻지 못할까 근심했고, 순은 우나 고요皐陶 같은 현인을 만나지 못할까 저어했다. 대저 자기에게 분배된 100묘의 땅을 제대로 경작하지 못할까 걱정하는 것만을 생각하는 사람이 농부들이다. 남에게 재물을 나누어주는 것을 혜惠라 하고, 남에게 선을 가르쳐 주는 것을 충忠이라 하며, 천하를 위하여 현자를 발탁하여 다스리게 하는 것을 인이라고 한다. 그러므로 천하를 남에게 주기는 쉬워도, 천하를 위해 훌륭한 인물을 얻기는 어렵다고 하는 것이다.

공부자가 이르시기를 '위대하도다, 요의 왕 됨이여! 위대한 것은 오로지 하늘인데 요가 능히 이를 본받았으니, 그 덕이 너무나 넓고 커서 백성들이 무어라 이름할 수가 없구나! 지도자답구나, 순이여! 높고도 높아 천하를 얻은 후, 현자에게 직분에 따라 정사를 맡긴 뒤 직접 통치에 관여하지 않았도다!'라고 한 것은, 요와 순이 천하를 다스림에 있어서 어찌 다방면에 신경을 쓰지 않았겠는가마는 단지 농사에 관여할 시간이 없기 때문에서였다.

내가 알기로, 중화의 법도로 사이四夷를 교화시켰지, 사이의 도로써 중화를 변화시켰다는 말은 듣지 못했다. 진량陳良은 초楚나라 태생이지만, 주공과 공부자의 유학을 좋아하여 북쪽인 중국으로 와서 공부했다. 그리하여 북방[중원]의 학자들 중에서 진량보다 학문적인 실력이 앞선 자가 능히 존재하지 않았으니, 그를 일러 가히 호걸이라 부를 만하다. 그대의 형제들이 수십 년간 그를 섬기다가 스승이 죽자 마침내 배반하고 마는구나."

맹자는 스승 공부자의 사상을 충실히 계승했다. 맹자를 읽으면 읽을수록 맹자가 얼마나 공부자와 공부자가 저술한 『논어』를 열광적으로 전수했는지를 실감케 한다. 맹자는 농사를 일러 '천하지대본'이라 하지만, 국가 경영에 있어서 농업만이 전부가 아니고, 자연과학에 해당되는 '백공'의 업무에 대해서도 그 중요성을 인정했다.

맹자가 정의한 서구의 화이트칼라와 블루칼라에 준하는 '노심자勞心者'와 '노력자勞力者'는 영원히 존재할 것이다. 요즘에는 정신노동자와 육체노동자라는 말로 바꾸어 부르지만, 그 실상은 서기전 4·5세기의 그것과 변함이 없다. 남에게 지도를 받는 자와 남을 지도하는 사람의 분류 역시 옛날과 한가지인데, 단지 지배자와 피지배자라는 말로 호칭이 바뀐 것에 불과하다.

지배자와 피지배자가 없는 국가를 만들었다고 주장하는 것은 황당한 사기극일 뿐, 지배자가 없는 국가는 존재할 수 없다. 다만 지배자의 권위와 권력을 최고조로 강화해 놓고 지배자와 피지배자는 실제로 엄연하게 존재하고 있다는 의사를 가졌거나, 이를 주장하는 사람들을 잔인무도하게 탄압하는 수단을 극대화極大化시킨 결과, 지배자가 없는 것으로 억지로 믿게 했을 따름이다.

맹자는 요순 같은 훌륭한 지배자를 논의하면서, 이들이 역사상 위대한 지도자로 남게 된 것은, 직분론의 당위성을 명확하게 확신했고 이를 실천했기 때문에 가능했다고 했다. 동아시아의 경우 근현대에 들어와서 과거 황제와 왕, 그리고 제후들을 봉건 통치배나 봉건 독재자들이라고 규정하고 비난했다. 그러나 실제로 근현대의 지도자들은 과거 지도자들의 직분론까지 무시하고 오로지 모든 권한을 독식했다. 그리하여 과거 제왕들에 대한 잘못된 인식에 근거하여, 현대의 나쁜 지도자를 지적할 때 '제왕적 지도자'라는 비유를 쓰고 있는데, 이는 과거 제왕들이 특수한 몇 명을 빼고 그들이 얼마나 민본적民本的이었고 합리적이었으며, 또한 민주적인 지도자였음을 알지 못한 것이다.

요임금은 순을 등용하여 치수를 했고, 울창한 수목들을 정리해 날짐승과 길짐승 등의 지나친 번식을 막아 백성들이 세상에 주인이 되는 환경을 만들었다. 요로부터 인간 중심의 국토개발을 위임받은 순은, 다시 백익을 선발하여 불로써 산택山澤을 정비하자, 백성들을 괴롭히던 갖가지 짐승들이 모두 도망치거나 숨었다. 여기서 주목되는 것은 이들 짐승들을 잔인하게 학살한 것이 아니라, 도망하여 숨게 했다는 표현이다.

한편 순은 백익과 함께 우를 발탁하여 중국의 모든 강을 다스려서 홍수로부터 백성들을 해방시켜 마음 놓고 농사일에 열중하게 하여 경제적 부를 축적했다. 이 과정에서 우는 팔 년 동안 치수 업무에 몰두하느라 집에 가보지도 못했고, 공무 중 세 차례나 집 앞을 지나쳤지만, 끝내 집 안으로 들어가지 않았다. 만일 우가 요즘 사람이었다면 그의 가정은 일찌감치 파괴되었을 것이다.

사람은 맡은 바 직분이 있고, 맡은 직분에 충실해야 한다는 상식을 맹자는 이 편장을 통하여 재확인한 것이다. 지배자가 모든 분야에 능통할 수는 결코 없다. 일찍이 요임금과 순임금도 훌륭한 인재를 선발하여 일을 맡기고, 맡겨준 일에 대해서는 전혀 관여하지 않았다. 요순의 이 같은 통치이념은 요즘의 지도자들도 본받아야 한다. 그러나 근현대의 지도자들이 직분론을 무시하고 있는 것은, 다양한 직분에 수반된 이권을 지도자가 챙기고자 하는 치사한 욕심을 지녔기 때문이다.

일에는 대인과 소인이 할 분야가 있다는 맹자의 주장은, 봉건적인 이식으로 지탄을 받고 있기는 하나, 현실적으로 대인·소인의 일이 엄연히 존재하는 것은 사실일 뿐 아니라, 이 같은 정황을 벗어날 수 있는지 묻고 싶다. 농부는 농사를 지어야 하고, 지도자는 나라를 다스려야 하지, 지도자가 농사를 지으려 하거나 농부가 국정에 관여하려든다면, 그 나라는 혼란스러워질 것이다.

정치인이 정치 외적 이권에 관심을 두고, 종교적인 종교 문제를 뒤로하고 치부에 관심을 두거나, 근로자가 맡은 일에 충실하지 않고 노동권력勞動權力의 획득이나 정계진출을 꾀하고, 학생이 공부에 관심을 두지 않고 졸업 후 정치지도자로 부상하기 위해 운동권에 투신하는 등의 현상을 두고, 이를 일러 진보적 사고나 행동으로 인식되는 국가와 사회는 위기를 맞을 것이 틀림없다.

그러므로 맹자의 직분론은 오늘날에도 더욱 중요한 논리로 다가오는 것이다. 시대가 진행될수록 직분론은 더욱 혼미해져서, 최고 지도자 한 사람에게 모든 권력과 이권과 이에 따른 명예가 집중되는 현실은, 동아시아에만 국한되는 현상인지 궁금하다.

맹자의 직분론은 '화이론華夷論'으로 확장되어 시대가 진행될수록 중원문화로서 사이를 교화시켜야 한다는 문화제국주의적 성향으로 심화되었다. 맹자 시대에 인식되었던 중화권역의 범주에는 초나라는 제외되었다. 초인楚人 진량이 주공과 공부자 사상에 심취하여 북쪽 중원으로 와서 공부했는데, 중원 학자들조차 진량의 학문적 업적을 따르지 못했다고 평하고, 그를 일러 호걸지사라고 격찬했다. 여기서 우리는 시대가 흘러갈수록 중화의 개념이 확장되고 있었음을 확인할 수 있다.

맹자 시대 이후 오·초 지역吳楚地域이 중원으로 편입된 것은 오래전의 일이고, 이제는 운남성雲南省과 신강성新疆省 그리고 서장西藏까지 중화권으로 편입되는 것은 시간문제이다. 중국 공산당 정권이 역동적으로 전개하고 있는 소위 '서부 대개척사업'은 이들 마지막 남은 변경지역을 중화권으로 확실하게 편입시키고자 하는 시도의 일환이다.

맹자는 또 순임금은 우나 고요 같은 인물을 얻지 못할까 걱정했기 때문에 위대한 지도자가 될 수 있었다고 했다. 그러나 진실로 훌륭한 인재는 삼고초려三顧草廬를 해야만 얻을 수 있다. 지배자가 인재를 얻기 위해 삼고초려한다는 것은 대단히 어렵다. 왜냐하면 지배자 주변에는 인재라고 자칭하는 수많은 용렬한 범재凡才들이 파리 떼처럼 들끓기 때문이다.

그러므로 새로운 인재를 찾기는커녕 주변에 득실거리는 자칭 인재들을 소화하기에도 벅찬 실정인 것이 동서고금의 통례이다. 촉한蜀漢의 황제 유비劉備(161~223)가 존경받는 이유는 다름 아닌 삼고초려의 정신으로 인재를 구한 사실과 관계가 있다.

맹자는 요임금은 하늘의 뜻을 본받았으므로 하늘만큼 위대하다고 했으며, 순임금의 경우는 천하를 소유하고도 직분론에 의거해 인재에게 일을 맡긴 후, 그 일에 대해 관여하지 않았던 통치방법에 대해 특히 높게 평가했다. 맹자는 또 천하를 소유함에 있어서 대국도 유리하지만 소국도 불리하지 않다고 누차 강조한 바 있다. 맹자의 이 같은 견해는 혹시 천하를 얻은 대국이 제국주의를 시행하여 사해의 백성들을 못살게 굴 것이라는 의구심에 기인한 것이 아닐까 한다.

근현대에 들어와 미국, 소련, 중국 등이 세계를 상대로 자행한 제국주의적 모든 시책들을 회고할 때, 맹자의 소국小國 천자론天子論은 새로운 의미로 우리들에게 다가온다. 맹자의 중원강역中原疆域 인식은 아마도 황하 이남에서 양자강 이북의 화하지역華夏地域만을 의미하는 것 같고, 따라서 중국은 이들 지역만을 통합하고 나머지는 각각 자치自治를 하도록 맡기는 것이 순리라고 생각한 듯하다.

사이제국四夷諸國과 백성들에게 중원문화를 전파하면 그만이지, 무력을 동원하여 그들의 영토를 점령하고, 사이의 백성들을 하인으로 종속시키는 것을 반대했던 맹자의 인식은 찬양되어야 마땅하다. 동아시아의 중추국인 중국은 주변국가들 간의 각자의 직분론에 입각하여, 평화로운 화이관계華夷關係를 유지하는 것이 동아시아의 안정과 번영을 위해 필요하다는 것이 맹자의 사상이었다고 필자는 믿는다.

11. 치란론治亂論 – 치세와 난세의 교차

『삼국지연의三國志演義』 첫머리에 천하대세는 분열된 지 오래되면 합쳐지고, 통합된 지 오래되면 분열된다고 했다. '분구즉필합分久則必合'이고 '합구즉필분合久則必分'이라는 논리는 만고불변의 진리이다. 천하를 호령하던 진秦나라도 소멸했고, 한漢 · 당唐 · 송宋 · 원元 · 명明 · 청조淸朝 등도 같은 길을 밟았다. 신라가 삼국을 통일하여 민족통합의 큰 업적을 이루었지만, 220여 년 만에 다시 분열하여 후삼국이 정립되었다.

반세기에 걸친 후삼국의 난세는 고려조가 개국되면서 막을 내리고 치세治世가 이룩되었다. 이로부터 500년 뒤 또다시 난세가 되었고, 이를 틈타서 일제는 조선왕조를 재조再造한 대한제국大韓帝國을 소멸시켰다. 일제가 몰락한 후 조국은 해방되었으나, 우리가 이를 슬기롭게 대처하지 못하여, 난세는 지속되어 민족분단의 비극을 맞았고, 지금도 이로 인한 뼈저린 고통이 계속되고 있다.

지금 와서 생각하면 고려조 멸망 이후 국토와 민족이 분단되지 않고, 이태조에 의해 온전한 치세가 형성된 것은 크나큰 행운이었다. '분구즉필합'이라고 했으니, 과거 후삼국시대의 존속기간이 40여 년밖에 되지 않았던 점을 상기할 때, 남북한의 분단도 이제 끝날 때가 되지 않았나 한다. 다만 과거 이태조가 개국한 조선조처럼, 조상이 물려준 우리의 소중한 국토는 한 치의 손상도 없이 확보하는 대통합이 되어야 할 것이다.

우리 한반도는 바야흐로 '분구分久'의 시대에서 '필합必合'의 시기로 접어들었다. 삼국시대 이후 우리가 광대한 북방영토를 상실한 뒤 천신만고 끝에 확보한 현재의 강역이 손상되는 또 한 번의 전철은, 다시는 밟지 않아야 한다는 것을 전제로 한 통합이 이루어져야 한다.

난세에서 치세로 접어드는 과정에서 진시황처럼, 오로지 힘에만 의존한 대통합은 오래 지속되지 않는다는 역사적 교훈을 기억할 필요가 있다. 우리 역대 왕조의 국방정책은 초기 고구려를 제외하고 모두 공격이 아닌 방어 전략을 기저로 했는데, 이는 강대국 옆에서 보국안민을 위한 불가피한 군사전략이었다. 우리 역대 왕조가 취한 방어 위주의 군사정책을 두고 통시적으로 이를 아쉬워하면서, 고구려가 추진했던 공격 전략을 동경하고 칭송하고 있지만, 고구려는 결국 역사의 뒤안길로 사라졌다. 고구려와 비슷한 공격 전략을 썼다고 생각되는 발해 또한 한민족의 국통전개國統展開에 있어서 방계국傍系國으로 남았을 뿐이라는 사실에서도, 공격적 국방 전략이 우리의 지정학적 조건에서 과연 현명했던가를 되돌아보게 한다.

현재 남북한의 군사전략을 역대 왕조들의 국방정책 선상에 올려놓고 볼 경우, 북한은 남한과 달리 공격 전략을 국방정책의 핵심으로 삼고 있다고 여겨진다. 북한의 공격 전략이 북한 체재를 온건하게 보존할 것인지 두고 볼 일이지만, 대한민국처럼 국제 정세를 감안하여 과거 신라가 구사했던 국방정책을 근간으로 한 방어 전략이 오히려 보국안민에 도움이 된다는 해석도 가능하다.

우리의 민족사가 '칭제건원稱帝建元'을 고종태황제高宗太皇帝 이전에 끝내 하지 못했던 이유도, 방어전략밖에 쓸 수 없었던 지정학적 상황과 관계가 있다. 한때 공격적 군사정책을 썼던 고구려도 견디다 못해, 한반도 남쪽 평양으로 수도를 옮길 수밖에 없었던 여건도 이해는 된다.

그러나 고구려 평양 천도는 고구려뿐만 아니라, 민족사의 전개에서 돌이킬 수 없는 크나큰 실책이었다. 고구려가 어려움을 견디며 압록강변 '국내성國內城'을 수도로 계속 지키고 있었다면, 압록강이 민족의 수도 중앙을 흐르는 오늘날의 한강같이 되었을 텐데 하는 부질없는 상상도 해본다. 동서고금을 막론하고 치治와 난亂은 항상 교체되는 법이니, 우리가 치세를 이룩하고 주변 국가들이 난세로 접어들었을 때, 이를 기회로 삼아 우리의 원대한 목표를 달성할 수도 있을 것이다.

한반도 주변 강대국인 중국과 일본은 지금 치세를 구가하고 있고, 소련은 난세로 접어들었다가 다시 치세로 이행되고 있는 듯하다. 그러나 이들 나라가 언제까지나 치세일 수는 없을 것이고, 우리가 언제까지나 지금처럼 난세가 계속되라는 법은 없다.

'일치일란一治一亂'은 항상 되풀이되는 역사의 맥락이지만, 그것은 대체로 성군聖君이 나타나느냐 또는 폭군暴君이 일어나느냐에 달렸다고 맹자는 보았다. 즉 치세와 난세는 인물에 의해 좌우된다는 견해이다. 맹자는 한 국가의 치와 난에 대해서 당신이 생존했던 이전 시대의 여러 고대 국가들을 예로 들어서 성인의 출현 여부와 관련지어 다음과 같이 말했다.

"天下之生久矣, 一治一亂. 當堯之時, 水逆行, 氾濫於中國. 蛇龍居之, 民無所定. 下者爲巢, 上者爲營窟. 書曰: '夅水警余.' 夅水者, 洪水也. 使禹治之, 禹掘地而注之海, 驅蛇龍而放之菹. 水由地中行, 江 淮 河 漢是也. 險阻旣遠, 鳥獸之害人者消, 然後人得平土而居之.

堯舜旣沒, 聖人之道衰. 暴君代作, 壞宮室以爲歇池, 民無所安息. 棄田以爲園浘, 使民不得衣食, 邪說暴行又作. 園浘 歇池 沛澤多而禽獸至. 及紂之身, 天下又大亂. 周公相武王, 誅紂, 伐奄三年, 討其君, 驅飛廉於海隅而戮之. 滅國者五十, 驅虎 豹 犀 象而遠之, 天下大悅. 書曰: '丕顯哉, 文王謨! 丕承哉, 武王烈! 佑啓我後人, 咸以正無缺.'

世衰道微, 邪說暴行有作, 臣弑其君者有之, 子弑其父者有之. 孔子懼, 作春秋. 春秋, 天子之事也. 是故孔子曰: '知我者其惟春秋乎! 罪我者其惟春秋乎!' 聖王不作, 諸侯放恣, 處士橫議, 楊朱 墨翟之言盈天下, 天下之言, 不歸楊, 則歸墨. 楊氏爲我, 是無君也; 墨氏兼愛, 是無父也. 無父無君, 是禽獸也. (…)

吾爲此懼, 閑先聖之道, 距楊墨, 放淫辭, 邪說者不得作. 作於其心, 害於其事; 作於其事, 害於其政, 聖人復起, 不易吾言矣. 昔者禹抑洪水而天下平, 周公兼夷狄驅猛獸而百姓寧, 孔子成春秋而亂臣賊子懼."
(滕文公篇)

"천하에 사람이 생존해온 지가 오래되었으므로, 그 사이에 치세도 있었고 난세도 있게 마련이다. 요임금 때에 물이 역류하여 나라 안이 온통 물바다가 되었다. 그리하여 뱀과 용 같은 파충류가 깔려 백성들이 살 곳이 없었기 때문에, 저지대 사람들은 나무 위에 집을 마련하고 고지대 사람들은 동굴을 파고 살았다. 『서경』에 '홍수가 나를 경계했다'는 것은 이를 말함인데, 홍수洚水는 즉 큰물을 말한 것이다. 이에 우로 하여금 물을 다스리게 했으니, 우는 땅을 파서 물을 바다로 흘려보내고, 뱀과 용을 몰아서 수초가 우거진 늪지대로 쫓아 보냈다. 이에 물이 파놓은 땅 밑으로 흐르게 되어 양자강과 '회수 · 황하 · 한수'가 제자리를 잡게 되었다. 이렇게 되자 홍수의 위험과 금수의 폐해가 자연 멀어져 소수들이 사람을 해치는 일이 없어졌고, 따라서 사람들은 평지를 차지하여 안락하게 살게 되었다.

요임금과 순임금이 돌아가시고 성인의 대도大道도 쇠미해져, 폭군들이 대대로 등장하여 백성들의 주택을 파괴한 후, 그 자리에 군주들이 유흥을 위한 연못을 만들어, 사람들은 편안하게 살 곳을 잃어버렸다. 폭군들은 농토를 빼앗아 그들이 노닐 원림을 조성했으니, 백성들은 의식주를 해결할 수 없게 되었을 뿐만 아니라, 해괴한 사설과 포악무도한 행위들이 다시 횡행하게 되었다. 폭군들에 의해 조성된 연못과 원림 그리고 늪들이 많아지자 금수들이 몰려들었고, 폭군 주왕 대紂王代에 와서는 마침내 다시 천하가 대란의 시대가 되었다.

이에 주공이 무왕을 보좌하여 주왕을 주멸하고, 동방의 엄奄나라를 토벌한 지 3년 만에 그 군주를 죽이고, 비렴을 바닷가로 몰아 죽였으며, 주周에 반대하는 50여 국을 멸망시키고, 범과 표범 물소 코끼리들을 멀리 구축하자 천하가 기뻐했다. 『서경』은 이를 '위대하다, 문왕의 전략이여! 훌륭히 계승했도다, 무왕의 공업이여! 우리 후인들을 계몽함에 있어서도 정도로 하여 추호의 결함도 없게 하셨다'라고 했다.

시대가 쇠락하고 도의가 흐려지자, 사설과 포악한 행동이 일어나 신하가 군주를 시해하고, 자식이 아비를 죽이는 일들도 생겼다. 이를 두려워한 공부자는 『춘추』를 지었고, 『춘추』는 천자의 위치에서 저술된 것이다. 그러므로 공부자는 '진실로 나를 알아줄 사람은 『춘추』를 바탕으로 해야 하고, 나를 비판하고 벌줄 사람이 있다면 이 역시 『춘추』를 근거로 해야 한다'고 했다.

성왕聖王이 나타나지 않아 제후는 방자하고, 재야의 지식인들은 함부로 의론을 퍼뜨려, 양주楊朱와 묵적墨翟의 논리가 천하에 넘쳐나서, 세상의 이론이 양주가 아니면 묵적의 학설로 귀결되고 말았다. 양주는 철저하게 자신만을 위해야 한다고 주장하여, 결과적으로는 임금의 존재도 부정했고, 묵자는 두루 편차 없이 사랑해야 한다고 했으니, 이는 곧 아버지도 무시한 것과 같아서 금수와 다를 바가 없다. (…)

내가 이를 두려워하여 선성先聖의 도를 지키고, 양주와 묵적의 사설을 막고 정도에 벗어난 학설을 축출시켜, 사악한 논리가 나오지 못하게 하고자 하는 것이다. 사설은 마음에서 나와 일을 잘못되게 하며, 잘못된 일은 결국 정사를 망치는 것이라고 확신하기 때문에, 성인이 다시 나타난다 해도 나의 이 신념은 고칠 수 없다. 옛날 우가 홍수를 다스린 후 천하가 태평해졌고, 주공이 오랑캐들을 교화시키고 맹수들을 몰아내자 백성들이 평안을 얻었으며, 공부자가 『춘추』를 완성하자 난신과 적자들이 두려워하여 함부로 행패를 부릴 수 없게 되었다."

맹자는 고대의 치와 난을 논하면서, '요, 순, 우, 문왕, 무왕, 주공, 공부자' 등을 치세를 이룩한 위대한 성인으로 인식했다. 치세를 이룩한 역대 왕을 논하면서, 은나라를 개창한 탕왕湯王에 대해 말하지 않은 이유가 무엇인지 궁금하다. '주공·무왕'을 두고 아무리 그럴듯한 논리를 변호해도 신하로서 모시던 왕을 죽인 '신시기군臣弑其君'에 불과하다. 난세를 극복하기 위해 주왕과 같은 폭군은 시해해도 정당한 것으로 인식한다면, 응당 탕왕도 치세를 이룩한 제왕으로 평가함이 마땅하다. 맹자가 비록 주의 신하이긴 하지만, 전조前朝인 은殷나라도 그 실상을 논의하는 것이 순리이다. 따라서 하나라의 난세를 평정하여 은대殷代의 치세를 이룩한 탕왕의 업적도 위대하기는 마찬가지이다.

은나라 초기의 치세에 관해서는 언급하지 않고, 마지막 왕인 주왕의 폭정만 부각시킨 의도가, 혹시 주의 신민으로서 전조의 왕을 시해한 주공과 무왕을 옹호하고 이를 합리화하기 위한 것이라면, 맹자답지 않을 뿐 아니라 소위 춘추대의春秋大義에도 어긋난다. 주나라를 세우기 위해 은조의 충실한 제후국인 엄奄나라를 공격하여 3년 만에 그 군주를 죽이고, 은조에 충성하는 50여 국을 무력으로 토멸한 것은, 주실周室의 제국주의적 침략과 합병으로 파악하는 것이 객관적이다.

맹자는 '주조에 의한 중원의 평화'가 와해되는 현실을 안타까워한 주실의 충량한 신하요 학자였다. 은조의 중심 세력이 황해 연안에 거주했던 '동이족'이었기 때문에 언급을 가급적 적게 한 것인지도 모르겠다.

소위 중화사상은 한족이 아닌 여타 민족이 수립한 왕조나 문화에 대해서 감정적으로 격하시키는 것이 통례로 되어 있다. 진조秦朝를 비롯한 중국의 북방민족과 남방민족이 창건한 무수한 국가들과, 중원은 물론이고 중앙아시아 및 동아시아 전부를 통치한 원과 청나라에 대한 폄하와 편견 및 왜곡과 과소평가는 도를 넘고 있었음은 역사가 말해 주는 바이다.

중국의 중심 민족이 한족인 만큼 그들의 역사를 그렇게 보는 것은 그럴 수도 있지만, 한민족이 아닌 한민족韓民族인 우리들까지 그들의 시각으로 동양사를 평결하는 것은 사대주의적 역사인식이다.

맹자는 당신의 시대에 '공자지도孔子之道'가 빛을 잃어 조락凋落하는 현실을 개탄했다. 공부자의 도가 쇠미해지고 반대로 사설로 인정되는 양자와 묵자의 학설이 천하에 넘쳐나는 현실을 보고, 맹자는 인간이 금수로 전락됨을 막기 위해 '호변好辯'이라는 비판도 감수했다.

맹자는 전국시대의 난세가 양자와 묵자의 그릇된 학설의 유포에도 일정한 원인이 있다고 했고, 중국 고대의 치세는 '요·순·우·문왕·무왕'시대로 보았으며, 주초의 치세는 주공이 제창한 성현지도聖賢之道 때문에 가능했다고 판단했다. 맹자는 중국 고대사 최초의 치세는 '자연과 인간의 투쟁'에서 인간이 물을 다스리고 맹수들을 쫓아냈기 때문에 이루어졌다고 했다.

요 순이 세상을 뜨고, 성인의 도가 쇠미해지고, 폭군이 대를 이어 등장하여 그들의 오유娛遊를 위해, 백성의 토지와 가옥을 몰수하여 없앤 후 궁궐과 연못과 원림을 조성하여 다시 난세가 되었다는 것은, '자연과의 투쟁'이 끝나고 '인간과 인간의 투쟁'으로 역사의 축이 바뀌었음을 뜻한다. 이는 결과적으로 지배자가 자연을 자신들의 유흥을 위해 악용하는 경우와, 백성의 풍요로운 삶을 위해 이용하는 상반된 사례를 의미하기도 한다. 걸왕과 탕왕 그리고 주왕과 주공 문왕 무왕 간의 권력 쟁탈전은 다름 아닌 '인간과 인간의 투쟁시대'로 역사가 변했다는 암시이다.

양자楊子와 묵자墨子의 학설이 과연 맹자의 평가대로 난세를 일으킨 요인이 되었는지는 의문이다. 다산도 그의 『맹자요의孟子要義』를 통하여 양자와 묵자도 모두 현인인데, 맹자가 그들의 폐해를 막기 위해 배척한 사실을 확대 해석하여, 양자는 '인인吝人'이고 묵자는 '광객狂客'으로 인식했으며, '발모拔毛와 마정磨頂은 하나의 비유일 따름이지, 이자二子의 실재 시실'이 아니라는 설을 소개했다. 양자와 묵자의 학설은 유가의 이념과는 차이가 있지만, 맹자의 주장대로 무군무부無君無父의 금수의 경지로 백성을 이끈다는 견해는 지나친 감이 있다.

맹자의 이 편장을 읽으면서 필자는 난세의 와중에서 신음하고 있는 오늘의 우리 현실을 되돌아보았다. 걸왕과 주왕 같은 지도자는 고대 중국에만 있었던 것인지, 아니면 우리 역사에도 있었거나 혹은 현존하는가 하는 점도 유념해볼 만하다. 난세에서 치세로 이행하자면, 통일이 달성되어야 하지 분단 상태에서의 평화는 거짓 평화라고 해도 과언이 아니다. 그러나 '통일'이라는 절대 절명의 민족적 지표를 구실삼아 위정자들이 자신의 안일과 이익을 위해 백성을 학대하고 갖은 폭행과 사설을 일삼는 것은 용서될 수 없다. 입만 열면 통일을 외치는 사람들이 과연 진심으로 통일을 원하는 것인지 의심되는 부분이 한둘이 아니다.

통일이 되었을 때, 통일을 외쳤던 사람들이 누려온 모든 기득권과 특혜와 안일이 일거에 없어진다는 점을, 그들 자신들이 너무나 잘 알고 있다는 사실도 참고가 된다. 그리고 함께 통일을 논의해야 할 대상에게 도저히 수락할 수 없는 조건을 내걸고, 통일을 하자는 위선적 주장도 역시 용서받지 못할 현대판 사설이다.

공부자가 『춘추』를 저술하여 악행을 일삼는 위정자들과 사설을 유포하는 지식인을 경고한 것처럼, 우리에게도 우리 나름의 우리 겨레의 '춘추春秋'가 누군가에 의해 저술되었으면 하는 기대를 가져본다. 분단 조국의 재통합은, 통일을 명분으로 걸주 같은 폭정을 자행하며 백성을 억압하는 사이비 통일론자들이 퇴장했을 때, 명실상부한 통일은 성취될 것이다.

12. 천하론天下論 - 중원 중심의 세계인식

천하는 천상을 전제로 한 용어이다. 천하는 천상, 상제上帝의 명령을 받은 천자가 통치하는 세계를 의미한다. 동아시아의 패자였던 중국은 천자라는 칭호를 주변국가가 사용하는 것을 용인하지 않았다. 만일 천자라고 했거나 또는 천자적天子的 인식을 가진 국가가 나타날 때, 중국은 즉각 이를 응징하기 위해 군사를 일으켜 정벌征伐했다. 동아시아의 평화와 질서를 위해 꼭 치러야 할 정당한 토벌討伐이라고 그들은 주장했다.

가령 사이제국四夷諸國 중 중국으로부터 완전히 독립하여 중국과 대등한 위치에서 국가를 경영코자 했을 경우, 지역의 원근과 국세國勢의 강약을 참작하여 정벌이 불가하거나 정벌했다고 해도 완전하게 굴복시킬 수 없다고 판단되면, 중국은 문화제국주의文化帝國主義적 정책을 구사하여 회유했다.

우리 한국의 경우는 중국의 소위 천자가 역대로 '개부의동삼사開府

儀同三司 고구려왕 고려왕 조선왕' 유의 관작들을 주고 인수印綬를 내려 포용코자 했다. 한국의 역대 지식인들은 대체로 중국으로부터 승인받은 것을 당연시했고, 이를 영광으로 여기는 것이 대세였다. 소위 '개부의동삼사'는 중국 관직 위계에서 종일품從一品 정도에 불과하다. 중국은 이 같은 직함을 최대한으로 활용하여 제후국을 통솔했다.

만일 해당 제후국의 왕이 주체적으로 정책을 펴거나 혹은 주체적 인식을 가졌다고 여겨지면, 책봉冊封을 무기로 삼아 해당 국가의 조야 상하를 분열시켜 자신들의 이익을 추구했다. 그 대표적 실례로 조선조의 현명한 지도자인 광해군光海君을 들 수 있다. 광해군의 즉위卽位를 탐탁지 않게 여겼던 일부 지식인들이 대군大君과 군君의 신분을 십분 활용하여, 광해군을 축출하고 자신들이 집권하기 위해 중국의 책봉정책과 연계하여 갖은 음해적 시도를 한 것도, 결국 동아시아 평화라는 중국의 제국주의와 이해관계가 합치되었기 때문에 가능했다.

중국 역대 왕조가 '천하론天下論'을 전개하며 중국의 지도자만 천자라고 주장한 인식은 제국주의적 통치론의 핵심이다. 중국의 '천하론'과 '천자론天子論'은 형식과 내용 면에서 약간의 수정을 거쳐 지금도 확실하게 유지 계승되고 있다. 중국인들은 심지어 대만인들까지 내심으로 우리 한국과 한국인을 제후국이나 동이인이라고 여기고 있다는 사실을 전제로 삼아야 할 것이다.

천하는 사해와 같은 공간개념으로 사용되었다. 초기의 천하론은 세계나 동아시아 전부를 가리킨 것이 아니라, 황하와 양자강 이북을 중심으로 한 중원에 국한시키고, 나머지는 사이로 분류하여 이를 종속된 변방으로 취급했다. 중원의 공간개념은 불행하게도 시대가 흘러갈

수록 확대되어, 본래 중원 공간 밖에 있었던 지역들이 속속 중원 영역으로 편입되어 오다가, 근래에 와서는 동아시아 전부를 사실상 중원 영역으로 인식할 정도이다.

중원개념과 중원영역의 확장은 중국에 공산주의 정권이 수립되자 절정에 이르러 지금도 계속 그 영역을 넓혀가고 있다. 따라서 중국에 있어서 공산주의라는 이데올로기 역시 20세기에 등장한 또 하나의 변형된 제국주의에 불과했음을 확인할 수 있다.

조선조는 보국안민輔國安民을 위해 제후국임을 스스로 인정했다. 중국은 자신들의 핵심인 중원영역을 '사해'라고 했고, 우리는 우리의 통치권이 미치는 영역을 '삼한三韓'이라고 지칭하여, 중세의 예악적禮樂的 이데올로기를 긍정했다. '천하'는 천자가 다스리는 총괄 영역이고, '국國'은 제후가 분담하여 관리하는 영역이며, '가家'는 경대부가 거처하는 곳으로 맹자는 정의했다.

그러므로 '천하국가'는 '천하'와 '국'과 '가'로 나누어져 있는데, 천하의 근본은 제후가 관리하는 국에 있고, 제후국의 근본은 경대부가 거처하는 가에 있다고 했다. 천자를 비롯한 제후·경대부·사서인들이 행인行仁과 수신을 얼마나 잘하고 있느냐에 따라 그 치란과 흥망 그리고 안위가 결정된다고 맹자는 말했다.

孟子曰 : "三代之得天下也以仁, 其失天下也以不仁. 國之所以廢興存亡者亦然. 天子不仁, 不保四海, 諸侯不仁, 不保社稷, 卿大夫不仁, 不保宗廟, 士庶人不仁, 不保四體. 今惡死亡而樂不仁, 是猶惡醉而强酒." 孟子曰 : "愛人不親反其仁, 治人不治反其智, 禮人不答反其敬. 行有不得者，皆反求諸己，其身正而天下歸之．詩云：‘永言配命，自求多福.’”

孟子曰：“人有恆言，皆曰‘天下國家’．天下之本在國，國之本在家，家之本在身.” 孟子曰：“爲政不難，不得罪於巨室．巨室之所慕，一國慕之，一國之所慕，天下慕之，故沛然德教溢乎四海.” 孟子曰：“天下有道，小德役大德，小賢役大賢，天下無道，小役大，弱役強．斯二者天也．順天者存，逆天者亡．齊景公曰：‘旣不能令，又不受命，是絶物也.’ 涕出而女於吳．今也小國師大國而恥受命焉，是猶弟子而恥受命於先師也．如恥之，莫若師文王．師文王，大國五年，小國七年，必爲政於天下矣.”…

孟子曰：“桀紂之失天下也，失其民也，失其民者，失其心也．得天下有道，得其民，斯得天下矣．得其民有道，得其心，斯得民矣．得其心有道，所欲與之聚之，所惡勿施爾也．民之歸仁也，猶水之就下，獸之走壙也．故爲淵敺魚者，獺也．爲叢敺爵者，鸇也．爲湯武敺民者，桀與紂也．今天下之君有好仁者，則諸侯皆爲之敺矣．雖欲無王，不可得已.” (離婁篇)

맹자가 이르기를 “하·은·주가 천하를 얻었던 것은 인정을 베풀었기 때문이고, 천하를 잃었던 것은 인정을 펴지 않았기 때문이다. 제후국의 흥성과 폐망 역시 인정을 실시했느냐 안 했느냐에 달려 있다. 천자가 인정을 펴지 않으면 사해를 보존하지 못하고, 제후가 인정을 실시하지 않으면 사직社稷을 보존하지 못하며, 경대부가 인을 실천하지 않으면 종묘를 보존치 못하고, 사서인이 어질지 못하면 일신을 보존하지 못한다. 이제 사람들이 죽고 망하는 것을 싫어하면서도 어진 행동을 못하는 것은, 취하는 것을 꺼려하면서도 술을 억지로 마시는 것과 동일하다"라고 한 후, 계속하여 "내가 남을 사랑했는데도 남이 나를 친근하게 대하지 않는다면, 자신이 베푼 인의 실상을 돌이켜보고, 남을 다스렸는데도 불구하고 다스려지지 않았다면 자신의 지혜가 부족하지 않았나를 반성하고, 남에게 예의를 차렸음에도 불구하고 답례가 없다면 진실로 공경했는지를 돌이켜봐야 할 것이고, 행동으로 옮겼는데도 소득이 없었다면 자신에게 모든 허물을 찾아야 한다. 자신의 몸가짐이 단정하면 천하가 귀복歸服하게 되는 법이니, 『시경』에 '항상 천명을 좇는 것이 스스로 복을 구하는 것이다'라고 한 것은 이를 두고 한 말이다"라고 했다.

맹자는 "사람들이 항상 말하기를 '천하 · 국 · 가'라고 하는데, 천하의 근본은 제후국에 있고, 제후국의 근본은 경대부의 가문에 있으며, 가문의 근본은 경대부의 일신에 있다"고 했다. 맹자가 또 이르기를 "정치는 어려운 것이 아니고, 특히 세신대가世臣大家에게 죄를 짓지 말아야 한다. 세신대가世臣大家가 경모하는 바를 일국이 경모하고, 일국이 경모하는 바를 천하가 자연 경모하게 될 것이니, 따라서 도덕교화가 사해에 충만하게 된다"고 했다. 맹자가 이르기를 "천하에 도가 있을 때에는 소덕의 제후국이 대덕의 제후국을 받들게 되고 소현小賢의 제후국이 대현大賢을 공경하게 되지만, 천하에 도가 없으면 작은 제후국이 큰 제후국에게 억압을 당하고, 약소국이 강대한 제후국에게 복속되기 마련인데, 이 두 가지 이치는 정당한 천리인 바, 이를 따르는 제후국은 보존되고 거역하는 제후국은 멸망하게 된다. 제齊나라 경공敬恭이 말하기를 '국세가 약하여 령을 세우지 못할 처지인 만큼, 령을 어긴다면 오吳와 제齊는 단절되고 말 것이다'라고 하며 울면서 자기의 딸을 오랑캐라고 생각하는 오에게 출가시켰다. 이제 소제후국이 대제후국의 나쁜 면을 본받으면서 그 명령을 받는 것만 부끄러워하고 있으니, 이는 제자가 선생의 명을 받기를 치욕으로 여기는 것과 마찬가지이다. 만일 강대한 제후국에게 억압받는 것을 부끄러워할 진대, 강대한 제후국의 부도덕한 힘의 논리를 배척하고 문왕文王의 왕도王道를 본받는 것이 상책이다. 만일 문왕을 본받으면 강대한 제후국은 오 년 만에, 약소한 제후국은 칠 년 만에, 천하의 주인공이 될 것이다"고 하였다.

맹자가 또 이르기를 "하의 걸桀과 은의 紂가 천하를 상실한 것은 천하의 백성을 잃었기 때문이다. 백성을 잃었다는 것은 그 마음을 잃은 것이다. 천하를 얻는 데는 방도가 있는 바, 그것은 다름 아닌 백성을 얻는 것이고, 백성을 얻으면 천하를 얻게 된다. 백성을 얻음에도 도리가 있는데, 그것은 백성의 마음을 얻는 것이고, 마음을 얻으면 이는 곧 백성을 얻는 것이다. 백성의 마음을 얻는 데도 방도가 있으니, 그것은 백성이 원하는 바를 모아서 주고, 싫어하는 것을 강요하지 말아야 한다. 백성들이 어진 자에게 귀의함은 물이 아래로 흘러가고, 짐승이 들판으로 내닫는 것과 같다. 그러므로 못에 고기를 몰아주는 것은 수달이고, 참새들을 숲속으로 몰아가는 것은 새매이다. 이는 결과적으로 탕湯과 무왕武王을 위해 걸과 주가 백성들을 몰아준 것과 같다. 이제 천하의 군주 가운데 어진 자가 있으면, 제후들이 그를 위해 백성들을 고기와 참새 떼를 연못과 숲으로 몰고 가는 것과 같아서, 비록 왕이 되고 싶지 않아도 될 수밖에 없다"라고 했다.

맹자는 위의 편장을 통하여 주실周室은 이미 천하의 주인이 될 자질이 없다고 판정하고, 제후 중에 능히 인정을 펼 수 있는 지도자가 나타나면 누구든 천자가 될 수 있다고 주장한 것이다. 천하에 주인이 없어서 난세가 오랫동안 지속되는 상황에서, 인정을 펴는 제후가 나타나면 비록 약소한 제후국일지라도 능히 천자가 되어 천하를 치세로 몰고 갈 수 있다고 맹자는 주장했다. 삼대三代의 '우 탕 문 무'가 천하를 얻은 것은, 인을 실천하여 백성이 그들에게 귀의했기 때문에 가능했다고 했다. 천하의 천자와 제후국의 제후 그리고 세가의 경대부와 사士 및 서인庶人들이 모두 실패하는 것은 불인으로 인한 것이고, 불인이 나쁘다는 것을 알면서도 행하는 것은 취할 줄 알면서도 술을 마시는 것과 같다고 비유했다.

'사해四海 · 사직社稷 · 종묘宗廟 · 사체四體'를 '천자 · 제후 · 경대부 · 사서인'과 결부시킨 것은 동양의 예악사상이 계급적인 사유에 근거했음을 뜻한다. 우리가 '국가'라는 단어를 대체로 하나로 보고 있는데, 맹자의 시대에는 국과 가가 분리되어 있었음을 알 수 있다. 따라서 이를 염두에 둔다면 국가라는 단어는 제후국에만 사용할 수 있고, 소위 천자 국에는 해당되지 않는다.

천자가 천하를 통치하는 것은 결코 어려운 것이 아니고, 단지 거실巨室에게 죄를 짓지 않으면 가능하다고 했다. 거실은 수천 년이 지난 오늘에도 존재한다. 자본주의 시대에 거실은 자본가에 비견된다. 대기업은 거실이고 중소기업은 중실中室이며 소기업을 소실小室로 봐도 무리가 없다. 오늘날의 정치도 이들 기업가와 제휴하면 어려움이 없다. 대중소의 기업가들은 과거 사서인에 해당하는 많은 사람들을 거느리고 있다. 그러므로 기업가를 조종하면 상당수의 백성들을 포용할 수 있는 것이다.

천하가 정의롭게 다스려질 때는 현賢과 량良이 척도가 되어 소현은 대현의 지도를 받지만, 정의가 상실된 천하에서는 힘 있는 자에 의해 현명하고 진실된 사람이 억압당하고, 정의와 거리가 먼 강대국에 의해 약소국이 핍박을 받는다고 했다. 그러므로 천하가 어지러울 때는 제경공齊景公처럼 나라를 지키기 위해, 오랑캐 국가인 오에게 딸을 시집보내는 것도 용인된다고 맹자는 현실적 논리를 폈다.

오나라를 오랑캐 국가로 본 것은 중원권역中原圈域이 맹자의 시대에는 오늘날과 차이가 있었음을 뜻한다. 중원권역의 확대는 한족漢族에 의해 주도된 것이긴 하나, 몽골족의 원조元朝와 여진족의 청조淸朝에 의해 강화된 감이 있다. 몽골족과 여진족은 당시 소위 천하를 장악하면서도 한민족에게는 본원적으로 열등감을 가졌기 때문에 중원개념 속에 자신들과 자신들의 영역을 포함시키려는 의도에서 한결 촉진된 감이 있다.

맹자는 걸왕과 주왕이 천하를 상실한 것은 백성을 잃었기 때문이라고 진단했다. 그들이 백성을 잃은 것은 백성들의 마음을 헤아리지 못한 데 있었다고 했다. 백성의 마음을 얻는 방책은, 백성들이 좋아하고 요구하는 바를 알아서 정책적으로 백성들에게 이를 제공하면 된다고 보았다. 백성들은 선천적으로 인을 좋아한다고 맹자는 판단했으나, 과연 그러한지는 의문이다. 걸과 주는 결국 그들의 백성들을 몰아서 탕왕과 문무에게 주었고, 그것을 천명이라고 규정했다. 걸과 주를 연못으로 고기를 몰아넣은 수달과 짐승을 숲 속으로 쫓아 보낸 새매에다 비유했다.

백성을 얻은 지도자는 흥하고, 백성들을 잃은 지도자는 망한다는 주장은 초시대적으로 정당하다. 로마제국이 치세治世를 구가할 무렵 주변의 여러 민족들이 즐겨 로마제국의 권역으로 몰려왔고, 당제국唐帝國이 융성했을 때 사이들이 중원으로 들어가 살기를 바랐던 사실도 같은 이치이다. 오늘날 소련이나 중국으로 이민 갈 생각을 하는 사람들이 없는 데 비해, 너나없이 미국에 가서 살기를 바라는 것은, 미국이 과거 로마나 당제국처럼 백성을 편안하게 해주는 체재이기 때문이 아닌가 한다.

동서고금을 막론하고 백성을 편안하게 해주는 체재가 항상 흥성했다는 것은, 현금의 모든 지도자에게 타산지석이 될 것이다. 고구려 백제를 버리고 주로 신라로 즐겨 이주한 사실에서, 맹자가 말한 백성들의 '소욕所欲을 백성들과 함께 가지고(여지취지與之聚之)'하고 백성들의 '소오所惡를 물시勿施'가 지금도 살아 있음을 새삼 확인할 수 있다.

천하의 개념을 현대적으로 확대 해석하여 세계로 볼 때, 현재 소수의 초강대국들이 현대판 천자로 자임하고 약소 제후국들을 하인이나 하녀처럼 학대하는 현상이 나타나고 있다. 사실 이들은 하늘로부터 정당한 천명을 받은 것이 아니라, 무력과 경제력을 바탕으로 스스로 천자라고 우기고 있는 강작强作된 '사이비 천자'들이다.

이들 사이비 천자들이 자행할 무소불위無所不爲의 행패들에 어떻게 대응해야 할 것인지를 연구해야 하는 불행한 시대에 우리는 살고 있다. 그들이 자행할 행패 중 가장 우려되는 것은, 정벌이라고 주장하면서 저들의 이익을 위해 약소국을 무시로 침략하여, 해당 국가의 정통성을 부정하고 저들의 문화와 종교를 강요하는 만행이다. 그러므로 약소국들은 이를 특히 유념해야 할 것이다.

13. 양노존현론養老尊賢論 - 노인과 현자의 예우

칠십 노인이라는 말이 있다. 전통적으로 70세가 지나야만 노인이라고 했다. 『삼국지三國志 위서魏書 동이전東夷傳』은 동이문화를 기록하면서 '기로耆老'들에게 청취한 말을 여러 차례 인용했다. '기耆'는 육십 대의 늙은이를 뜻한다. 「동이전」이 서술한 서력 기원 전후 시대에 육십이나 칠십을 산다는 것은 쉬운 일이 아니었다.

그러므로 "인생칠십고래희人生七十古來稀"라는 말이 생긴 것이다. 삼국이나 통일 신라 시대에는 기록이 없어서 알 수가 없지만, 고려 조선조에는 장수를 누리며 현달한 사람들이 '기노회耆老會'나 '기영회耆英會' 등을 조직하여 여생을 깨끗하게 즐기며 삶을 구가한 사례가 비일비재였다.

문헌이 일반화되기 이전에는 육·칠십을 넘긴 기로들이 역사 그 자체로의 기능을 수행했다. 민족사와 민족문화는 그들 기로에 의해 전승되고 또 후대에 계승되었다. 경우에 따라 민족사는 서사시로 각색되기도 했으며 또는 악무예인들의 노래와 춤사위를 통하여 전승되기도 했다. 고구려의 개국시조 동명성왕의 영이사적靈異事跡은 현재 남아 있는 판소리나 무가 등의 가락 등으로 전해졌다는 추측도 가능하다.

이 경우 고주몽의 영이사적을 연희했던 악무예인은 아마도 기로층이 아니었던가 한다. 왜냐하면 기로 정도의 연령이 아니면 신성하고 영이한 아득한 옛날의 개국 사적을 소상하게 알지 못했다고 생각되기 때문이다.

이규보李奎報(1168~1241)는 단기 3526년(1193) 그의 나이 26세 때, 뇌천 김부식雷川 金富軾에 의해 저술된 당시 『신 삼국사기新三國史記』의 저본이 된 『구 삼국사기舊三國史記』를 얻어서 평소 관심을 가졌던 「동명왕본기東明王本紀」 편을 읽었다. 그는 동명왕의 신이한 사적은 12세기 말엽까지 어리석은 남정네들과 순박한 여자들까지 소상하게 말할 줄 안다고 했다. 이규보 시대에 세상의 평범한 사람들 모두가 알고 있었던 동명왕의 영이사적은 대체로 『구 삼국사기 동명왕본기』에 실려 있는 내용과 유사했을 것이다.

『구 삼국사기』는 한문으로 기술되었으므로 어리석은 남녀들이 읽을 수 없는 책이었고, 동명왕의 영이사적이 실려 있는 중국의 『위서魏書』나 『통전通典』역시 12세기 고려시대의 평범한 남녀들이 접할 수 없는 서적들이다. 그럼에도 불구하고 문자를 읽을 수 없는 갑남을녀들이 동명왕의 영이사적을 자못 상세하게 말할 수 있었다는 사실은 한자로 기록된 문헌이 아닌 다른 경로를 통해서 터득했다는 것을 암시한다. 이규보는 동명왕의 영이사적을 세상에 널리 전파된 세설을 통해 접했고, 『위서』와 『통전』을 통해서도 읽었으며, 지금은 인멸되고 없는 『구 삼국사기 동명왕본기』를 접하고 다시 확인하게 된 것이다.

고구려는 단기 3001(668)년에 멸망했다. 고구려 개국시조의 영이 사적을 고구려가 망한 지 500여 년이 지난 12세기 말엽에 평양이 아닌 개경 시정開京市井에서 우부愚夫와 애부騃婦들에게 이규보가 듣게 된 것은 무엇을 의미하는가. 고려조가 고구려의 국통을 이어받았다는 국가의식으로도 설명할 수 있지만, 이보다 당시 고려인들이 신라보다 고구려와 고구려의 개국시조를 진심으로 흠앙했다는 점에 무게를 두고 싶다.

12세기 무렵의 고려인들이 고려의 개국시조 왕건王建 못지않게 동명성왕의 영이사적을 광범하게 알고 있었다는 것은, 기로들의 언설이나 악무예인들의 구연口演과 관계가 있는 것 같고, 그것은 곧 이야기나 판소리 등의 전통적 가창에 실려서 전승되었음을 유추케 한다.

동명왕의 영이사적이 노인층에 의해 구연되었다는 실질적 증거는 없으나, 여러 가지 사정을 감안할 때 노인들에 의해 젊은이들에게 전승되었고, 다시 노인이 된 젊은 이에 의해 또다시 젊은이들에게 전수되었거나, 악무예인들의 노래와 춤이 곁들여져 흥미진진하게 백성들에게 널리 전파되었을 개연성도 있다. 노인들이 설사 고대로 올라갈수록 존경되었다고 여겨지지만, 한편으로는 모든 시대를 관통하여 천시된 경향도 적지 않았다. 따라서 노인 문제는 인류사에 있어서 통시적 난제 중의 하나였다.

역사에 나타난 폭군일수록 노인이나 현자들을 학대했고, 이와 반대로 현군들은 노인과 현사를 공경했다. 맹자 시대에도 비교적 노인은 존경을 받지 못했던 듯하다. 맹자가 노인 문제를 여러 차례 강조한 이유도 여기서 연유된 것이며, 노인 중에서도 '대노大老'를 부각시켜 은의 주왕이 '백이伯夷'와 '태공太公' 같은 대노를 등용하지 못했기 때문에 천하를 상실했다고 판단할 정도로 '양노존현養老尊賢'을 제창했다.

노인 문제는 현재에도 정치가들에게 관심의 대상이 되고 있지만, 근래에는 극히 형식에 흘러서 마지못해 한마디 하는 정도에 불과한 것이 되고 말았다. 고려조나 조선조에서는 노인을 모시고 있는 자식들에게 많은 혜택을 주었다. 그리하여 노부모가 장수하기를 진심으로 기원했고, 노부모의 장수를 이처럼 진심으로 바랐던 까닭은, 경노사상에 근본을 둔 것이긴 하나 노부모가 돌아가셨을 때, 주어졌던 혜택이 없어진다는 점도 관계가 있었을 것이다.

지금의 노인 문제는 갖가지 구호보다는 실질적 혜택이 돌아가도록 하기 위해 통시적으로 추진되었던 노인 정책을 참작하여 새롭게 입안할 필요가 있다. 과거 전조들에 실시되었던 요역徭役의 면제나 감소는 당시로 봐서 엄청난 혜택이었다. 노부모를 봉양할 경우 괄목할 만한 감세 혜택을 준다면 과거 요역의 경감 못지않은 실질적 시혜가 될 것이다.

> 孟子曰 : "伯夷辟紂 居北海之濱, 聞文王作, 興曰, '盍歸乎來! 吾聞西伯善養老者.' 太公辟紂, 居東海之濱, 聞文王作, 興曰, '盍歸乎來! 吾聞西伯善養老者.' 二老者, 天下之大老也, 而歸之, 是天下之父歸之也. 天下之父歸之, 其子焉往? 諸侯有行文王之政者, 七年之內, 必爲政於天下矣."
>
> 孟子曰 : "求也爲季氏宰, 無能改於其德, 而賦粟倍他日. 孔子曰 :

'求非我徒也, 小子鳴鼓而攻之可也.'由此觀之, 君不行仁政而富之, 皆棄於孔子者也. 況於爲之強戰? 爭地以戰, 殺人盈野; 爭城以戰, 殺人盈城. 此所謂率土地而食人肉, 罪不容於死. 故善戰者服上刑, 連諸侯者次之, 辟草萊' 任土地者次之." (離婁篇)

맹자가 이르기를 "백이가 주왕을 피하여 북해北海 못가에서 살고 있다가, 문왕文王이 일어났다는 말을 듣고 분연히 일어나서, '내 어찌 그에게 돌아가지 않겠는가. 내가 듣건대 서백西伯은 노인을 공경하고 봉양한다고 했거늘'이라고 했다. 강태공姜太公은 주왕을 피해 동해의 물가에 거처하다가 문왕이 일어났다는 말을 듣고 고조되어 이르기를 '내가 듣건대 서백이 선정을 베풀고 노인을 잘 봉양한다고 하니 어찌 돌아가지 않겠는가?'라고 했다. 백이와 강태공의 이노二老는 천하의 '대노大老'이고 이들이 서백에게 귀의했으니, 이는 천하의 부노들이 모두 돌아간 것과 같고, 천하의 부노父老가 돌아간 터에 그들의 자식들이 서백에게 가지 않고 어디로 가겠는가. 만일 제후 가운데 문왕과 같은 선정을 펼치면, 칠 년 이내에 천하를 얻어 선치를 하게 될 것이다"고 했다.

맹자가 이르기를 "구求[염구冉求]가 독재자 계씨季氏의 가신이 되어 그의 덕성을 높여주지 못하고, 오히려 백성들로부터 세금을 전날보다 더 많이 거두어들이는 일을 했다. 이에 공부자가 이르시기를 '구는 이제 나의 제자가 아니다. 그러므로 너희들은 북을 울려 그의 죄를 물어서 성토해야 한다'라고 했다. 이로써 보건대 지도자가 인정을 베풀지 않고 오로지 부만을 축적할 경우 모두 공부자에게 버림을 받았다. 그런데 항차 지도자로 하여금 억지로 전쟁을 일으키게 하는 자는 말할 나위도 없을 것이다.

전쟁을 일으켜 땅을 얻게 하면 죄 없는 사람을 들판 가득히 죽게 하고, 성시城市를 빼앗기 위해 전쟁을 일으킬 경우 성 안 가득히 사람을 죽게 할 것이니, 이는 땅을 빼앗기 위해 무고한 사람들의 살을 먹는 것과 다름이 없으니 그 죄는 죽어 마땅하다. 그러므로 전쟁을 일삼는 자는 마땅히 극형에 처해야 하고, 제후들을 감언이설로 꼬드겨 연형連衡을 주장하는 자는 중형을 받아야 할 것이며, 정전의 자투리땅을 백성에게 주어서 개간하게 하는 자들 역시 일정한 형벌을 받아야 한다"고 했다.

맹자는 백이와 강여상姜呂尙을 일컬어 '천하지대노天下之大老'라고 했다. '대노'라는 호칭은 그러므로 범상한 노인[서노庶老]에게는 붙일 수가 없다. 백이와 강여상 같은 대노를 제후가 얻으면, 칠 년 이내에 천하를 평정하여 천자노릇을 할 수 있다고 밝혔다.

맹자의 소위 '칠 년 설'은 앞에도 나온 바 있다. 문왕과 같은 제후가 나타날 경우, 숨어 있는 당대의 대노들이 스스로 나와서 도와줄 것이니, 칠 년 이내에 천하를 얻을 수 있다는 주장이다. 혹시 맹자 스스로 당신이 대노라고 생각했는지도 모르겠으나, 맹자는 강태공과 백이 못지않은 대노임이 분명하다.

백이는 문왕을 도왔다가 아들 무왕이 주를 치자, 신하로서 주왕을 공격할 수 없다고 외치며 수양산으로 은둔하여 아사한 충절의 인물이다. 백이와 숙제叔齊는 고죽국孤竹國의 왕자로서 부왕이 동생 숙제에게 왕위를 물리려 하자, 형인 백이는 숨었고 이를 안 숙제 역시 나라를 떠났으며, 왕위는 가운데 왕자가 계승한 것으로 알려져 있다.

강태공은 은조를 부정하는 이른바 반체제 집단의 지도자로서 천하를 얻으려는 야심을 가졌던 문왕·무왕에게는 절대로 필요한 대노였다. 강태공은 위빈渭濱에서 낚시하는 단순한 노인이 아니고, 거대한 반은집단反殷集團을 이끌고 문왕에게 귀부한 대노임을 맹자도 알고 있었던 것 같다. '천하지부天下之父'와 '천하지부지자天下之父之子'들이 모두 문왕에게 갔다는 표현은, 이 같은 상황을 암묵적으로 담고 있는 것으로 여겨진다.

맹자는 계씨의 가신이 되어 독재자를 도와서 독재자의 부를 축적해준 공부자의 제자 '염구冉求'를 엄중하게 비판했다. 맹자가 『논어』의 이 구절을 재인용하면서까지 나쁜 지도자를 도와주는 인물은 응징되어야 마땅하다는 점을 특별히 강조했다. 제자라고 해서 관용을 베풀지 않고 단호하게 처단하는 공부자의 뜻을 맹자는 확고하게 계승한 것이다. 맹자는 또 당시 제후들을 부추겨 땅을 넓히고 성을 빼앗는 따위의 명분 없는 전쟁을 추상같이 성토했다.

'합종연형合從連衡'을 내걸고 제후를 속여서, 자신의 이익을 추구하기 위해 권력을 잡으려는 당대의 지식인들을 공격하는 것도 잊지 않았다. 맹자가 주나라를 일으킨 강태공과 무왕을 버리고 떠난 백이를 함께 '대노'로 칭한 것은 공변된 사리 판단이다. 주조周朝를 인정하지 않을 경우 강여상은 대노로서 문제가 있을 수도 있고, 오히려 백이만이 진실로 대노일 수도 있다. 맹자가 정반대의 길을 걸었던 두 인물을 함께 대노로 규정한 것은 만세의 귀감이다.

백이와 숙제는 서백西伯[문왕]이 노인을 우대하고 선정을 베푼다는 소문을 듣고 함께 귀이했지만, 문왕과 무왕 역시 권력을 잡기 위한 일종의 민심수습과 여론몰이의 방책이었다고 의심한 백이 형제는, 주왕을 공격하러 가는 무왕의 말머리에서의 읍소泣訴도 무위가 되자 끝내 수양산으로 들어갔다. 자고급금自古及今을 통하여 권력을 장악하기 위한 지도자들이 표방한 '양노존현'의 구호는 다분히 과장되었거나 표리가 부동한 것이 태반이었다.

맹자는 '양노존현'을 근간으로 하여 선정을 베풀면, 대국은 칠 년 이내에 천하의 주인이 될 수 있다고 여러 차례 말했다. 소위 칠 년은 '천이칠기天以七紀'에서 7기七紀와 관계가 있으며 '칠기'는 일월과 오성[금 목 수 화 토]의 7정七政을 의미하기도 하고, 사방에 배치된 28수(수宿)를 상징한 것이라는 설도 있다. 맹자가 말한 칠 년은 조기趙岐 등이 파악한 것처럼 특별한 뜻이 있는 것이 아니라, 당시 시대 상황을 참작한 단순한 기간에 불과하다는 다산의 설이 설득력 있게 다가온다.

맹자는 양노존현 논에 이어서 악을 추종하는 염구冉求를 공박하는 공부자의 의지를 계승하여, 당대를 풍미하고 있는 세객說客과 술자術者들을 비판했다. 아울러 부정한 제후들의 가신이 되어, 백성을 어육으로 만들면서까지 사리사욕을 추구하는 지식인들의 사악한 만행도 규탄했다.

제후를 교사敎唆하여 전쟁을 일으키는 지식인은 극형에 처하고, 제후들로 하여금 자신들의 부귀를 누리기 위해 합종연형을 권유하는 지식인들은 중형으로 다스리고, '초래草萊(정전井田의 일부나 구획 밖의 황무지 또는 휴경지)'를 개간하여 백성들에게 나누어주는 지식인도 적의한 형벌을 받아야 한다고 역설했다.

손빈孫臏(서기전 4세기의 전략가)과 오기吳起(?~bc381) 등은 극형의 대상이고, 제후들과 연형을 주장했던 소진蘇秦과 장의張儀(?~BC 309)는 중형에, 상앙商鞅(?~BC 338)과 이회李悝 같은 부류도 응분의 형벌을 받아야 할 인물들이라고 주자朱子는 주장했다.

맹자가 비난한 '선전자善戰者'와 '연제후자連諸候者' 그리고 '벽초래자辟草萊者' 중에서 선전자와 연제후자의 경우는 이해가 되는데, 황무지와 휴경지를 개간하여 그것을 백성에게 나누어주는 자를 처벌해야 한다는 것에는 전폭적으로 이해가 안 된다. 결과적으로 땅을 개간하여 무거운 세금을 매겨서 지도자의 부를 축적시켰기 때문이라는 것은 공감이 간다. 그러나 고대 정전법에서 자투리땅이나 혹은 정전의 일부를 휴간지로 방치한 것은 현대적으로 볼 때 매우 주목되는 토지정책이다.

땅을 돌려가며 묵혀서 지력의 쇠미를 예방하고, 묵힌 땅에서 자란 잡초들을 퇴비로 활용하기도 하며, 야생 조수들의 서식처를 제공키 위한 일종의 자연보호의 관념과 연계된 것으로 해석하고 싶다. 자연을 당대만의 편의와 이익을 위해 남김없이 개간하여 소출을 높여 안락을 추구하는 것도 중요하지만, 그보다 더 무궁토록 태어날 후대인을 위하여 환경을 보존해 두는 것이 더욱 값진 것이라는 주자학자들의 심오한 뜻에 필자는 동조한다.

맹자는 백이와 강태공을 '대노大老'라고 규정했는데, '대노'를 가진 국가와 시대는 흥성하고, 대노를 갖지 못한 국가나 시대는 불행하다. 대노가 없고 서노庶老만 있는 이유는, 일차적으로 노인들에게도 책임이 있지만, 대노의 출현을 막는 당대의 현실에도 책임을 물어야 한다. 20세기는 물론이고 21세기에 들어와서도 대노가 절실히 요망되는데도 불구하고 불운하게 '대노'를 한 사람도 갖지 못했다.

역사상 우리는 자타가 공인하는 대노라는 칭호를 가진 노인이 없다. 한때 대원군의 업적을 기리기 위해 '대노사大老祠'를 한강변에 세우려는 시도가 있었다. 그러나 노론계 사인들이 공식적으로 우암 송시열宋時烈(1067~1689)의 대노사가 있는데, 어찌 같은 명의의 대노사를 건립할 수 있느냐는 항의와 당대의 정치 현실과 맞물려 뜻이 이루어지지 못했다.

대원군에게는 대노라는 칭호를 주는 것이 합당하고, 그리하여 '대노사'의 건립이 꼭 성취되었어야 마땅하다고 필자는 생각한다. 21세기를 시작한 우리에게 '광국중흥光國中興'의 큰 뜻을 지닌 위대한 '대노'가 출현하기를 기다리는 마음은 필자만의 것은 아닐 것이다.

14. 교자론敎子論 - 자식 교육의 어려움

자녀교육은 예나 지금이나 가장 어렵고 중차대한 난중지난사難中之難事였다. 부모의 뜻에 완전히 부합되는 자식은 본원적으로 없다고 보는 것이 온당하다. 부모가 자식에게 기대하는 유형이 반드시 진선진미盡善盡美한 것인지도 단정할 수 없고, 경우에 따라 기대에 어긋나게 성장한 자식의 모습이 정당한 것인지도 모를 일이다.

일찍부터 자식에 관한 한 막말을 하지 말라는 격언은 이 같은 양상을 두고 한 말로 여겨진다. 우리 같은 범인들이야 모두들 느끼고 있는 문제이지만, 범인이 아닌 성인들은 어떻게 자녀들을 교육시켰는지 궁금하다. 불초라는 말이 널리 쓰이고 있는데, 여기서 말하는 '초肖'는 같다는 뜻으로써 즉 아버지만 한 자식이 없다는 의미이다.

그런데 자식이 꼭 아버지를 닮아야 하는지도 음미해 볼 문제이다. 수천 년 또는 수만 년 전부터 '요즘 젊은이들은 버릇이 없다'라는 말이 있었던 것으로 알고 있다. 버릇이 없다는 탄식은 기존의 유형을 젊은이들이 완미하다고 보지 않고, 새로운 것을 추구하고 있다는 것으로 해석할 수도 있다.

모르긴 해도 젊은이들의 버릇이 없다는 개탄은 인류가 존재하는 한 영원히 계속될 것이다. 자식들이 부모의 행동거지를 볼 때, 자식의 행위를 못마땅해 하는 부모 못지않게 자식들에게도 부모에 대한 불만이 많다는 사실을, 부모들은 인정치 않으려는 경향이 있다. 만일 자식의 행동거지가 부모와 꼭 같다면 인류문화의 발전은 끝나는 것이 아닐까.

선성 공부자도 아들을 특별히 직접 가르치지 않았다. 공부자가 아들을 친히 교육하지 않았던 이유는, 맹자의 조술祖述을 통해 그 일단을 살필 수 있다. 공부자는 불행하게도 아들 리鯉를 앞세웠다. 아들을 먼저 보낸 비통한 심정은 서인이나 범인을 막론하고 동일할 것이다. 공림孔林(공자가의 묘역)에는 공부자 묘 좌측에 리의 무덤이 있고, 앞쪽에는 손자 급伋(자사자)의 분묘가 지척 간에 함께 있다. 생전은 물론이고 죽어서도 자손을 끼고 있는 것은 성인도 예외가 아니다.

공부자는 "재주가 있건 없건 간에 아들은 아들이다. 리가 죽었을 때도 곽槨은 없었고 관밖에 마련하지 못했다(자왈子曰 : 재부재才不才, 역각언기자야亦各言其子也. 이야사鯉也死, 유관이무곽有棺而無槨. -『논어,선진先進』)"라고 하면서 수레를 팔아서라도 안연顔淵의 곽을 마련해 주시라는 안로顔路(안연의 부)의 청을 거절했다. 자식의 죽음 앞에서 공부자가 느꼈던 애통한 심경은 범부와 다름이 없다.

공부자가 성인이긴 하지만 자식 교육에 대해서는, 여느 부모와 마찬가지로 특별한 데가 있거나 일반 제자들보다 달리 대했을 것이라는 전제 하에, 진항陣亢이 백어伯魚(리의 자)에게 "그대는 공부자의 아들이니, 남다른 교육이나 지식을 들은 바가 있느냐"고 물었다. 백어는 "그런 적이 없었다. 언젠가 아버지(공자)가 홀로 서 계셨을 때 내가 정원을 빨리 지나가고 있었는데, 그때 아버지께서 『시경』을 배웠느냐고 물으셨다. 내가 배우지 못했다고 대답하자, 『시경』을 공부하지 않으면 더불어 대화할 수 없다고 하셨기 때문에 그로부터 시경을 공부했다(진항문어백어왈陳亢問於伯魚曰: 자역유이문호子亦有異聞乎? 대왈對曰: 미야未也. 상독립嘗獨立, 리추이과정鯉趨而過庭. 왈曰: 학시호學詩乎? 대왈對曰: 미야未也. 불학시不學詩, 무이언無以言. 리퇴이학시鯉退而學詩. -『논어, 계씨季氏』"고 대답했다.

공리孔鯉가 아버지가 홀로 있을 때, 천륜지정天倫之情에 이끌려 의도적으로 가까이 지나쳐 간 것은, 평소에 만나기 어려웠던 아버지와 독대할 의향에서였다. 공부자 역시 아들을 보자 반가워하면서 『시경』을 공부했냐고 물었고, 배우지 못했다고 응대하자, 그렇다면 더불어 대화할 수 없다고 타일렀던 것이다.

공리는 계속하여 "다른 날 또 아버지께서 혼자 계실 때를 틈타 재빨리 뜰을 지나갔는데, 『예기禮記』를 공부했느냐고 물으셔서 아직 배우지 못했다고 하자, 『예기』를 공부하지 않으면 제대로 설 수 없다고 하시기에, 물러나 『예기』를 공부하기 시작했다(타일우독립他日又獨立, 리추이과정鯉趨而過庭. 왈曰, 학예호學禮乎? 대왈對曰, 미야未也. 불학예不學禮, 무이입無以立. 이퇴이학예鯉退而學禮. -『논어, 계씨季氏』"라고 말했다. 이로써 보건대 공부자 역시 아들에게 직접 학문을 가르치지 않았음이 확인된다.

아들 리가 아버지가 홀로 계실 때를 포착하자 쏜살같이 뜰을 지나친 것은, 아버지인 공부자가 자신을 불러주기를 기대했기 때문이다.

공부자와 리의 이 같은 관례는 훗날 중국 역사상 군자가에서 아들을 직접 가르치지 않는다는 전통의 단초가 된 것으로 생각된다.

어느 날 공부자는 아들에게 "너는 「주남周南」과 「소남召南」을 배워서 아느냐? 사람이 「주남」과 「소남」을 알지 못하거나 노래할 줄 모르면, 그것은 담벼락을 마주하는 듯한 인상을 준다(자위백어왈子謂伯魚曰, 여위주남소남이호女爲周南召南矣乎? 인이불위주남소남人而不爲周南召南, 기유정장면이입야여其猶正牆面而立也與 -『논어, 양화陽貨』)"라고 경고했다. 필자가 여기서 「주남 · 소남」을 노래할 줄 아느냐라고 해석한 것은, 『시경』은 본래 악서樂書일 뿐 아니라, 고대 가곡의 노랫말이라는 인식에 근거했다. 아마도 공부자 시대에는 혹시 『시경』의 여러 편장이 노래로 불렸을 가능성을 상정했기 때문이다.

공부자는 아들에게 평소의 소신대로 『시경』을 공부할 것을 특히 강조했다. 『시경』을 어느 정도 공부했다는 사실을 파악한 후, 공부자는 구체적으로 「주남」과 「소남」의 중요성을 강조하고, 이를 완전히 익힐 것을 당부한 것이다.

공부자가 아들에게 한 말을 참작컨대, 공부자는 『시경』 다음에 『예기』를 중시한 듯하다. '예禮'를 『예기』로 번역한 것은 '시'가 『시경』으로 봐야 하는 것과 같다. 공리로부터 위에 인용한 부자 간의 교육 내용을 들은 진항은, 대단히 기뻐하며 "하나를 물어서 셋을 알았으니, 『시경』과 『예기』의 중요성과 군자는 아들을 직접 가르치지 않고 멀리한다는 사실이 그것이다(진항퇴이희왈陳亢退而喜曰, 문일득삼問一得三, 문시聞詩, 문예聞禮, 우문군자지원기자야又聞君子之遠其子也. 『논어, 계씨』"라고 했다. 교육에 관한 한 군자가 자식과 일정한 거리를 유지해야 한다는 공부자의 교자론은 맹자에 의해 충실하게 계승되었다.

公孫丑曰:“君子之不教子, 何也?” 孟子曰:“勢不行也. 教者必以正, 以正不行, 繼之以怒, 繼之以怒, 則反夷矣. ‘夫子教我以正, 夫子未出於正也.’ 則是父子相夷也. 父子相夷, 則惡矣. 古者易子而教之. 父子之間不責善. 責善則離, 離則不祥莫大焉.”

孟子曰:“事孰爲大? 事親爲大. 守孰爲大? 守身爲大. 不失其身而能事其親者, 吾聞之矣, 失其身而能事其親者, 吾未之聞也. 孰不爲事? 事親, 事之本也. 孰不爲守? 守身, 守之本也.

曾子養曾晳, 必有酒肉. 將徹, 必請所與. 問有餘, 必曰 ‘有.’ 曾晳死, 曾元養曾子, 必有酒肉. 將徹, 不請所與. 問有餘, 曰 ‘亡矣.’ 將以復進也. 此所謂養口體者也. 若曾子, 則可謂養志也. 事親若曾子者, 可也.” (離婁篇)

공손추가 “군자가 직접 아들을 가르치지 않는 이유가 무엇입니까?” 라고 묻자, 맹자는 “인간 정리의 추세가 그렇지 않기 때문이다. 가르치는 자는 반드시 올바른 도리를 제시하기 마련인데, 배우는 자가 정도를 행하지 않을 때 화를 내게 되고, 그러면 피교육자의 마음을 상하게 한다. 아버지는 나에게 정도를 가르쳤지만, 아버지의 행동은 정도가 아니라고 자식이 느낀다면, 이는 부자 간의 정리가 서로 손상된다.

사리가 이에 이르면 부자 간이 함께 정신적으로 손상을 받게 되니 이는 매우 불행한 일이다. 그러므로 옛날부터 자식을 서로 바꾸어서 교육했기 때문에, 부자 간에 선으로 인해 야기된 책망 문제가 발생하지 않았다. 부자 간에 선을 두고 시비를 가리거나 꾸짖음이 오래가면, 정리가 떨어지고 그렇게 되면 부자 간에 이보다 나쁜 일이 없다."

맹자는 "남을 섬기는 것 중에 어버이를 섬기는 것만큼 중대한 것은 없고, 일신을 바르게 지키는 것 중에 가장 중대한 것은, 몸가짐을 바르게 하고 지조를 지키는 것이다. 행실을 바르게 하고 정도를 벗어나지 않는 자가 어버이를 잘 모신다는 말을 내가 들었지만, 본분을 지키지 못한 자가 어버이를 잘 봉양한다는 말은 들은 적이 없다. 윗사람을 섬기지 않는 자가 있겠느냐마는 그중에서 어버이를 섬기는 것이 가장 으뜸이며, 본분을 지키는 것이 다양하긴 하나 그중에서 자신을 올바르게 지키는 것이 제일 중요하다.

증자曾子가 아버지 증석曾晳을 봉양할 때 반드시 술과 고기를 준비했고, 밥상을 치울 때 남은 음식을 누구에게 주면 좋겠느냐고 물었으며, 음식에 여분이 있느냐고 아버지가 물으시면 언제나 '있습니다'라고 했다. 증석이 돌아가시자 손자인 증원이 아버지 증자를 봉양할 때도 역시 술과 고기를 올렸지만, 철상할 때 남은 음식의 처분에 대해서는 묻지 않았으며, 증자가 남은 음식이 있느냐고 물으면 '없습니다'라고 했다.

이는 그 음식을 다시 증자에게 올리고자 했기 때문이다. 증원曾元의 이 같은 봉양방식은 미각과 육체에다 초점을 맞춘 것이라면, 증자의 봉양방식은 부모의 마음을 흡족하게 하는 것으로서 그야말로 훌륭한 섬김이라고 하겠다. 따라서 어버이를 섬기는 방식은 증자와 같이 하는 것이 최상이라 할 만하다"라고 했다.

자녀 교육 문제는 맹자의 생존 시인 기원전 4세기 무렵에도 역시 간단한 것이 아니었다. 공손추公孫丑가 맹자에게 군자가에서는 대체로 자식을 직접 가르치지 않는 것이 하나의 관습처럼 되어 있는데 그 까닭이 무엇이냐고 물었다. 맹자는 사세가 그렇게 될 수밖에 없다고 말한 후, 가르치는 자는 응당 정도를 말하게 마련이지만, 교육받는 사람은 가르치는 자의 말보다 실제 행동거지에 관심을 갖기 때문이라고 했다.

언행일치는 누구를 막론하고 지란한 일이다. 아버지에게 교육을 받은 자식들은 생활을 같이하는 아버지의 일상적인 행동을 피부로 접하게 된다. 이 경우 자연 아버지의 가르침과 행동의 괴리乖離를 알게 될 것이니, 아버지에 대해서 실망감이 증폭된다. 아버지 또한 십중팔구는 내가 저렇게 가르치지 않았는데, 자식은 어찌하여 이처럼 정도에 벗어난 행동을 하느냐는 실망감을 갖게 된다. 이로 인해 아버지는 자식에게, 자식은 아버지에게 실망하고, 나아가서는 서로에게 분노를 느끼게 되고, 결국 서로를 미워하는 최악의 사태가 빚어지기 때문에, 자식 교육은 남에게 맡기는 것이 좋다고 맹자는 대답한 것이다.

부자간에는 책선責善할 수 없다는 것이 맹자 교자론의 핵심이다. 아버지가 비록 잘못이 있다고 해도 자식은 결코 책선을 해서는 안 된다는 주장이다. 단지 아버지의 과오를 두고 이를 예의를 갖추어 간할 수는 있지만 책선은 부당한 것으로 보았다. 자식이 잘못을 저질렀을 경우에도 책선하기보다는 경계하는 선에 머물러야 한다고 했다.

맹자는 사람을 섬기는 일 중에서 부모 섬기는 일이 가장 중요하고, 보존하고 지키는 일 중에서 일신을 올바르게 가지는 것이 무엇보다 긴요하다고 했다. 사친과 수신은 밀접하게 연계된 것으로, 수신을 잘하는 자라야만 사친도 훌륭하게 할 수 있는 것으로 보았다. '사숙'은 어느 하나도 버릴 수 없지만 그중에서 사친이 최우선이며, '수숙守孰' 또한 모두 중요하나 그 가운데 수신이 무엇보다 긴요한 것이라고 했다.

효가孝家로 세상에 알려진 '증석曾晳 · 증자曾子 · 증원曾元' 삼대의 사친지사를 구체적으로 열거한 맹자의 의도는, 교자론의 중심사항인 사친의 전절을 제시하여 널리 알리고자 하는 데 있었다. 사친에는 '맛있는 음식을 대접하고 몸을 편안하게 하는 양구체養口體'와 '부모의 마음을 위로하는 양지養志'가 있는데, 구미를 맞추어주고 육체의 안락을 도모하는 '양구체'도 중요하지만, 그보다 부모의 뜻을 받들어 섬기는 '양지'에 주안점을 맞출 것을 맹자는 강조했다.

증자가 아버지 증석을 봉양할 때 술과 고기를 반드시 진상했다. 예로부터 윗사람은 진상 받은 음식을 반드시 남겼다. 음식을 남긴 것은 좋은 음식을 아랫사람에게 나누어주기 위한 의도적 행위였다. 부모에게 올린 푸짐한 진수성찬은 상하가 모두 먹기 위한 것이지, 오로지 부모나 윗사람의 구체口體를 봉양하는 데만 목적이 있는 것은 아니다.

음식이 풍성해진 요즘에 와서는 마땅히 푸짐한 진수성찬은 지양되어야 한다. 과거 윗사람에게 올렸던 성찬은 윗사람의 마음과 구미를 맞추었을 뿐 아니라, 아랫사람에게도 혜택이 돌아가는 절묘한 장치였다. 이를 두고 음식의 낭비였다고 비난하는 것은, 현대인들이 표면에 감추어진 선인들의 깊은 뜻을 헤아리지 못한 무지의 소치이다.

사친 역시 불초라는 말이 부합된다. 증자보다 증자의 아들 증원이 어버이를 모시는 규모가 퇴보했다고 맹자가 판단한 것은 적절하다.

그리하여 맹자는 증자와 증원의 사친을 비교한 후, 후인들은 증자를 본받아야 한다고 교시했다. 사친은 양구체養口體보다 양지를 우선해야 한다는 맹자의 주장은, 물질문명이 발달한 현대에 더욱 빛을 발한다. 사친의 근간은 자식들이 불의에 빠지지 않게끔 수신이 우선되어야 한다는 논리는 매우 합당하다.

철상할 때 남은 음식을 특별히 주고 싶은 사람이 있느냐는 증자의 물음은, 아버지가 유달리 사랑하는 자손이나 수하인을 파악한다는 의미도 된다. 아버지가 사랑하는 사람은 자식도 사랑해야 하는 것이 도리이다. 교자의 내용은 지식의 전수보다도 일상생활에 필요한 윤리도덕이 더 가치가 있다는 점을, 증자가曾子家의 사친을 예로 들어 맹자는 설명코자 한 듯하다.

최근에 와서 거의 모든 부모들은 자식 교육에 대해서 실패한 것으로 보는 경향이 있는 듯하다. 지식교육은 맹자의 주장대로 오래 전부터 일종의 역자교육易子教育으로 인정되는 학교에 맡긴 지 오래전이고 심지어 윤리교육도 스스로 하지 않고 학교에서 어떻게 가르쳤기에 이지경이 되었느냐고 분노하며, 그 책임을 전부 학교나 또는 사회에 돌린다.

청소년의 교육은 이미 부모나 학교를 떠나 실질적으로 언론이나 방송매체로 넘어간 지 오래라는 판단도 가능하다. 영향력이 막강한 텔레비전을 비롯한 각종 언론매체들은 전통문화를 헌신짝처럼 폐기시키고, 유구한 역사를 지닌 국가의 정체성조차 파괴해 놓고, 이를 일러 진보요 발전이라고 강변하고 있다.

더구나 심각한 것은 방송매체들이 앞다투어 오늘의 찬란한 문화와 경제적 풍요를 밤잠을 설치며 땀 흘려 이룩한 '장년壯年 · 애년艾年 · 기년耆年 · 노년老年' 층을 싸잡아 현대판 고려장을 시키느라 여념이 없다. 그렇다면 기성세대의 고려장을 정당하다고 주장하는 일부 집단과 청소년들이 국가와 민족을 위해 무엇을 했는지 묻고 싶다.

그러기 위해 언론매체나 사회를 움직이는 지도층 인물들의 재교육이 절실히 요망되고, 이에 덧붙여 기성세대의 고려장을 외치는 일부 집단과 우후죽순처럼 솟아난 사이비 시민단체들의 괴이한 언행들을 정의의 메시지인 양 침소봉대하여 보도하는 방송이나 언론매체들의 대오각성도 요망된다.

기성세대가 이룩한 부와 풍요를 만끽하고 냉난방이 잘된 방에서 커피를 마시며, 직위나 재산을 앞당겨 얻기 위해 고려장을 획책하는 무리들에 대한 가정이나 사회에서의 재교육도 필요하다. 외국의 삼류 이론서 몇 권을 읽고 여기에 중독되어, 국가와 민족의 정체성을 거부하는 것을 능사로 삼는 일군의 집단과 제휴하여, 진보와 개혁을 표방하면서 권력과 부를 얻으려는 정상배의 술수도 이제는 접을 때가 되었다.

15. 제자론弟子論 - 문하 제자의 처신

제자가 스승에서 도를 전수받음에 있어서 친수親受와 사숙私淑이 있다. 전자를 친수제자親受弟子라 하고, 후자를 사숙제자私淑弟子라 일컫는다. 스승을 직접 뵈옵고 문하에서 숨소리를 들으면서 배우는 것이 최상의 것이긴 하나, 시대가 흘러 늦게 태어날 경우 스승이 남긴 말씀이나 논저를 통하여 사숙하는 것도 의미가 있다.

공부자도 '요 · 순 · 우 · 탕'을 비롯하여 문왕과 무왕 그리고 주공을 사숙했고, 맹자 역시 공부자와 그 밖의 여러 선현들을 사숙했다. 성인이 아닌 현인이나 선정先正의 유업遺業은 대체로 오세五世로 끝나고, 소인의 나쁜 유산 역시 오세로 마감된다고 맹자는 말했다.

맹자는 불행히도 늦게 태어나서 공부자의 친수제자인 문도가 되지 못한 점(맹자왈孟子曰 : "군자지택君子之澤, 오세이참五世而斬. 소인지택小人之澤, 오세이참五世而斬. 여미득위공자도야予未得爲孔子徒也, 여사숙저인야予私淑諸人也." - 이루장구하離婁章句下)을 안타까워했다.

군자의 선업과 소인의 악업도 함께 150여 년이 지나면 혜택과 폐해가 단절되는 데 반해, 성인의 유업은 만세불변인 것은 주지의 사실이다. 그러므로 대도의 전개와 전수는 거의가 사숙으로 유지되고 계승되었다고 해도 과언이 아니다. 맹자가 공부자를 사숙하지 않았다면 공부자의 대도는 오늘날 남아 있지 않았거나, 아니면 그 일부만 우리가 접했을 것이다.

스승과 제자의 관계는 예부터 매우 소중한 것으로 인식되었다. 선생을 따라 길을 갈 때, 길을 건너 타인과 대화하지 말아야 하고, 길에서 스승을 만나면 달려가서 정중하게 인사를 해야 하며, 선생이 먼저 말을 건넬 때 대꾸해야 하며, 말을 걸지 않으면 빠른 걸음으로 물러나야 한다(종어선생從於先生, 불월로이여인언不越路而與人言. 조선생어도遭先生於道, 추이진趨而進, 정입공수正立拱手. 선생여지언先生與之言, 즉대則対, 불여지언與之言, 즉추이퇴則趨而退.)라고 『예기』 「곡례편」에 명시될 정도였다.

스승에게 배우는 문도를 일컬어 제자라고 하는 까닭에 대해서, 여씨呂氏는 「집설集說」에서 "선생이란 본래 아버지와 형을 칭하는 것이다. 덕이 있고 나이가 많은 사람으로서 스승이 될 만한 인물은 부형과 같은 존재이기 때문에 함께 선생이라 했다. 선생을 부형과 같이 인식할 경우, 문도가 자신을 스승의 아들이나 동생으로 여기는 까닭으로 해서 제자(선생자先生者, 부형지칭父兄之稱. 유치덕가위인사자有德齒可爲人師者, 유부형야猶父兄也, 고역칭선생故亦稱先生. 이사위부형즉학자以師爲父兄則學者, 자비어자제自比於子弟, 고칭제자故稱弟子.)라고 했다.

따라서 제자라는 명칭에는 '군사부일체'라는 사유가 깔려 있다. 시대가 흘러간 지금에 '군사부일체'나 또는 '제자론弟子論'을 펴는 것은

'보수반동'이라는 비난을 받을 소지가 많다. 특히 소위 사이비 진보주의자들이 이 말을 들을 때, 더욱 격앙된 반감을 불러일으킬 것이다.

문제는 이들 사이비 진보주의자들이 그들이 맹종하는 지도자를 대하는 자세가 과거 왕조시대의 군왕의 그것보다 더 비굴하고 맹목적이며 나아가서 노예근성으로 추종하고 있다는 사실이다. 사이비 진보주의자들이 광신적으로 숭배하는 일부 국가의 지도자가 받고 있는 어처구니없는 존경이나 예우는, 그들이 옛날 존재했다고 떠드는 노예사회보다 더 저급하고 더욱 불합리하다. 그들이 흠모하는 이들 국가와 사회는 백성을 노예로 전락시킨 현대판 노예국가라는 비판을 면하지 어렵다.

과거의 군사부일체는 노예적 위계질서가 아닌 도덕적 외경을 근간으로 한 인간적이고 합리적인 관계였다. 반면 요즘의 일부 독재국가의 소위 군은 모든 백성을 노예로 전락시킨 현대판 노예국가의 수장으로서, 갖은 만행을 자행하면서 민주국가라고 외치고 있다.

군사부일체가 조야상하에서 거부감 없이 통용되던 시대에 비해, 근대의 지도자인 '군'과 '아버지' 및 '사'의 도덕적 품성과 언행이 옛날과 같지 않다는 것도 문제가 되지만, 그래도 지도자는 지도자이고 아버지는 아버지이며 스승은 스승이라는 점은 불변이다. 이 같은 선량한 백성의 심성을 악용하여 '걸·주' 같은 행동을 서슴지 않는 폭군은 응당 백성들이 힘을 모아 하야시키는 것이 진정한 진보이다.

맹자는 사제 간의 도리에 대해서 먼저 '사숙론'을 개진한 다음, 제자를 잘 선택하여 가르치는 것이 중요하다고 다음과 같이 말했다.

逄蒙學射於羿, 盡羿之道, 思天下惟羿爲愈己, 於是殺羿. 孟子曰 : "是亦羿有罪焉." 公明儀曰 : "宜若無罪焉." 曰 : "薄乎云爾, 惡得無罪? 鄭人使子濯孺子侵衛, 衛使庾公之斯追之.

子濯孺子曰 : "今日我疾作, 不可以執弓, 吾死矣夫!" 問其僕曰 : "追我者誰也" 其僕曰 : "庾公之斯也" 曰 : "吾生矣." 其僕曰 : "庾公之斯, 衛之善射者也, 夫子曰吾生, 何謂也?" 曰 : "庾公之斯 學射於尹公之他, 尹公之佗, 學射於我, 夫尹公之他, 端人也. 其取友必端矣."

庾公之斯至, 曰 : "夫子何爲不執弓?" 曰 : "今日我疾作, 不可以執弓." 曰 : "小人學射於尹公之他, 尹公之佗學射於夫子. 我不忍以夫子之道, 反害夫子. 雖然, 今日之事, 君事也, 我不敢廢." 抽矢叩輪, 去其金, 發乘矢而後反. (離婁篇)

'방몽'이 궁窮나라 후后인 '예'에게 활쏘기를 배워서 예가 가진 기술을 완전히 습득한 뒤, 천하에 활쏘기에 관한 한 자신보다 뛰어난 사람은 예밖에 없다고 생각하고 '예'를 살해했다.

맹자가 이를 평하여 "제자인 방몽에게 예가 살해된 데는 예에게도 일정한 죄가 있다"고 했다. 이에 대해 공명의公明儀는 "예에게는 죄가 없는 것으로 봐야 한다"고 했다. 맹자는 "죄가 미미하다고는 할 수 있지만, 어찌 완전히 무죄일수 있느냐"고 대답했다. 정鄭나라 사람이 자탁유자로 하여금 위衛나라를 공격하게 했는데, 위나라는 유공지사로 하여금 추격하게 했다.

자탁유자는 "오늘 내가 병이 나서 활을 잡을 수 없게 되었으니 응당 죽을 수밖에 없다"고 하면서 시종에게 "나를 추격하는 사람이 누구냐"고 물었다. 시종이 "유공지사입니다"라고 하자, 자탁유자는 "나는 이제 살았다"고 했다.

이에 시종은 다시 "유공지사는 위나라의 명궁名弓인데 부자께서는 살았다고 하니 그 이유가 무엇입니까?"라고 되물었다. 자탁유자가 이르기를, "유공지사는 윤공지타에게 활쏘기를 배웠고, 윤공지타는 나에게 궁도弓道를 학습했다. 윤공지타는 성품이 단정한 만큼 벗을 취함에 있어서도 올바른 사람을 선택하여 궁도를 전수했을 것이기 때문이다"라고 했다.

유공지사가 군사를 끌고 가까이 와서 "부자는 어찌하여 활을 잡지 않고 있느냐" 묻자, 자탁유자는 "내가 오늘 병이 나서 활을 잡을 수 없다"고 했다. 이에 유공지사는 "저는 활쏘기를 윤공지타에게 배웠고, 윤공지타는 부자에게 배웠으니, 차마 부자의 활쏘기 기술로서 결국 부자를 해치는 것이 되는 만큼 선생을 해칠 수가 없습니다. 그러나 오늘의 이 전투는 국가의 일이니 감히 제가 회피할 수 없습니다"고 하면서 화살을 뽑아 수레바퀴에 두들겨 살촉을 뺀 뒤 네 발을 쏜 후 그냥 돌아갔다.

위의 인용문에는 '맹자'와 '공명의'를 비롯하여 유궁국有窮國의 우두머리인 '예羿'와 예의 가신인 '방몽'과 정鄭나라의 대부 '자탁유자' 및 위나라의 대부 '유공지사'와 '윤공지타' 등이 등장한다. 방몽은 예에게 궁술을 배워서 그 도를 완전히 습득한 후 스승을 살해한 궁도제자弓道弟子이다. 예는 활쏘기의 명수로서 하夏나라를 찬탈하여 스스로 왕이 된 반역자이다.

그런데 예 역시 자신의 궁술을 전수시킨 가신家臣인 제자 방몽에게 살해되었다. 이 같은 예의 사악한 전력 때문에 맹자는 그가 당연히 받을 업보를 받았다고 인식한 듯하다. 그러나 공명의는 맹자의 견해와는 달리 살해당한 예는 죄가 없고, 스승을 살해한 제자인 방몽을 무도지인이라고 비난했다.

맹자는 죄의 경중을 논할 수는 있지만 죄가 전혀 없다는 것은 잘못이라고 공명의의 주장을 다시 반박했다. 제자를 엄선하여 교육하는 것은 스승이 지켜야 할 중요한 덕목인데, 사악한 인물을 일시적인 정감에 의해 제자로 삼아서, 가진 바의 궁술을 전부 전수시킨 예의 행위는 용인될 수 없다고 맹자는 생각했다. 올바른 스승은 올바른 제자를 문하에 두는 데 반해, 올바르지 못한 스승은 올바르지 못한 제자를 둔다고 맹자가 피력한 것은, 나쁜 제자보다는 사람됨을 볼 줄 몰랐던 스승에게 더 많은 책임을 지운 것이다.

정나라와 위나라의 전쟁에서 병중에 있는 자탁유자가 생명을 온전히 할 수 있었던 것은, 그가 윤공지타와 같은 성정이 단정하여 사벽하지 않은 훌륭한 제자를 두었기 때문이라는 맹자의 해석은, 제자를 선택하고 교제하는 벗을 구할 때 반드시 행동거조가 방정한 단인端人을 택해야 함을 교시한 것이다. 자탁유자를 살려준 위나라 명궁 유공지사는 직접 제자가 아닌 재전제자再傳弟子이다. 유공지사가 궁술을 배운 윤공지타가 적장인 자탁유자에게 배웠다고 해서 죽이지 않은 것은, 위나라의 입장에서 볼 때는 일종의 불충이다.

그러나 그가 배운 궁술이 다름 아닌 대적하고 있는 장수로부터 나왔기 때문에 살해할 수 없다는 유공지사의 판단은 인간적이고 아름답기까지 하다. 위나라의 장수로서 침략해온 정나라 장수를 두고, 사제간의 도리를 구실 삼아 놓아준다는 것이 부당함을 유공지사 자신도 알고 있었다. 그리하여 활촉을 뺀 살을 네 번 쏜 후 퇴각한 것이다.

제자를 잘못 둔 예羿는 제자에게 살해당했지만, 올곧은 인물을 엄선하여 제자로 삼은 자탁유자子濯孺子는 그의 재전제자에게도 목숨을 보존한 혜택을 입었다. 맹자는 시비선악을 가리지 않고 스승을 맹목적으로 추종하는 제자를 높게 보지 않았다. 맹자의 추상 같은 사제지도는 당시로서는 파격적인 인식이었다.

의롭지 못한 스승이 제자에 의해 살해되었을 때, 그 책임의 일부는 스승에게 있다는 맹자의 주장을, 노魯나라의 현인인 공명의는 수긍하지 않았다. 방몽이 스승 예를 살해한 것은 스승이 비록 나쁜 과거가 있다고 해도 그 죄를 면하기 어렵다는 논지를 펴서 맹자의 주장을 반박했다. 잘못된 스승도 스승인 만큼 스승을 공격하는 것은 용서받을 수 없다는 공명의의 주장이 당시로서는 설득력이 있었지 않았나 한다.

예가 만일 자탁유자처럼 성향이 방정한 윤공지타 같은 제자를 골라서 궁술을 가르쳤다면 반역과 살상의 화는 당하지 않았을 것이라는 맹자의 견해는, 후인들이 '구교취우求交取友'를 할 때 필히 단인을 선택할 것을 강론한 것으로 해석된다. 맹자의 말씀대로 단인을 제자로 두지 못한 예는 자전自田으로 돌아가다가 그가 궁술을 가르친 제자 방몽逢蒙에게 살해되어 팽烹까지 당했고, 가증스럽게도 삶은 시신을 예의 아들에게 먹기를 강요했다.

예의 아들은 차마 이를 먹을 수 없어서 끝내 궁窮나라의 국문國門에서 죽었다. 득인得人을 못할 때 당하는 참화가 얼마나 가혹한 것인지를 경고하는 사례이다. 우리의 현대사에서도 이와 유사한 비극이 있었음을 상기할 때, 군신과 사제의 관계가 간단하지 않음을 통감하게 된다.

스승의 학설을 심화 확대시켜 살찌우게 하는 제자가 있는가 하면, 스승의 학설을 부정하거나 아니면 자기의 학설인 양 표절하는 경우도 간혹 있다. 심지어는 방몽처럼 스승을 부정하는 예도 간혹 있다. 맹자의 주장대로 학설 또한 그 정오를 불문하고 오세五世(150년)밖에 빛을 발하지 못하는 터이니, 확실한 논리를 갖추어 스승의 학설을 극복하는 것도 스승의 위업을 오히려 빛나게 하는 것일까.

어쨌거나 택인擇人의 어려움은 고금이 마찬가지이고, 득인의 경우 역시 쉽지 않음을 새삼 느끼게 된다. 스승인 예를 살해한 제자 방몽이 차원 높은 궁술을 전수받을 때까지, 입안의 혀처럼 대했을 것임은 짐작되고도 남음이 있고, 이는 모든 지도자나 스승들이 택인을 할 때 거울 삼아야 할 핵심사항이 아닐 수 없다.

16. 불효론不孝論 - 효도의 진정한 의미

효孝는 수천 년 동안 어쩌면 수만 년 동안 계속 줄기차게 강조되어 왔고, 지금은 다소 주춤한 감이 있지만 앞으로도 인류가 존재하는 한 영원토록 역설될 것이다. 효가 이처럼 줄곧 논의되고 있는 것은, 효가 실지로는 실천되지 않았기 때문이다. 민주주의를 외치는 국가나 민주화를 떠들고 있는 사람들이, 이면으로는 가장 비민주적인 국가이고 독선적인 인간이 대부분이라는 사실과도 일맥상통一脈相通한다.

사람의 정은 물과 같아서 위에서 아래로 흐르는 속성을 가졌다. 그러므로 부모가 자식을 사랑하는 것은 교육시키고 강조하지 않아도 본능적으로 자애를 베푼다. 반면 자식이 부모를 사랑한다는 것은 물의 원리가 타당성이 있다면 분수처럼 인위적인 작동이 필요하다. 부모가 자식을 사랑하고 양육한다는 천성은 종족 보존을 위한 조물주의 절묘한 장치이다.

『대학』에서 『서경』 「강고康誥」을 인용하여 여인이 시집가기 전에 육아법을 익히지 않았으나, 혼인하여 자녀를 출산하면 훌륭하게 키우는 것은, 자식을 사랑하는 본성 때문이라고 말한 바 있다. 『대학』뿐만 아니라 『맹자』 이전 『시경』에도 "길이 효도하며 사모하네, 효도와 사모는 영원불변의 법칙(영언효사永言孝思, 효사유칙孝思維則 -「대아, 하무下武」)이니"라고 했다.

백세百世의 명저인 공부자子의 『논어』에도 효는 수없이 등장한다. 『논어』의 벽두부터 "효성이 있고 공경심이 있는 사람은 범상犯上이나 작란作亂하지 않고, 효제孝弟는 인의 근본인 까닭으로 제자는 집안에 들어와서 반드시 효를 행해야 한다(학이편學而篇)"고 했다. 맹의자孟懿子와 자하子夏가 효에 대해 질문하자, 공부자는 "사리를 벗어나지 말아야 하고, 부모에게 항상 온화한 낯빛으로 대하는 것(위정편爲政篇)"이라고 응대했고, "민자건閔子騫처럼 부모형제가 그를 일러 효자라고 일러도 어느 누구도 이를 부인하지 않아야(선진편先進篇) 하며, 또 한 인물의 실상을 가까이서 살필 수 있는 그 종족이 효성스럽다고 일컬어야만 진실로 효자(선진先進 · 자로편子路篇)이다"라고 했다.

효자는 그 효자가 소속된 가족과 가문이 인정하고 이를 일반인들이 수긍했을 때, 비로소 명실이 상부한다고 공부자는 인식했다. 이는 효자됨이 결코 쉽지 않음을 말한 것이다. 효자는 과거에도 많지 않았고, 현재도 별로 없으며, 앞으로는 더더욱 희귀할 것이다. 우리 역대 왕조들이 각 지역마다 충효를 실천한 사람들의 정려旌閭를 지어준 것은 정당한 시책이었고, 현 당국자들도 본받아야 하는 사안이다.

지금 우리가 살고 있는 이 시대는 '효제孝弟'는 접어두고, 연장자에 대한 경멸과 구박이 진보로 분식되어 정치 · 사회 · 문화 · 교육 등 각

분야에 요원의 불길처럼 일고 있다. 현대판 고려장의 시대라고 해도 과언이 아니다. 공부자가 '후생가외後生可畏'라고 한 것은 학덕을 갖추어 미래 사회를 올바르게 이끌어갈 참신한 인물이 두렵다는 것이지, 부박하고 몽매蒙昧한 파락호破落戶 같은 젊은이를 지칭하지 않았다.

경박한 연경자年輕者들이 청탁불문淸濁不問으로 비판하는 연중자年重者들은 세계 10위권의 경제대국으로 육성시킨 대한민국 개국開國 이후 최고의 수훈자들이다. 이들 연장자 가운데 배척되어야 할 인물은 극소수이다. 현대판 고려장을 외치는 일부 경박한 연경자들도 이러한 사실은 알고 있지만, 자신들의 이익을 위해 애써 외면하고 있다.

연중자들이 밤잠을 설치며 땀 흘려 적공積功할 때, 근래 졸지에 부상한 연경자 무리들은 술 마시고 노래하며 주먹을 휘두르며, 어설픈 구호口號를 외치며 떼 지어 거리를 질주했던 파락호에 불과하다. 그러므로 이들에게 효를 기대한다는 것은 연목구어緣木求魚이다. 그들이 이와 같은 모양으로 청장년기를 보냈기 때문에 사회 어디에도 쓸모 있는 구석이 없다.

그리하여 그들은 자신들의 출세와 쾌락을 유지하기 위해 패거리를 만들어 갖가지 술책을 총동원하여 요직을 점거한 후, 개국과 수성守成의 혁혁한 공을 이룬 연중자들에게 진보니 개혁이니 하는 따위의 분식된 구호를 표방하며 대학살의 만행을 감행하고 있다. 따라서 이들에게 절실하게 필요로 하는 바는 바로 효사상이기 때문에 강제적으로 효심을 심어줘야 할 필요가 있다.

공부자는 제자는 집안에서는 효도하고, 사회에서는 질서를 준수하고 서로를 공경하며 신의를 지키고 사랑하되, 특히 어진 사람과 가까이 사귀어야 하는데, 이와 같은 일들을 성취한 뒤, 여가가 있을 때 비로소 학문을 하는 것(자왈子曰, "제자입즉효弟子入則孝, 출즉제出則弟, 근이신謹而信, 범애중汎愛衆, 이친인而親仁, 행유여력行有餘力, 즉이학문則以學文 -학이편學而篇)"이라 했다.

그런데 요즘의 일부 연경자들은 집안에서는 불효하고 밖에서는 질서와 서열 파괴에 힘쓰고, 협잡과 방종을 일삼는 소위 '입즉불효入則不孝하고, 출즉위불선出則爲不善이 무소부지無所不至'에 여념이 없다. 맹자 역시 공부자의 정신을 이어받아 서기전 4·5세기 무렵 '불효'에 관해서 다섯 가지 유형을 제시하면서 경계했다.

公都子曰: "匡章, 通國皆稱不孝焉. 夫子與之遊, 又從而禮貌之, 敢問何也?" 孟子曰: "世俗所謂不孝者五: 惰其四肢, 不顧父母之養, 一不孝也; 博弈好飮酒, 不顧父母之養, 二不孝也; 好貨財, 私妻子, 不顧父母之養, 三不孝也; 從耳目之欲, 以爲父母戮, 四不孝也; 好勇鬪很, 以危父母, 五不孝也. 章子有一於是乎?

夫章子, 子父責善而不相遇也. 責善, 朋友之道也; 父子責善, 賊恩之大者. 夫章子, 豈不欲有夫妻子母之屬哉? 爲得罪於父, 不得近. 出妻屛子, 終身不養焉. 其設心以爲不若是, 是則罪之大者, 是則章子已矣." (離婁篇)

공도자가 이르기를 "광장匡章(제나라 대부)은 나라 안 사람들 모두가 불효자라고 비난받고 있는데도 불구하고, 부자(맹자)께서 함께 여행하며 예로써 대한 까닭이 무언인지 감히 묻고자 합니다"라고 하자,

맹자는 "세상에서 소위 불효라고 일컫는 것이 다섯 가지가 있다. 게으르고 나태하여 부모를 봉양하지 못하는 것이 그 첫째이고, 장기와 바둑과 음주 등 유흥에 탐닉하여 부모를 봉양치 않는 것이 두 번째이고, 부정한 방법으로 축재하여 처와 자식에게만 돈을 쓰는 것이 세 번째이고, 정당하지 못한 것을 듣고 보기를 즐겨하여 세간에 빈축을 사서 부모를 욕되게 하는 것이 네 번째이며, 힘을 믿고 폭력을 마구 휘두르고 사고를 저질러 부모를 위태롭게 하는 것이 그 다섯 번째이다. 그런데 장자章子는 이들 다섯 가지 불효한 행위 중에 하나라도 범한 적이 있는가?

대저 장자는 자식으로서 아버지의 잘못을 바로잡으려 했다가 노여움을 사 버림을 받았다. 잘못을 나무라고 바르게 행하라고 권유하는 이른바 책선責善은 친구들 사이에나 할 수 있는 것이고, 만일 부자 간에 이를 행하면 그 은혜를 해침이 대단히 크다. 또 장자가 어찌 부모와 모자들이 함께 서로 사랑하고 봉양하며 살기를 바라는 마음이 없었겠는가. 부득이하여 아버지에게 죄를 얻어 더불어 살 수 없었기 때문에, 속죄하는 뜻으로 아내와 자식을 멀리하여 삶을 마칠 때까지 돌보거나 봉양을 받지 않았다. 만일 이와 같이 하지 않으면, 아버지에게 지은 죄가 더욱 커질 것으로 여겨서 그 같은 처사를 했을 따름이다" 라고 했다.

맹자가 예시한 다섯 가지의 불효지사不孝之事는 2,400여 년이 지난 지금에도 기준이 되고 있으며 앞으로도 변함이 없을 것이다. 우리가 비록 옷을 바꾸어 입고 머리 모양이 달라지긴 했으되, 인간의 심성은 불변이라는 사실을 다시 확인하게 된다. 만일 위에 인용된 맹자의 불효지사를 천 년 전에 있었던 케케묵은 것이라고 단정하고, 개혁과 진보를 내세워 이를 부정한다면 뜻 있는 사람들의 호응을 받을 수 있을 것인가.

수만 명의 세속인들이 옳다고 생각하는 것보다, 사리 분별이 명확한 한 사람의 선비가 정당하다고 인식하는 것을 실천하는 것이, 위정자들이 취할 당위當爲라고 한 선현들의 말은 폐부를 찌르는 경고이다. 세상 사람 모두가 불효자라고 지탄받는 광장匡章을 세론에 구애받지 않고 함께 여행하면서 예의를 갖추어 접대한 맹자의 의연毅然한 행동도 감명을 준다.

『맹자정의』에 의하면 광장은 위왕威王 때의 인물로서 왕이 진秦나라의 침략을 막게 했다. 위왕은 장자에게 "전에 아버지에게 살해되어 마잔馬棧 아래에 묻힌 어머니의 묘를 개장하라"고 말했지만, "아버지에게 죄를 지어 죽은 어머니의 무덤을 아버지의 생전에 지시도 없었는데 그렇게 할 수 없다"고 했다. 광장은 어머니를 죽인 아버지를 이해하고 있었다. 그는 어머니가 씻을 수 없는 죄를 저질렀던 것으로 믿었던 것 같다.

그 후 위왕은 광장을 진과 내통했다고 참소하는 사람들에게 "죽은 아버지도 속이지 않는데 어찌 살아 있는 왕을 기만하겠느냐"고 꾸짖어 물리쳤다. 그러나 제 위왕 때 진과 전쟁을 하지 않았고, 선왕宣王 때에 벌연伐燕과 관계되어 교전한 적이 있을 따름이니 위의 내용은 기록의 착오라고 했다.

맹자는 아버지를 책선하는 것은 정당한 행동이 아니긴 하나, 부정을 바로잡기 위해 아버지의 잘못을 비판했던 광장의 용기를 내심으로 기렸다. 이와 같은 언행을 참작컨대 맹자야말로 진정 진보주의자요 개혁적 선현이었다. 광장은 아버지에게 자신의 잘못으로 인해 버림받은 후, 처와 자식도 고통을 참으며 버리고 속죄하는 뜻으로 일생을 홀로 괴롭게 산 효자였다.

맹자는 세간의 분분한 평에 아랑곳하지 않고, 광장을 효자로 인정했을 뿐만 아니라 인격자로 존경하지 않았나 한다. 광장의 어머니가 '마잔지화馬棧之禍'를 당한 것은 그만한 이유가 있었을 것이고, 광장은 아버지를 책선적責善的으로 설득했지만 뜻을 이루지 못했고, 오히려 아버지로부터 버림을 받았다. 말 목장의 말뚝 아래 묻힌 어머니의 무덤을 개장改葬하지 않았던 장자章子의 행동을 맹자는 용인했고, 반대로 이를 효행이라고 생각했던 듯하다.

맹자가 열거한 다섯 가지의 불효 사례는 오늘날에도 그대로 적용된다. 게으르고 나태하여 직업을 갖지도 못하고 오히려 부모 그늘에서 안주하는 불효자들이 지금 얼마나 많은가. 카지노와 유흥장을 배회하며 술에 중독되어 꿈속처럼 살고 있는 젊은이의 수도 적다고 할 수 없다. 열심히 일하여 돈은 모았지만, 축적한 돈을 부모를 위해서는 한 푼도 쓰지 않고, 오로지 처와 자식들에게만 소비하는 불효자 또한 무수하다.

감각적 쾌락 추구에 몰두하여 부도덕한 행위를 마구 저지르다가 부모의 명예를 훼손시키는 불효자도 많다. 체력을 단련하여 축적한 힘을 올바르게 쓰지 않고, 작당作黨을 하여 갖가지 이권에 가담하여 폭력을 휘두르다가 감옥을 제집 드나들듯 하는 불효자도 도처에 흔하다.

야담野談에 맹자의 제3불효에 해당하는 재미있는 이야기가 있다. 어떤 지방의 수령이 난리를 만나 창황 중에 가족들과 흩어졌을 때, 종사자 중에 수령의 부모를 업고 피난한 사람과, 수령의 부인을 보호하여 난을 피한 사람이 있었다. 난리가 끝나고 모든 것이 정상화된 후, 수령은 그의 부모를 피난시킨 사람은 박대하고, 자신의 처를 보호한 사람은 각별히 후대했다. 이로 인해 항간에서는 수령의 부모를 호위하기보다는, 처를 돌봐줘야만 이득이 많다는 조롱 섞인 담론이 유행했다. 야담에 전하는 이 같은 사례는 오늘날에도 통하는 것이 아닌지 모르겠다.

근세에 와서 해당 분야에 탁월한 업적을 쌓은 인물들을 표창하는 의식을 치를 때마다 필자가 느끼는 소회所懷가 있다. 어려운 사법고시와 행정고시 등 각종 시험의 합격자와, 탁월한 저서를 출판한 저자와 기타 성공한 인물들의 포상을 기리는 기념식장에서 영광의 주인공 옆에는 반드시 그들의 처가 축하를 받는다.

이들 영광의 인물들이 그날의 명예를 얻기까지 헌신적으로 뒷바라지 한 사람은, 처보다는 수상자의 부모들이며, 부모 중에서도 어머니들이다.

맹자의 관점으로 볼 때, 현재의 우리 모두는 불효자 아닌 사람은 거의 없다. 서양의 부모들과 우리나라의 부모들은 자식을 봉양하는 시각이 근본적으로 다르다. 서양의 육아와 자녀교육은 우리 부모들의 그것과 비교할 때 냉정하고 일견 합리적이다. 그러나 우리네 부모들이 통시적으로 자식들에게 경주했던 정감적이면서도 뜨거운 애정이 오늘날 대한민국의 영광을 이룩한 근본 동인이 아니었던가 한다. 그러므로 우리는 우리의 부모들에게 서양식 윤리에 구애됨 없이 효심을 가지고 효행을 실천해야 할 것이다.

17. 대순론大舜論 - 순임금은 어떤 지도자인가

제 순帝舜의 이름은 중화重華이고 아버지는 고수瞽叟이며 어머니는 악등握登이다. 요堯보다 20세 연하로서 갑자甲子에 태어나서 계묘癸卯에 붕崩했다고 했으니 향년이 100세이다. 순舜을 우 순虞舜이라 하는 것은, 기주冀州 지역에 있었던 우국인虞國人이며 아울러 '어질고 성스러워 매사에 통명通明(인성성명仁聖盛明)하다'는 뜻의 '순舜'이라는 시호를 받았기 때문이다. 『사기』에는 창의昌意의 7세손으로 한미한 집안에서 태어난 서인으로 기록되었다. 제순帝舜은 20代에 효행으로 칭송이 자자했고, 30대에 요에게 지도자로서의 자질을 인증받았다.

공안국孔安國(전한前漢 시의 학자)은 '제 요帝堯는 116세(117 설도 있다)를 살았고, 제 순은 50세에 섭정하여 천자지정天子之政을 베풀었다'고 했다. 고대 인물들 가운데 향년이 수백 년이 되는 경우가 번다한데, 당대의 일 년이 오늘의 일 년이라는 개념과 과연 똑같은 수치인지 검토할 필요가 있다.

제 순은 요임금이 붕어하자 권도權道로 정권을 장악했다. 제위帝位는 부자상계가 원칙인데 이를 상도常道라 하고, 부자 상계가 아닌 것을 일러 권도라고 했다. 제요帝堯의 아들 단주丹朱가 불초不肖라고 하지만, 제 순의 권력 승계는 당시에 문제가 있었던 듯하다. 제 요가 붕어崩御한 후 삼년상을 마치자 제 순은 단주에게 천하를 사양했으나, 제후들이 제 순을 추종하여 구가謳歌했기 때문에 하늘의 뜻이라고 한 후 천자위에 올랐다.

제요는 여황女皇을 아내로 맞아 단주를 낳았고, 서자 9명이 있었지만 모두들 불초했다. 제요는 제 순을 후계자로 내정하고 그의 두 딸 아황娥皇과 여영女英을 주었는데, 순은 아황을 후后로, 여영을 비妃로 삼았다. 아황은 아들이 없었고 여영은 상균商均을 출산했다.

우순은 30세에 요에게 임용되어 20여 년 간 천자정天子政을 베풀다가 50세에 섭정하여 8년간 천자직天子職을 대행했다. 섭정 8년 만에 제요가 붕어하자 3년 상을 치른 후 제위를 단주에게 사양했으나, 천하의 민심이 제 순으로 귀의하여 마지못해 계승한 것으로 『시기』는 적었다. 그러나 권력과 여색은 부자 간에도 양보하지 못한다는 속설을 인정한다면, 요로부터 제위를 물려받기 위한 제순 측의 집요한 전략과 전술이 있었다고 보는 것이 타당하다.

여하간 제 순은 61세에 평화적 선양禪讓의 형식으로 권력을 승계하여 '백우伯禹와 설契 · 고요皐陶 · 백이伯夷 · 기夔' 등 22인의 현신을 등용하여 태평성대를 연출한 훌륭한 지도자가 되었다. 제 순은 재위 39년 남녘으로 순수巡狩하는 도중 창오蒼梧의 들녘에서 붕어하여 구의산九疑山 영릉零陵에 안장되었다. 산 이름이 구의九疑인 까닭은 이 산에 있는 아홉 개의 계곡이 서로 너무나 흡사하여 붙여진 이름이라고 전해진다.

공교롭게도 제 순 역시 우를 천자 감으로 인정하여 붕어하기 17년 전부터 중용했고, 제 순이 붕어하자 우 역시 삼년상을 치른 후, 제 순의 아들 상균에게 제위를 사양했지만, 천하의 민심이 제우로 돌아갔기 때문에 천하를 요의 아들처럼 순의 아들이 이어받지 못했다고 했다.

중국인은 한결같이 추호의 의문도 제기하지 않고 그들의 국조國祖를 황제黃帝로 인정하고 있다. 우리 한국처럼 별난 논거와 핑계를 대어서 국조 단군檀君을 부정하는 것과는 대조적이다. 제 순 역시 황제의 후손으로 보았다. 황제는 25명의 아들을 두었는데, 그중에서 성姓을 얻은 자는 14인이라고 했고, 일설에는 25인 중 두 사람은 같은 희성姬姓이고 11인은 각각 성을 얻었으나, 나머지 12인의 성은 덕이 박해서 기록되지 못했다고 했다.

여기서 주목되는 것은 '제 전욱帝顓頊 · 제 곡帝嚳 · 제 요帝堯 · 제 순帝舜 · 제 우帝禹'까지는 모두 황제의 후예인 데 반해, 은조殷朝의 시조 성탕成湯은 황제의 후손이 아니라는 점이다. 중국이 역사적으로 고대의 여타 왕조들보다 은나라를 과소평가하는 이유가, 이 같은 사실과도 관계가 있는 듯하다.

성탕의 조상은 설인데 제순帝舜 때 우를 도와 치수에 공이 있었던 사람이고, 그의 출생은 어머니 간적簡狄이 현조玄鳥의 알을 삼켜 잉태한 것으로 되어 있다. 이는 신라의 혁거세赫居世 · 고구려의 주몽朱蒙 등 소위 동이東夷 제국의 여러 개국 시조들과 마찬가지로 난생卵生인 점과 상통하는 바가 있다.

제 순이 역사의 표면으로 부상한 배경은 남다른 효심 때문이었다. 효성은 인간의 심성 중 가장 아름다운 것인 만큼, 지금도 제 순처럼 효성이 지극한 사람이 정계나 관계에 발탁되었으면 하는 바람이다. 『맹자』「만장편」의 모두가 순임금의 효성을 주제로 시작된 것은 우연이 아니다. 「만장편」이라 이름 한 것은 『논어』「안연편」에서 공부자에게 안연이 인을 물었기 때문에 안연의 이름이 편명으로 된 것과 동일하다.

章問曰: "舜往于田, 號泣于旻天, 何爲其號泣也?" 孟子曰: "怨慕也." 萬章曰: "父母愛之, 喜而不忘. 父母惡之, 勞而不怨. 然則舜怨乎?" 曰: "長息問於公明高曰: '舜往于田, 則吾旣得聞命矣. 號泣于旻天于父母, 則吾不知也.' 公明高曰: '是非爾所知也.' 夫公明高以孝子之心爲不若是恝. '我竭力耕田, 共爲子職而已矣. 父母之不我愛, 於我何哉?'

帝使其子九男二女, 百官牛羊倉廩備, 以事舜於畎畝之中. 天下之士多就之者, 帝將胥天下而遷之焉; 爲不順於父母, 如窮人無所歸.

天下之士悅之, 人之所欲也, 而不足以解憂; 好色, 人之所欲, 妻帝之二女, 而不足以解憂. 富人之所欲, 富有天下, 而不足以解憂. 貴人之所欲, 貴爲天子, 而不足以解憂.人悅之 · 好色 · 富貴, 無足以解憂者, 惟順於父母, 可以解憂. 人少則慕父母, 知好色則慕少艾, 有妻子則慕妻子, 仕則慕君, 不得於君則熱中. 大孝, 終身慕父母, 五十而慕者, 予於大舜見之矣."

萬章問曰:"『詩』云: '娶妻如之何? 必告父母.' 信斯言也. 宜莫如舜. 舜之不告而娶, 何也?" 孟子曰: "告則不得娶. 男女居室, 人之大倫也. 如告, 則廢人之大倫以懟父母, 是以不告也." 萬章曰: "舜之不告而娶, 則吾旣得聞命矣. 帝之妻舜而不告, 何也?" 曰: "帝亦知告焉則不得妻也."

萬章曰: "父母使舜完廩, 捐階, 瞽瞍焚廩. 使浚井, 出, 從而揜之. 象曰: '謨蓋都君咸我績. 牛羊, 父母; 倉廩, 父母; 干戈, 朕; 琴, 朕; 弤, 朕; 二嫂, 使治朕棲.' 象往入舜宮, 舜在牀琴, 象曰: '鬱陶思君爾.' (萬章篇)

만장이 "순이 밭에 나가서 통곡하며 하늘을 우러러 호소했다고 했는데, 무엇 때문에 그렇게 하였습니까?"라고 묻자, 맹자는 "자신이 부모의 사랑을 받지 못함을 원망하고 그러면서도 부모를 사모해서 그렇게 했다"라고 답했다. 만장은 "부모에게 사랑을 받으면 기뻐서 잊지 말아야 하고, 부모에게 미움을 받을지라도 더욱 노력하고 원망은 하지 말아야 하는 것이 도리인데, 순은 자신의 부모를 원망한 것입니까?"라고 다시 질문했다. 맹자가 이르기를, "장식長息이 공명고公明高에게 '순이 밭에 나간 것은 내가 들어서 알고 있지만, 하늘과 부모에게 통곡하며 호소했다는 사실에 대해서는 이해가 안 됩니다'라고 했는데, 대체로 공명고가 그렇게 답한 의도를 유추해 볼 때, 효자의 마음은 부모가 악할지라도 냉정하게 대할 수 없다. 그러므로 나는 애써 농사를 지어 소출을 부모에게 바치는 것을 직분으로 여길 따름이다. 따라서 부모에게 사랑을 받지 못해도 자식으로서 어쩔 도리가 없다.

요임금이 그의 구남이녀九男二女로 하여금 백관百官과 소와 양과 창름倉廩을 갖추어 논밭에서 농사를 짓고 있는 순을 섬기게 했다. 그러자 천하의 선비들이 대순을 찾는 자가 많았다. 이에 요임금은 장차 천하를 대순에게 물려주기로 작정했다. 그러나 순은 자신이 부모에게 사랑을 받지 못한다는 이유로 해서 마치 궁지에 몰린 사람이 귀의처가 없는 것처럼 몸 둘 바를 몰라 했다.

천하의 선비들이 자기를 흠앙해서 추대받기를 바라는 바인데도 불구하고, 대순은 자신의 근심을 해소시키지 못했다. 미녀를 원하는 것은 인간의 본능이다. 그러나 그는 제 요의 두 딸을 얻고도 번뇌를 풀 수가 없었다. 부는 모두가 바라는 바이다. 대순은 천하의 재부를 얻고도 부모로부터 사랑을 받지 못한 근심을 떨칠 수가 없었다.

귀 또한 모든 사람이 바라는 바이다. 대순은 천자의 귀를 얻었음에도 불구하고 행복하다고 생각하지 않았다. 남들이 자신을 존경하여 천자로 추대 받는 것과 미녀를 얻고 천하의 부귀를 획득했는데도 근심을 떨치지 못한 것은, 오직 부모의 사랑을 받아야만 모든 근심을 떨어버릴 수 있다고 생각했기 때문이다.

사람들은 대체로 어릴 때 부모를 사모하다가 성장하여 미색을 알게 되면 젊고 예쁜 여자를 사모하고, 처자식을 갖고 난 뒤에는 처자를 애지중지하며, 벼슬길에 나가서는 군주를 사모하고, 군주의 사랑을 받지 못하면 내심으로 초조하게 여긴다. 그러나 대효는 종신토록 부모를 사랑하고 공경한다. 나이 50이 되도록 부모의 사랑을 간절히 그리워한 사람은 내가 알기로는 대순 한 분밖에 없다."

만장은 "『시경』에 이르기를 '아내를 얻으려면 어떻게 하느냐, 반드시 부모에게 아뢰어야 한다'고 했는데, 이 말이 옳다면 대순처럼 하지 말아야 합니다. 대순이 부모에게 고하지 않고 장가든 것을 어떻게 보아야 합니까"라고 질문했다. 맹자는 "만일 대순이 고했다면 장가들 수 없었을 것이다. 남녀가 같은 방에서 거처하는 것은 인륜 중에서 가장 큰 것이다. 만일 고했다면 대륜大倫을 실천하지도 못했고 이로 인해 부모를 원망하게 되었을 터이니 그러므로 고하지 않았다"라고 변호했다.

만장이 "순이 부모에게 알리지 않고 장가든 것은 저도 들어서 알고 있습니다. 그런데 요임금이 순의 부모에게 알리지 않은 연유는 무엇인지 모르겠습니다"라고 되물었다. 이에 맹자는 "요임금 역시 순의 부모에게 알리면 두 딸을 시집보낼 수 없다는 점을 알았기 때문이다"라고 했다.

만장은 계속하여 "순의 부모가 대순으로 하여금 창고를 고치라고 한 뒤, 순이 지붕에 오르자 사다리를 치우고 아버지인 고수가 불을 질렀으며, 우물을 파게 해놓고 순이 나오려고 할 때, 흙을 메워 생매장시키려 했다. 대순의 이복동생인 상象은 '계략을 써서 도군都君(순舜)을 없앤 것은 전부 자기의 공인만큼, 순의 우양牛羊과 창름倉廩은 부모가 갖고, 간과干戈와 거문고 및 활은 자신의 소유가 되어야 하고 아울러 두 형수도 자신의 잠자리 시중을 들게 함이 마땅하다'고 했다. 그 후 상은 순의 집을 찾았는데, 순은 죽지 않고 평상 위에서 거문고를 타고 있었다. 이에 상은 '형님이 걱정되어 어쩔 줄 몰랐습니다"라고 했다.

『사기』의 기록을 참작건대 대순의 집안은 한미하다 못해 천박스러울 정도이다. 개천에서 용 났다는 속담은 대순을 두고 한 말일까. 아무리 계모라고 하지만 대순의 아버지와 공모하여 대순을 살해하려고 한 것은 납득하기 어렵다. 이복동생인 상이 형을 죽인 뒤 형의 재산을 부모와 나누어 갖고, 두 형수까지 자신이 차지하겠다는 말은 상식적으론 이해가 안 된다.

당시의 풍속이 형이 죽으면 형수를 차지하는 것이 상례였는지는 알 수가 없으나 도가 지나친 감이 있다. 형이 죽은 뒤 형수를 아내로 맞는 사례는 고구려에도 있었다. 산상왕山上王 연우延優(?~227)가 형인 고국천왕故國川王(?~197, 재위 179~197)의 왕후 우씨于氏를 자신의 왕후로 삼은 것이 그 실례이다. 형이 죽은 후 형수를 취하는 경우는 부여와 고구려, 여진족 등 일부 북방민족의 풍속으로 알려져 있다.

대순은 아버지와 계모, 그리고 이복동생 때문에 말할 수 없는 번뇌와 고초를 겪었다. 그러나 대순은 자신을 죽이려 했던 동생을 유비有鼻의 제후로 봉하여 우대했다. 대순의 아버지 고수는 순의 어머니 악등이 사망한 후 후실을 맞아 상을 낳았다. 고수는 후처와 후처의 아들 상과 모의하여 대순을 살해코자 여러 차례 시도했다.

고수가 아무리 후처와 후처의 소생을 사랑했기로서니, 엄연한 자신의 아들을 죽이려고 한 까닭이 궁금하다. 천하에 둘도 없는 악한 아버지일지라도 친자를 죽이려 한 사실은 역사에도 별로 나타나지 않는다. 대순이 가진 재산을 탐내었는지, 아니면 대순을 대신하여 상을 천자로 즉위시키겠다는 욕심이 있었는지 도무지 이해가 안 된다.

자신을 해치려는 부모형제의 흉계를 알면서도 결사적으로 효도를 하고자 한 까닭이 반드시 효심에 말미암은 것인지도 의아하다. 요임금의 두 딸을 며느리로 삼는 사실을 대순의 아버지가 반대한 이유도 납득이 안 된다. 혹시 고수가 계실 자繼室子인 상의 아내감으로 아황과 여영을 생각했던 것일까. 상이 대순을 죽이고 두 형수를 차지하겠다는 말을 한 것으로 봐서 터무니없는 상상은 아니다.

대순이 천자 위와 미녀인 두 공주 및 부귀공명보다, 가족으로부터 사랑받기를 더 원한 것을 두고 맹자는 칭송해 마지않았다. 순임금은 제요로부터 선양을 받아 제위에 올랐다. 순이 천자가 된 것은 당시의 상하귀천을 망라한 뜨거운 대중적 인기에 기인했다. 요가 어찌 아들인 단주에게 제위를 물려줄 의도가 없었겠느냐마는, 사세가 부득이하여 대순에게 양위한 것인지, 아니면 오늘날처럼 아들딸의 차이가 없었기 때문이었을까.

대순의 대중적 인기는, 그가 거처하는 곳에 1년이면 취락이 형성되고, 2년이면 읍邑이 이루어졌고, 3년이면 도都(4현四縣)가 되었다는 『사기』의 기록에서 확인된다. 당대의 열화 같은 대중적 인기와 두 공주를 아내로 맞은 제요의 사위로서, 부귀와 영화를 남김없이 누리면서도, 대순은 역산歷山의 밭에서 하늘을 우러러 소리쳐 울었다. 혹시 대순이 그의 가족에게 씻을 수 없는 과오를 저질렀기 때문에, 가족들로부터 격심한 증오와 배척을 받았다고 볼 수는 없을까.

맹자가 대순을 격찬한 이유는 그를 '대효인大孝人'으로 보았기 때문이다. 그리하여 부모에게 통보하지 않고 장가든 실수까지 감싸면서 맹자는 대순을 칭송했다. 이에 반해 만장은 대순이 요의 두 딸을 처로 맞아들이기 위해 부모에게 고하지 않은 것은 양해한다고 해도, 요임금까지 그의 부모에게 통보하지 않은 점은 납득이 안 된다고 의문을 제기한 것은, 대순의 행위에 대해 일말의 의구심을 가졌다는 증거일 수도 있다.

다산도 요와 순은 황제의 후손으로서 지친인데 요의 두 딸을 처로 맞은 것은 예법에 어긋난다는 설도 있으나, 이는 주대周代 이전에는 적용할 수 없다고 했다. 요의 성은 이기伊耆이고, 순의 성은 요姚인 만큼 주나라 법周法을 적용해도 혼인은 가능하다고 했다. 또 다산은 대순이 고약한 동생 상을 유비의 제후로 봉했다고 칭찬하고 있지만, 유비는 기주冀州로부터 만여 리나 떨어진 오랑캐 땅인 백월百越의 교지交趾라는 설을 인정한다면, 진실로 동생을 생각한 것인지 의심된다고 했다. 여하간 필자의 천견으로도 대순의 효를 화두로 삼아 편찬된 이 편장은 쉽게 가슴에 와 닿지 않는 부분이 있다.

18. 천자론天子論 – 하늘이 내린 지도자

『시경』「대아 · 강한江漢」장에 '천자만년天子萬年 · 천자만수天子萬壽'를 기원하며 '밝고 밝은 천자께서 아름다운 명성 길이 누리면서 문덕文德을 베푸시어 온 누리를 태평케 하소서(명명천자明明天子, 영문불이令聞不已, 시기문덕矢其文德, 흡차사국洽此四國)'라는 구절이 있다. 옛날에는 한 나라의 최고 통치자는 하늘이 점지하는 것으로 인식했다.

천자라는 말은 하늘의 아들이라는 뜻인데 여기서 하늘은 서양의 하나님과는 변별된다. 천제라는 단어가 있기는 하나, 동아시아에서는 하늘을 인격화하지는 않았다. 천자는 동아시아에서 최고 통치자를 일컫는 칭호이지만, 독재자나 전제 군주를 의미하는 것은 아니다. 천자의 '천天'은 백성의 뜻을 근간으로 하기 때문이다. '천심天心은 민심民心'이라는 격언은 이를 두고 한 말이다.

근세에 와서 선거라는 서양식 제도를 통해 민심을 측정하는 것을 일러 '민주주의'라고 한다. 그러나 시간이 흘러갈수록 선거제도가 과

연 민심을 제대로 반영하고 있는 것인지에 대하여 의아심이 증폭되는 실정이다. 각종 언론매체나 조직 및 재부를 동원하여 인간이 지닌 비도덕적 약점을 악용하여 부적절한 인물을 미화시켜 최고 통치자로 날조하는 예가 전 세계적으로 횡행하고 있기 때문이다.

최고 통치자에 대한 칭호로서 천자라는 이름 이외에 황皇과 제帝, 그리고 왕王 등이 있는데, 삼황오제三皇五帝와 '우 · 탕' 등이 그 대표적 예이다. '황'은 본래 크고(대大) 아름답다(미美)라는 뜻이고, 제帝는 한 집단의 영명한 실질적 권력자라는 의미이다. 삼황오제에는 여러 가지 설이 있지만, 우와 탕이 황과 제가 아니고 '왕'이라고 일컬어진 점이 주목된다.

하의 우와 은의 탕은 요 · 순과 달리 나라를 당대 최고 현자가 아닌 아들에게 물려주었기 때문일까. 여하튼 소위 삼대라고 칭송된 시대부터 왕위를 부자형제에게 세습시키는 것이 상례였고, 이를 일러 상도라고 합리화했다. '황 · 제 · 왕 · 황제'는 중원예악中原禮樂에서 배태된 명칭이다.

소위 중국을 에워싼 사이는 각각 자기들 나름의 주체적 칭호가 있었다. 우리 민족의 '거서간居西干 · 차차웅次次雄 · 마립간麻立干 · 이사금尼師今'과 북방민족의 '선우單于 · 간干' 등이 그것이다. 그런데 시대가 진행될수록 이들 고유한 최고통치자에 대한 호칭은 중원예악에 매몰되어 아쉽게도 지금은 모두 화석이 되고 말았다.

진시황 이후 중국은 주변 사이제국에게 황제라는 호칭을 쓸 수 없게 한 뒤, 군왕郡王이나 공公과 후侯로 강등시켜 중국에 의한 동아시아의 지배, 즉 '팍스시니카'를 완성시켰다. 천자라는 명칭 또한 황제와 더불어 사이제국은 쓰지 못하게 했고, 5행五行에 의한 건국도 용인치 않았으며, 따라서 연호年號의 사용도 일체 허용하지 않았다.

삼국시대 신라와 고구려의 '건원建元 · 영락永樂' 등의 연호 사용과 고려태조의 연호 '천수天授'에는 자신이 천자라는 긍지가 담긴 웅혼한 기개가 서려 있다. 왕태조의 '천수'는 후고구려의 창업주 궁왕弓王의 연호 '정개政開'를 개원改元한 것이고, 특히 우리 민족 국가 중 공식적으로 최초이면서 최후라고 인정되는 오행五行에 입각한 개국도 천양할 이유가 있다. 궁왕은 '수덕만세水德萬歲'라는 연호를 사용하여 그의 왕국이 수덕水德을 근간으로 한 국가임을 내외에 천명했다.

권력은 총과 칼에서 나온다고 외친 지배자가 있었다. 민주화를 표방하면서 백성에게 이해의 미끼를 제시하여 사악한 조직집단을 발판으로 권력을 장악한 후, 자신의 패거리들에게 백성들의 신성한 노력으로 축적된 재부를 나누어준 오류五流 지도자들보다는 전자가 그래도 양심적이다. 중세 동아시아의 천자는 하늘로부터 권력을 부여받았는 데 반해, 서양에서는 신神(하나님)으로부터 부여받았다는 왕권신수설王權神授說이 권력 장악의 핵심이었다.

백성을 통치할 권력을 부여한 주체인 동양의 '천'과 서양의 '신'은 앞서 지적한 것처럼 성격이 다르다. 동양의 천은 '민'을 대전제로 했지만, 서양의 '신'은 민과는 별 관계가 없다. 맹자는 일찍이 천과 민의 동일성에 대해서 다음과 같이 논했다.

> 萬章曰: "堯以天下與舜, 有諸?" 孟子曰: "否. 天子不能以天下與人."
> "然則舜有天下也, 孰與之?" 曰: "天與之." "天與之者, 諄諄然命之乎?"

曰: "否. 天不言, 以行與事示之而已矣." 曰: "以行與事示之者, 如之何?" 曰: "天子能薦人於天, 不能使天與之天下. 諸侯能薦人於天子, 不能使天子與之諸侯. 大夫能薦人於諸侯, 不能使諸侯與之大夫. 昔者堯薦舜於天而天受之, 暴之於民而民受之. 故曰: 天不言, 以行與事示之而已矣."

曰: "敢問薦之於天而天受之, 暴之於民而民受之, 如何?" 曰: "使之主祭, 而百神享之, 是天受之; 使之主事而事治, 百姓安之, 是民受之也. 天與之, 人與之, 故曰天子不能以天下與人. 舜相堯二十有八載, 非人之所能爲也, 天也. 堯崩, 三年之喪畢, 舜避堯之子於南河之南. 天下諸侯朝覲者, 不之堯之子而之舜; 訟獄者, 不之堯之子而之舜; 謳歌者, 不謳歌堯之子而謳歌舜, 故曰天也. 夫然後之中國, 踐天子位焉. 而居堯之宮, 逼堯之子, 是簒也, 非天與也. 〈太誓〉曰: '天視自我民視, 天聽自我民聽.' 此之謂也."

萬章問曰: "人有言 '至於禹而德衰, 不傳於賢而傳於子', 有諸?" 孟子曰: "否, 不然也, 天與賢, 則與賢; 天與子, 則與子. 昔者舜薦禹於天, 十有七年, 舜崩. 三年之喪畢, 禹避舜之子於陽城, 天下之民從之, 若堯崩之後不從堯之子而從舜也. 禹薦益於天七年, 禹崩. 三年之喪畢, 益避禹之子於箕山之陰, 朝覲訟獄者不之益而之啓, 曰: '吾君之子也. 謳歌者不謳歌益而謳歌啓, 曰: '吾君之子也.' 丹朱之不肖, 舜之子亦不肖.

舜之相堯, 禹之相舜也, 歷年多, 施澤於民久. 啓賢, 能敬承 繼禹之道. 益之相禹也, 歷年少, 施澤於民未久. 舜 · 禹 · 益相去久遠, 其子之賢不肖皆天也, 非人之所能爲也. 莫之爲而爲者, 天也. 莫之致而至者, 命也. 匹夫而有天下者, 德必若舜禹而又有天子薦之者, 故仲尼不有天

下. 繼世而有天下, 天之所廢. 必若桀紂者也, 故益 · 伊尹 · 周公 不有天下." (萬章篇)

만장이 맹자에게 "요임금이 천하를 순에게 준 것이 사실입니까?"라고 묻자, 맹자는 "아니다. 비록 천자일지라도 천하를 임의로 아무에게나 줄 수가 없다"고 하였고, 만장은 "그렇다면 순임금에게 천하를 갖게 한 것은 누구입니까?"라고 되묻자, 맹자는 "하늘이 준 것이다"라고 답했다. 만장이 "하늘이 명확하게 명령했습니까?"라고 다시 질문하자, 맹자는 "아니다. 하늘은 구체적으로 말하지 않고 오직 덕행과 업적을 척도로 하여 암시할 따름이다"라고 밝혔다. 만장은 "덕행과 업적으로 기준하여 암시한다고 하셨는데, 구체적으로 어떻게 하는 것입니까?"라고 질문하자, 맹자는 "천자도 현인을 하늘에 천거할 따름이지, 하늘로 하여금 그 천거한 사람을 천자로 삼게 할 능력은 없다. 제후 역시 천자에게 현인을 천거할 따름이지, 그 현인을 제후로 삼게 할 수는 없으며, 대부도 인재를 제후에게 천거하는 것은 가능하지만, 대부의 자리를 주게 할 수는 없다. 옛날 요가 순을 하늘에 추천했을 때 하늘이 이를 받았고, 백성들 앞에 내세우자 백성들이 이를 받아들였다. 그러므로 하늘은 이와 같이 말없이 그 덕행과 업적으로써 천의天意를 나타내어 보이는 것이다"라고 응대했다.

만장이 다시 "감히 여쭙겠습니다만 하늘에 추천하자 하늘이 받아들였고, 백성에게 내세우자 백성이 인정했다는 것은 무엇을 뜻합니까?"라고 했을 때, 맹자는 "당사자에게 제사를 주관케 하면 백신百神이 향수하였으니, 이는 하늘이 받았다는 증거이고, 그에게 일을 맡겼을 때 모든 일이 잘 다스려져 백성이 편안하게 되었다는 것은 백성이 인정했다는 뜻이다. 하늘이 주었고 백성이 주었다고 하는 것은, 천자도 하늘과 백성의 승인을 전제하지 않고는 천하를 줄 수 없다는 의미이다. 순이 28년간 요의 재상 노릇한 것은 인간이 능히 할 수 있는 일이 아니고 하늘의 뜻이라고 봐야 할 것이다. 요가 붕어한 후 삼년상을 마치고 요의 아들 단주를 피해서 남쪽(남이지南夷地가 아닌 예주豫州로 알려져 있다.)으로 피했지만, 천하의 제후들이 단주에게 가지 않고 순에게 와서 조회를 했고, 재판을 받으려는 사람들도 요의 아들에게 가지 않고 모두 순에게 왔으며, 공덕을 구가하려는 자들 모두가 요의 아들이 아닌 순을 구가했다. 그러므로 천명이라 하는 것이다. 사정이 이렇게 되자 순은 수도로 가서 천자의 자리에 올랐다. 만일 요의 궁전에 거처하면서 단주를 핍박하여 천자 위에 올랐다면 이는 찬탈이지 하늘로부터 받은 것은 아니다. 『서경』「태서편泰誓篇」에 '하늘은 백성의 눈을 통해 보고, 백성의 귀를 통해 듣는다'는 것은 이를 두고 말한 것이다"라고 했다.

만장은 이어서 "우에 이르러 덕이 쇠하여 현자에게 천자 위가 전해지지 않고 자식에게 갔다는 견해가 있는데, 사실로 봐야 합니까?"라고 물었다. 맹자는 "아니다, 그렇지 않다. 천자는 하늘이 정하는 것으로서, 현자에게 주고자 하면 현자가 천자가 되고 아들에게 주고자 하면 그 자식이 갖는다. 옛날 순은 우를 하늘에 천거하여 17년간 정사를 맡게 했는데, 순이 붕어하자 삼년상을 치른 후, 우는 순의 아들 상균商均을 피하여 양성陽城으로 갔지만 백성들은 우를 추종했는 바, 그것은 요가 붕어하자 단주를 좇지 않고 순을 따른 것과 같다.

우왕禹王 역시 익益을 하늘에 추천하여 7년간 정사를 돌보게 했는데, 우가 붕어하자 삼년상을 마친 뒤 우의 아들 계啓를 피해 기산箕山 북쪽으로 갔다. 그런데 조근朝覲과 재판 청구 등의 일들을 익이 아닌 계를 찾아가서 행하고 '우리 임금의 아들'이라고 하며 익을 구가치 않고 모두들 계를 구가하며 '우리 임금의 아들'이라고 칭송했다. 요의 아들堯子 단주도 불초했고 순의 아들舜子 상균도 불초不肖였다.

순이 요임금을 도왔고, 우 역시 순을 오랫동안 보필하여 백성에게 은택을 베풀었다. 한편 계가 현명하여 우임금의 치도治道를 계승했다. 익이 우를 도운 햇수도 적었고 백성에게 베푼 은택도 많지 않았다. 순과 우 그리고 익이 섭정한 시기의 오래되고 멂과 자식의 현명하고 못난 것은 모두 천운으로서 인력으로 할 수 없는 것이다. 인력으로 할 수 없는 것을 하게 한 것은 천天이고, 의도한 바가 없는데도 성취하게 한 것은 명命이다.

필부로서 천하를 얻을 수 있는 사람은 그 덕이 순과 우 정도는 되어야 하고, 아울러 당시 천자가 하늘에 천거함이 있어야 가능하다. 위대한 덕을 갖춘 공부자가 천하를 얻지 못한 것은 이 같은 이유에서다. 대를 이어 천하를 소유한 왕조의 천자를 하늘이 폐할 경우는, 걸桀과 주紂같은 폭군이 나타날 때이다. 그러므로 현자인 익과 이윤伊尹, 그리고 주공 등이 천하를 갖지 못한 것이다"라고 했다.

맹자의 이 같은 천자론을 두고 요즘 사람들은 보수반동이라고 믿고 있다. 그럼에도 불구하고 사람들 거의 모두가 대권은 천명, 즉 명운命運이 따라야 한다고 내심으로 확신하는 경향이 있다. 그러나 일부 젊은 층에서는 치밀한 조직력과 풍부한 자금력 및 언론매체의 도움을 받으면, 대권은 얼마든지 창출할 수 있다는 인식을 확고하게 갖고 있는 것처럼 여겨진다.

청장년층의 이 같은 자신감은 맹자가 천여 년 전에 전개한 천자론과도 전혀 무관하지 않다. 천은 곧 민이기 때문에 백성의 눈을 통해 보고, 백성의 귀를 통해 듣는 것이라고 맹자는 『서경』까지 인용하여 '천민일치天民一致'를 주장했다.

만장이 요가 천하를 그의 사위인 순에게 주었다고 하는데 그것이 사실이냐고 묻자, 맹자는 요는 천하를 자신의 임의대로 줄 권한이 없다고 했다. 그렇다면 순은 천하를 누구에게 받았느냐고 만장이 다시 묻자, 맹자는 천으로부터 받았다고 했다. 요가 순에게 천하를 물려준 것으로 인식했던 만장은 하늘이 주었다는 구체적인 증거를 알고 싶다고 했다. 맹자는 하늘은 말이 없지만, 천자가 될 사람의 덕행과 업적을 백성이 인정할 경우, 그것이 바로 천의라고 설명했다. 「만장편」에 나타난 만장의 요순관堯舜觀은 맹자와 약간의 차이가 있다.

요에서 순으로 천자 위가 넘어간 것은 천의라기보다 요의堯意가 더 강하게 작용한 것으로 만장은 본 듯하다. 요가 28년간 순을 등용한 것을 두고 맹자는 천에 천거한 것으로 이해했는 데 반해, 만장은 아들 단주가 천자 감이 아니라는 점을 알고 사위인 순에게 전위하기 위한 포석이었으며, 순 역시 암암리에 천자 위를 의도하고 있었던 것으로 이해한 감이 있다.

그리하여 만장은 요가 순을 하늘에 천거하여 하늘이 수용했고, 백성에게 내세워 백성이 이를 용납했다는 것은 무엇을 의미하는지 잘 모르겠다고 한 것이다. 맹자는 이와 같은 만장의 의문점에 대해 28년간 순이 직위를 유지한 것은 천의가 아니면 불가하고, 요가 붕어하고 삼년상을 치른 후 천자의 위를 사양하고 남하南河로 몸을 피했음에도 불구하고, 백성이 추종한 것 역시 천명이라고 강조했다.

맹자가 요와 순의 전위傳位 과정을 매우 자세하게 설명한 것은, 순의 즉위卽位 문제에 대해 항간에 있었던 오해의 소지를 불식코자 한 의도도 있었던 듯하다. 만일 순이 요의 궁전에 막바로 들어가서 요의 아들을 핍박했다면 그것은 찬역簒逆이지 천여天與가 아니라고 설명한 것은 이 같은 정황과 관계가 있다.

만장은 또 우왕 시대에는 덕이 쇠했기 때문에 현인에게 전위되지 못하고 우자禹子인 계啓에게 천자의 위가 넘어갔다는 설이 있는데 사실이냐고 물었다. 맹자는 우가 계에 천하를 넘긴 것이 아니라 요 순의 경우처럼 하늘이 준 것이라 대답했다. 계 역시 우의 아들이지만 하늘이 점지한 천자이기 때문에 천하를 소유한 것으로 설명했다. 순이 우를 하늘에 천거하여 17년간 국정을 담당하게 했고, 순이 붕어하자 우 또한 순의 경우처럼 삼년상을 치른 후 상균을 피해 양성으로 갔지만, 천의에 의해 천자가 되었다는 것이다.

'요·순·우·계'로 천자의 위가 계승된 것은 천명이지 결코 인위가 아니며, 요자 단주와 순자 상균이 불초한 것도 하늘의 뜻이요, 우자 계가 현명한 것 역시 하늘의 뜻이지 인간이 할 수 있는 것이 아니라고 했다. 맹자는 하조夏朝의 부자형제로 이어지는 계위繼位도 하늘의 뜻으로 보고자 했는 데 반해, 만장은 이와 달리 우왕 시대에 와서 덕이 쇠잔해졌기 때문에 천자의 위가 혈연 중심으로 전승된 것으로 파악했다.

맹자는 필부로서 천자가 되기는 난중지난사難中之難事인 바, 여기에다가 당시의 천자에게 인정을 받아야만 가능하다고 했다. 제도권에 들어가야만 대권을 잡는다는 요즘의 인식과도 상통한다. 한국이나 중국을 막론하고 통시적으로 권력 중심부에 들지 않고 대권을 잡은 통치자는 거의 없었다는 사실이 이를 증명한다. 대덕을 완비한 공부자가 천하를 차지하지 못한 것도 이 때문이며, 대를 이어 천자의 위를 누린 왕조의 경우 걸과 주 같은 폭군이 나와야만 하늘이 폐위시키는 것으로 생각했다. 불세출의 현자였던 익과 이윤·주공 등이 천자가 못된 것도 동일하다고 했다.

한편 다산은 『맹자』의 이 장절에 관해서 조기趙岐의 남하南河 위치 비정과 본문에 있는 탕왕의 '외병外丙·중임仲壬·태갑太甲' 등 3자三子 부분과 삼년상에 관한 기록은 맹자의 기술이 아닐 수도 있다고 각종의 주석서를 근거하여 평했다. 여하튼 '맹자 천자론'이 지금도 유효한 이유는 천을 백성과 긴밀하게 연계했기 때문이다. 모두들 입만 열면 떠들어대는 민주주의도 맹자의 의중을 벗어날 수 없을 뿐 아니라, 오늘날 진보적이고 개혁 성향이 강하다고 찬양하는 모든 이데올로기 또한 고성古聖들의 헤아림에서 한 치도 벗어나지 않고 있음을 새삼 확인하게 된다.

19. 이윤론伊尹論 – 상商의 개국공신 이윤의 평결

공부자가 초楚나라 방문길에서 광인狂人 접여接輿가 앞을 지나며 "봉이여 봉이여, 어찌 덕이 이렇게 쇠했느냐. 지난 일은 덮어두고 닥쳐온 날은 따를 수 있으니, 이제 뜻을 접고 물러감이 마땅하고, 만일 그렇지 못하면 위험이 따를 것이다"(『논어』, 「미자」 제18)라고 충고했다. 공부자가 접여와 더불어 대화를 나누고자 했지만 뜻을 이루지 못했다. 이 무렵 은자隱者인 장저長沮와 걸익桀溺 역시 공부자를 '공구孔丘'라고 부르며 부질없이 사람을 피하는[벽인辟人] 사람을 따르지 말고, 자신들처럼 세상을 피하는[벽세辟世] 사람을 쫓는 것이 현명하다고 말했다.

자로가 접여와 장저 · 걸익 등 은자들과 만난 전말을 들은 공부자는 이들은 조수鳥獸와 무리지어 사는[조수동군鳥獸同群] 자들로서 비판받아 마땅하다고 했다. 자로는 공부자의 이 같은 뜻을 부연하여 천하가 무도하다고 해서 벼슬하지 않는 것은 도리가 아니고, 장유의 질서와 군신의 의리를 폐기하고 홀로 결신潔身하는 것은 대륜을 위배하는 불의이며, 군자가 벼슬하고자 하는 것은 도가 실시되지 못할 것을 알면서도 정의를 실천하려는 고귀한 소명召命 의식을 지녔기 때문이라고 했다.

공부자와 자로는 '결신'은 난륜亂倫에 이를 소지가 있다고 경계했다. 이는 노장老壯이 결신을 미덕이라고 긍정하는 것과는 대조적이며, 또한 유가와 도가道家의 차이가 여기에서 더욱 선명하게 변별된다. 도가적道家的 은자隱者를 지칭하여 금수와 무리가 되어 산야에 살면서 인간의 도리를 무시하는 행위를 결신이라 일컫는 것은 용인할 수 없는 일이라고 생각했다. 세속을 벗어나 결신하는 것은 쉬운 일이다. 강호에서 새와 짐승들을 벗하여 살아가는 은둔적隱遁的 삶에서 불의와 부정한 욕심은 생겨날 까닭이 없다.

공부자의 말씀처럼 사람들과 더불어 살면서 천하에 도가 행해진다면 구태여, 벼슬길에 나아가 세상을 바꾸고자 할 까닭이 없다.[조수불가여동군鳥獸不可與同群, 오비사인지도여吾非斯人之徒與, 이수여而誰與. 천하유도天下有道, 구불여역야丘不與易也.](『논어』, 「미자」 제18八) 만단萬端의 이해와 갈등 속에 사람들과 함께 생활하면서 한 점의 과오도 없이 결신하는 것이 진정한 '결신'이라고 공부자는 규정했다. 공부자의 이와 같은 인식을 계승한 맹자는 만장의 질문에 답하는 형식으로 결신을 전제한 '이윤론伊尹論'을 전개했다.

맹자를 읽을 때마다 느끼는 감회는 맹자가 스승인 공부자의 사상을 추호의 회의도 없이 수용하고 심화시켰다는 사실이다. 일찍이 선인들이 유학의 도통道統을 '주공-공부자-자사자-맹자-주자'로 잡은 것이 얼마나 정확한 판단이지를 새삼 절감케 한다. 맹자의 수제자인 만장은 유학의 모태인 '요·순·우·탕' 등 소위 선왕先王들에 대해서 맹자만큼 경건하게 추종하지 않고, 다분히 비판적인 시각으로 계승했다. 상조商朝의 시조 탕을 도와 무력으로 개국을 성취시킨 이윤에 대해서도 그는 내심으로 깊이 공감하지 않았던 것처럼 보인다.

요에서 순으로 순에서 우까지는 평화적으로 정권이 교체되었지만, 탕은 무력으로 하나라를 전복시켰다. 천과 민의 뜻을 받아 정벌征伐한 것이라고 아무리 합리화시켜봤자, 신하로서 군상君上을 위해危害한 것은 분명하다.

걸왕의 황음무도荒淫無道한 행태는 나라를 잃을 만한 충분한 이유가 된다. 그러나 하의 말왕 걸이 과연 그처럼 잔혹했는지, 아니면 승자의 독선으로 자신들의 집권을 합리화하기 위해 최대한 과장되었는지는 쉽게 단정할 수 없다. 만장 역시 이와 유사한 인식을 가졌기 때문에 맹자에게 이윤에 대해 당시 통설과 차이가 있는 특이한 사실을 밝힌 것이 아닐까.

萬章問曰: "人有言, '伊尹以割烹要湯', 有諸?" 孟子曰: "否, 不然. 伊尹耕於有莘之野, 而樂堯舜之道焉. 非其義也, 非其道也, 祿之以天下弗顧也, 繫馬千駟弗視也. 非其義也, 非其道也, 一介不以與人, 一介不以取諸人. 湯使人以幣聘之, 囂囂然曰: '我何以湯之聘幣爲哉? 我豈若處畎畝之中, 由是以樂堯舜之道哉?'

湯三使往聘之, 旣而幡然改曰: '與我處畎畝之中, 由是以樂堯舜之道, 吾豈若使是君爲堯舜之君哉! 吾豈若使是民爲堯舜之民哉! 吾豈若於吾身親見之哉! 天之生此民也, 使先知覺後知, 使先覺覺後覺也. 予天民之先覺者也, 予將以斯道覺斯民也, 非予覺之而誰也?'

思天下之民, 匹夫匹婦有不被堯舜之澤者, 若己推而內之溝中, 其自任以天下之重如此, 故就湯而說之以伐夏救民. 吾未聞枉己而正人者也, 況辱己以正天下者乎? 聖人之行不同也, 或遠或近, 或去或不去, 歸潔其身而已矣.

吾聞其以堯舜之道要湯, 未聞以割烹也. 「伊訓」曰: '天誅造攻, 自牧宮. 朕載自亳.'"(萬章篇)

만장이 맹자에게 물었다. "혹자가 이르기를, '이윤은 요리 솜씨가 뛰어나서 탕왕에게 등용되었다'고 하는데 사실입니까?" 맹자가 대답했다. "아니 그렇지 않다. 이윤은 본래 유신국有莘國의 전야田野에서 농사를 지으며 요순의 도를 지키며 이를 즐기고 있었다. 그리하여 정의가 아니고 도리에 맞지 않으면 설사 천하를 준다고 해도 거들떠보지 않았고, 사천 필의 말을 준다고 해도 괘념치 않았다. 의가 아니고 도가 아니면 한 포기의 풀일지라도 남에게 주지 않았으며, 타인으로부터 이를 취하지도 않았다. 탕이 예물을 갖추어 사자를 보내 초빙 했음에도 불구하고, 그는 이를 거절하면서 의연하게, '내가 어찌 탕의 예물로 인해 마음을 바꾸겠으며, 아울러 들판에서 일하며 요순의 도를 지키고 실천하여 즐기는 것에다 비하겠는냐?'고 하면서 거절했다.

그 후 탕왕은 세 차례나 사자를 파견하여 초빙했다. 이에 이윤은 마음을 돌려, '내가 논밭에서 요·순의 도를 혼자 즐기는 것보다는, 차라리 나가서 탕으로 하여금 요순과 같은 지도자가 되도록 도와주며,

이 나라 백성들을 모두 요순시절의 백성들처럼 행복하게 해주고, 또나 스스로가 요순 같은 지도자와 요순시절의 백성들을 직접 접하는 것이 보람찬 일일 것이다. 하늘은 백성을 양성함에 있어서 선지자로 하여금 후지자後知者를 깨우치게 하고, 선각자先覺者로 하여금 후각자後覺者를 깨우쳐주게 마련했다. 나는 하늘이 낳은 백성 중에서 선각자인 만큼, 장차 내가 터득한 도를 백성들에게 깨우쳐 줘야 하는데, 이는 내가 아니면 할 사람이 없다'라고 했다.

천하의 백성들 중 비록 미천한 남자와 여자일지라도, 만일 요순시대의 백성처럼 은택을 누리지 못할 경우, 마치 이윤 자신이 그들을 구렁텅이 속으로 밀어 넣은 것처럼 인식할 정도로 천하 백성들에 막중한 소명의식을 갖고 있었다. 그러므로 이윤은 탕왕에게 나아가서 그를 설득하여 하의 폭군 걸을 정벌하여 백성을 구출할 것을 요구한 것이다. 또 내가 자신을 올곧게 하지 못한 자가 타인을 올바르게 교정했다는 말을 듣지 못했는데, 하물며 스스로를 욕되게 한 자가 천하를 바로잡을 수가 있겠는가. 성인의 행위는 피상적으로 볼 때는 같지 않을 수가 있다. 혹은 세상을 떠나 은둔하고, 혹은 벼슬길에 나아가 정사에 참여하기도 하며, 혹은 뜻이 맞지 않아 물러나기도 하며, 아니면 직위를 고수하기도 한다. 그러나 어떤 경우일지라도 성인의 행동은 요컨대 한 점의 흠결도 없이 모두 결신한다는 점이다.

따라서 나는 이윤이 요순의 도리를 가지고 탕에게 신임을 받았지, 요리 솜씨로서 등용되었다는 말을 들은 적이 없다. 「이훈伊訓」에 이르기를, '하늘의 뜻이 하의 걸을 치되 목궁牧宮을 시발로 하라는 것이었는데, 이는 내가 박읍亳邑에 있을 때부터 비롯되었다.'"

맹자는 하조夏朝를 멸망시킨 탕과 이윤을 극력 옹호했다. 하조가 수립된 후 일부에서는 줄곧 하조를 동경하는 세력이 있었고, 이 같은 맥을 타고 이를 근거하여 만장은 이윤이 특이한 위치에서 탕에게 등용된 사실을 들어 은근하게 탕과 이윤을 비판한 것 같다.

탕왕은 구척장신九尺長身에다 준수한 용모를 갖추고 관인후덕寬仁厚德한 성품까지 겸비한 인물이었고, 그의 은택은 금조禽鳥에까지 미쳤다고 역사는 적었다. 게다가 그는 사람을 등용함에 있어서 빈부귀천을 막론하고 철저하게 능력 위주로 발탁했다.

유신有莘에서 인의지도를 혼자 즐기며 밭 갈고 있는 이윤을 한 번도 아니고 무려 세 번이나 예물을 갖추어 사자를 파견하여 초빙했다는 기록에서도 우리는 탕이 훌륭한 인물을 구하기 위해 노력한 사실을 확인할 수 있다. 소위 '삼고초려三顧草廬'의 정치적 제스처는 아마도 탕왕의 이 같은 예빙禮聘에서 비롯된 것이 아닐까.

최고 지도자가 '왕좌지재王佐之才'를 얻기 위해 삼고초려하기는 쉽지 않다. 상商의 탕과 주周의 무왕 역시 그들이 즉위하기 전에 이윤과 강여상姜呂尙을 초빙했고, 촉한蜀漢의 유비劉備가 제갈량諸葛亮(181~234)을 삼고초려한 시기 또한 한중 왕漢中王이 되기 전이었다.

탕이 예빙한 이윤은 고귀한 신분이 아닐 뿐 아니라 탕 처湯妻가 시집올 때 데리고 온 미천한 배가陪嫁 노예로서 탕가湯家의 주방 일을 보았던 인물로 보는 견해도 있다. 만장이 요리 솜씨로서 이윤이 탕에게 등용되었다는 견해는 이 같은 설에 근거했다. 처음에 탕은 이윤의 요리 솜씨에 호감을 가졌다가, 오랜 접촉을 통하여 주방 일 뿐만 아니라 모든 면에 있어서 탁월한 인물임을 확인한 후, 노예 신분에서 해방시켜 국가대소사를 함께 논의하는 관계가 되었다. '하나라를 정벌하여 도탄에 빠진 백성을 구제한다는 벌하구민伐夏救民'이라는 정치적 구호는 이윤에 의해 설정된 것이다.

이윤에 관한 이 같은 설을 인정한다면 탕이 세 차례나 사자를 파견하여 하말夏末 난세에 결신하고 있는 그를 초빙했다는 기록은 앞뒤가 맞지 않는다. 만장은 이윤이 탕가의 주방장이었다는 설을 믿었고, 맹자는 이를 부정하고 유신의 들판에서 요순의 도리를 즐기며 농사짓는 은거사인隱居士人으로 인식했다. 이윤의 신분이 노예였다고 해서 이윤의 품격이 떨어지는 것도 아니고, 오히려 노예를 중용한 탕의 진보적인 인재발탁 또한 역사에 길이 남을 위업으로 기억될 것이다.

맹자는 이윤을 난세에 한 치의 부정도 저지르지 않고 개결介潔하게 살아온 지사라고 했다. 이윤의 신분이 무엇이었던 간에 하의 신민으로서 걸왕을 제거하고 상조의 개국공신이 된 것은, 유가의 명분론으로 봐서 신하된 자로서 모시는 왕을 제거한다는 이신벌군以臣伐君의 죄과는 면할 수 없다. 맹자 역시 이 같은 점을 알았기 때문에, 폭군 걸의 백성을 성군 요 · 순의 백성으로 만드는 것은 하늘의 뜻이고, 하늘의 숭고한 이 뜻을 이윤이 탕을 도와 성취했다는 논리를 폈다.

보천지하普天之下에 사는 백성은 존비귀천尊卑貴賤을 막론하고 훌륭한 지도자 밑에서 행복하게 살 권리가 있다고 이윤은 주장했다. '필부匹夫 · 필부匹婦'와 '선지先知 · 후지後知' '선각先覺 · 후각後覺' 그리고 '사도斯道 · 사민斯民' 등의 대응논리는 평등과 계몽 및 교화 논리까지 구비한 것으로 오늘날 개혁 의지와도 접맥된다.

선각자는 우매한 후각자를 계몽할 사명이 있고, 정당한 이데올로기

[사도斯道]는 마땅히 백성[사민斯民]에게 향유하게 해야 하는 것이 자신에게 부여한 하늘의 소명이라고 했다. 이 같은 소명을 실천하기 위해 이윤은 탕에게 '벌하구민'의 정책지표를 제시했고, 탕은 기꺼이 이를 가납하여 걸을 정벌했다. 이에 대해 탕은, '내가 처음 이윤과 함께 박亳에서 모의한 뒤 마침내 하늘의 뜻을 따라 걸을 주誅했다'라고 했다.

하늘의 뜻을 따랐다는 것은 요즘의 여론을 따랐다는 것과 같고 또 민주주의니 민주화니 하는 말 등과 동일하다. 이윤이 하나라를 전복코자 한 강한 의지는 그의 신분이 노예였다는 사실과도 얼마간 관계가 있을 법하다.

스스로 잘못된 자[왕기자枉己者]는 사람을 바른 길로[정인正人] 이끌지 못함이 당연한데, 어찌 천하를 올바르게 할 수 있느냐고 걸왕을 평가하면서, 맹자는 탕과 이윤의 '벌하구민'은 당연한 것이라고 논했다. 난세에 몸을 피하[원遠]거나 관직에서 물러나는[거去] 것도 도리이지만, 적극적으로 현실에 참여[근近]하여 직위를 고수[불거不去]하며 국가를 개혁하는 것도 모두 성인의 행동이라고 했다. 그러나 '원·근'과 '거·불거'는 어디까지나 하늘을 우러러 부끄럼이 없는 결신하는 자에게 한해서는 동일한 것이라고 맹자는 밝혔다.

이윤이 탕을 도와 상조를 개창한 위업은 결신을 근거한 도덕성을 확보했기 때문에 가능했다고 진단했다. 결론적으로 맹자는 요리 솜씨로써 탕으로부터 직위를 얻었다는 만장의 설을 일축하고, 도덕적 순수성[결신潔身]과 백성에 대한 뜨거운 구민의지로 말미암아 탕에게 등용되었다고 논정했다. 결신을 강조한 맹자의 준엄한 논조는 오늘의 혼탁한 정치 현실에도 귀감이 될 것이다.

20. 작록론爵祿論 - 관직과 급여에 대한 논의

기원전 4세기 무렵 전국시대의 위인衛人 북궁기北宮錡는 맹자에게 주나라 작록爵祿의 위계位階와 봉급의 실상에 대해 질문한 적이 있었다. 작爵은 직위와 계급이고 녹祿은 급여를 뜻한다. 시대가 흘러 오늘에 이르러서도 작록의 다른 표현인 관청과 사기업의 직급과 급여체계는 초미의 관심사이다. 관직에다 과거에 없었던 기업군企業群까지 가세했기 때문에 인간은 한층 더 계급과 봉급에 대해서 관심이 배가 되었을 뿐 아니라, 이로 인해 야기되는 갈등은 나날이 증폭되는 실정이다.

'작록'은 영광과 질곡桎梏을 겸비한 사회적 장치로서 인류가 존재하는 한 피할 수 없는 숙명적인 명제이다. 따라서 이로 인해 빚어진 불행과 갈등, 그리고 긴장관계는 인류사에서 가장 심각한 현안이 되었다. 이 같은 현안 문제에 대해 유사 이래 많은 사상가들이 관심을 가진 것은 당연하고, 이들 사상가 중에서 사회주의를 제창한 칼 마르크

스와 엥겔스가 유난히 돋보인다.

19세기 말엽 혜성과 같이 등장한 이들은 '오로라'와 '무지개'와 '신기루' 같은 화려하고 매혹적인 사회주의라는 사유체계를 완성했다. 인류 역사상 일찍이 이처럼 근사하고 가슴 설레게 하는 이데올로기는 창출된 적이 없었다.

마르크스·엥겔스의 논저를 읽은 지식인들은 수만 년간 지속된 빈부귀천 등의 계급질서로 인해서 고통 받는 백성들을 구제할 수 있다고 확신하고, 기득권 계층을 파괴하여 새로운 권력구조 창출을 추구하는 정치가들과 합세하여 혁명의 기치를 높이 들었다. 전 세계 무산대중無産大衆은 일치단결하여, 오랜 시간 백성들을 노예처럼 부리면서 착취를 일삼았던 존자尊者와 부인富人과 귀인貴人들을 제거하고, 만민평등萬民平等의 국가를 건설하자고 소위 비인卑人과 빈인貧人과 천인賤人들을 선동했다.

불행한 삶을 살아왔던 빈인과 천인들은 혁명을 빙자한 집권에의 불순한 야욕을 가졌던 독재자들 편에 환호성을 지르며 집결했다. 이에 그들 사회주의자들은 음험한 회심의 미소를 지으며, '빈부존비貧富尊卑'의 사악한 질서를 파괴해야 한다고 외치며 상부구조에 속한 사람들을 무자비하게 학살한 뒤, 지상천국을 건설한다고 선량한 백성들을 감언이설로 꼬드겨 세계 도처에 사회주의 국가를 건설했다.

소비에트 연방을 비롯한 동구 사회주의 국가군과 중화인민공화국 및 '북한·쿠바·몽골·베트남·라오스' 등의 나라들이 우후죽순雨後竹筍처럼 건국되어, 인류사에 전무후무한 태평성대가 이룩되었다고 만장萬丈의 호기를 뿜은 지도 어언 50여 년이 지났다. 만민 평등을 내건

이들 국가는 '존비귀천' 중에서 존자와 귀인과 부자들의 숫자를 엄청나게 줄인 성과는 있었지만, 반대로 비인卑人과 천인賤人, 빈자貧者들을 천문학적 숫자로 늘린 치명적 과오를 범했음에도 불구하고, 호왈號曰 "평등사회"를 이룩했다고 민인을 교활하게 기만했다.

존자와 부자와 귀인의 숫자를 수백만 분의 일로 줄이고, 비자卑者와 빈자와 천인을 수천만으로 확장시킨 것은, 결과적으로 평등 사회를 이룬 것이 아니라, 새로운 "노예계급奴隸階級"을 양산하여 그들이 비판한 과거 노예사회보다, 한층 더 잔인무도한 20세기의 노예국가로 변모시킨 추악한 악업惡業으로 인식되어야 할 것이다.

인간의 존비귀천은 불행하게도 숙명으로 여겨진다. 정당한 노력에 의한 존과 귀, 그리고 부는 아름답다. 나태와 방종으로 자초한 천과 빈은 대체로 응분의 대가이지 불평등은 아니다. 불합리한 부귀의 세습 문제만 깔끔하게 해결한다면 부귀의 전승도 미덕일 수 있다. 사회주의자 역시 자기들이 가진 권력과 재산과 직위를 자손들에게 물려주고 싶을 것이고, 실질적으로 교묘한 술수를 써서 세습하고 있다.

그들이 비록 입으로 부귀의 세습은 악이라고 떠들고 있지만 교묘한 장치를 만들어 자손들에게 부귀를 전승시키고 있다는 사실을 우리는 알고 있다. 평등을 표방한 사회주의 이데올로기의 실상은, 중국의 오천 년 역사상 사회주의 정책을 시행했던 반세기가 주변 국가들보다 정치 사회 문화면에서 가장 뒤떨어진 후진국이었다는 사실에서 그 전말을 알 수 있다.

소련 역시 제정 러시아보다 최악의 피폐상과 악정을 연출한 기간이 사회주의가 국가 이데올로기로 엄존했을 때였다. 이 기간 동안 소련과 중국에 인류문화에 뚜렷한 족적을 남긴 인물들이 한 사람도 배출되지 않았다는 것은, 사회주의 이데올로기의 허실을 말해주는 것이다. 극소수 집단이 평등이라는 미끼를 걸고 순박한 백성들을 선동하여 얻은 작록과 권력을 지키고, 이를 자손에게 물려주기 위해 백성이 먹는 식량까지 집권연장과 작록세습의 도구로 활용했고 지금도 자행하고 있다.

이데올로기는 인간의 주머니 속에 들어 있어야 마땅하지, 인간이 이데올로기의 주머니 속에 들어가서는 안 된다. 이데올로기는 의복과 같은 소모품으로서 효용가치가 있으면 입었다가 필요가 없을 때는 벗어버려야 하고, 몸에 맞지 않으면 개조해야 하는 것이지 그 이상도 이하도 아니다. 그러므로 21세기는 이데올로기의 노예로 되었던 백성들을 해방시켜야 할 시대라고 필자는 생각한다.

빈부귀천이 통시적으로 작록에 기인했던 것처럼, 20세기에 들어와서도 이데올로기를 무기로 하여 작록의 쟁취가 주된 목표였다. 작록을 획득하기 위해 사이비 혁명가들이 백성들에게 제시했던 이데올로기는 '사상누각沙上樓閣'이요 '신기루'요 '오로라'에 불과했다는 것을 깨닫기까지, 근 1세기 동안 온갖 고초를 감내해야 했다. 이 같은 상황을 감안했을 때 이천여 년 전 작록을 두고 맹자와 북궁기가 주고받았던 대화를 21세기의 시각으로 검토할 필요가 있다.

北宮錡問曰: "周室班爵祿也, 如之何?" 孟子曰: "其詳不可得聞也. 諸侯惡其害己也, 而皆去其籍, 然而軻也嘗聞其略也. 天子一位, 公一位, 侯一位, 伯一位, 子 · 男同一位, 凡五等也. 君一位, 卿一位, 大夫一位,上士一位, 中士一位, 下士一位, 凡六等. 天子之制, 地方千里, 公侯皆方百里 伯七十里, 子 · 男五十里, 凡四等. 不能五十里, 不達於天子, 附於諸侯, 曰附庸.

天子之卿 受地視侯, 大夫受地視伯, 元士受地視子 · 男. 大國地方百里, 君十卿祿, 卿祿四大夫, 大夫倍上士, 上士倍中士, 中士倍下士, 下士與庶人在官者同祿, 祿足以代其耕也. 次國地方七十里, 君十卿祿, 卿祿三大夫, 大夫倍上士, 上士倍中士, 中士倍下士, 下士與庶人在官者同祿, 祿足以代其耕也.

小國地方五十里, 君十卿祿, 卿祿二大夫, 大夫倍上士, 上士倍中士, 中士倍下士, 下士與庶人在官者同祿, 祿足以代其耕也. 耕者之所獲, 一夫百畝, 百畝之糞, 上農夫食九人, 上次食八人, 中食七人, 中次食六人, 下食五人, 庶人在官者, 其祿以是爲差."(萬章篇)

북궁기가 "주나라의 작위爵位 체계와 봉록俸祿의 등급이 어떠했습니까?"라고 묻자, 맹자는 "상세한 것은 알 수가 없다. 그 이유는 제후들이 자신들에게 불리한 점이 많아서 이에 관한 전적들을 없앴기 때문이다. 그러나 나는 일찍이 그 대략을 들어서 알고 있다. 천자가 한 위位요 공작公爵이 한 위요 후작侯爵이 한 위이고 백작伯爵이 한 위이며 자작子爵과 남작男爵이 동일하게 한 위로서 모두 다섯 등급으로 나누었다. 군君이 한 위요 경卿이 한 위이며 대부大夫가 한 위이고 상사上士가 한 위이고 중사中士가 한 위이며 하사下士가 한 위이니, 전부 합쳐서 여섯 등급이다. 천자의 토지 소유 제도는 사방四方이 천 리千里이고 공작과 후작은 사방 백 리百里이며 백작은 사방 칠십 리七十

里이고 자작과 남작은 오십 리五十里로서 전부 네 등급이다. 그러나 사방이 50리에 미치지 못하는 작은 나라는 직접 천자에게 조공朝貢을 바치지 못하고 인근 제후에게 부속되었으므로 부용附庸이라 일컬었다.

천자를 보필하는 경이 땅을 받을 때 후작과 같이 하고, 대부는 백작에 준하며 원사元士는 자작과 남작이 받는 땅과 동일하다. 이른바 대국의 땅은 사방이 100리이고 그 군주君主의 봉록은 경의 10배이고, 경의 봉록은 대부의 4배이며, 대부는 상사上士의 배이고, 상사는 중사中士의 배이며 중사는 하사下士의 배이고, 하사와 관직에 있는 서인은 급여가 동일한 바, 이들이 받는 녹봉은 경작지의 수입을 대신할 만한 양은 된다. 차국次國은 사방 70리의 넓이로서 그 군주는 경 녹봉의 10배이고, 경은 대부 봉급의 3배이며, 대부는 상사의 배이고, 상사는 중사의 배이며, 중사는 하사의 배이다. 하사와 관직에서 일하는 서인은 봉급이 같은데, 이는 그 토지에서 얻는 수입만큼 충분하다.

소국小國은 관할지역이 50리로서 그 군주는 경 봉록의 10배이고, 경의 녹봉은 대부의 2배이고, 대부는 상사의 배이며, 상사는 중사의 배이고 중사는 하사의 배이다. 하사와 관에서 일하는 서인은 봉급이 동일하나, 토지는 받지 않고 해당 토지에서 산출되는 양만큼 직접 수령한다.

땅을 경작하는 사람의 소득은 가정을 이룬 가장家長에게는 백 묘百畝의 땅과 이를 가꾸는 데 필요한 비료 등을 주어서 경작케 했는데, 상 농부上農夫는 식구 9명을, 상차上次는 8명, 중은 7명, 중차中次는 6명, 하 농부下農夫는 5명을 부양할 수 있다. 서인으로서 관청에 일하는 사람 역시 위의 농부들처럼 차등을 두었다"라고 설명했다.

이 문단은 주대 녹봉제도가 상하존귀 및 천인의 서열이 엄정함을 밝혔고, 제후들이 참월僭越하여 자신들의 이익에 배치된다고 해서 작록을 규정한 전적들을 멸절滅絶시킨 점을 개탄하면서, 주의 제도를 복원시키려는 맹자의 의지가 담겨 있다. 제후들이 사리사욕을 위해 전적을 의도적으로 폐기했다는 맹자의 주장에 대해, 다산은 조기의 주注를 내세워서 옛날 서적들이 거칠고 무거웠기 때문에 자연적으로 소멸되었을 가능성을 제시했다.

다산은 맹자가 말한 천자를 비롯한 '공·후·백·자·남'의 영지가 '천 리·백 리·칠십 리·오십 리'라고 한 것은 관할하는 땅의 면적을 말한 것이 아니라, 경작할 수 있는 전야를 지칭했다고 했다. 그 근거로서 『주례周禮』「대사도大司徒」에 공의 땅은 사방 500리이고, 후는 400리라고 한 것을 들고, 다른 서책에 "천자지방천리天子地方千里, 제후개방백리諸侯皆方百里"에서 지자地字는 '전田'자로 표기된 점을 예시했다.

제후들이 작록에 관한 전적을 멸절시켰다는 맹자의 주장에 대해, 다산은 『주례』는 본시 당대에 시행된 법이 아니라고 지적한 후, 국가를 경영하는 지도자는 잔존한 모든 문적을 수렴해 이를 근거하여 제도를 확립하는 속성이 있는 터에, 전적절멸론은 신빙성이 없다고 했다.

『주례周禮』에 관할 지역이 '500리·400리'라고 했지만, 산림과 '천택川澤·성곽城郭·피지陂池·도항涂巷'은 경작지로 될 수가 없다. 그러므로 '공·후·백·자·남'의 '방 백 리方百里·방 칠십 리方七十里·방 오십 리方五十里' 등의 '지地'는 순수한 경작지를 뜻하는 '전田'으로 봐야 한다는 다산의 견해는 합리적이다.

민주주의, 사회주의, 자본주의, 자유주의 등등의 갖가지 정치적 용어가 난무하지만, 그 이면을 들여다보면 권력을 장악하여 함께 투쟁했던 사람들과 작과 녹을 나누어 갖겠다는 것에 불과하다. 계급을 없애고 평등사회를 이룩하며 도탄에 빠진 백성을 구제하고, 나쁜 권력으로부터 인민을 해방시킨다는 따위의 온갖 미사여구를 나열했지만, 이들 권력 지향의 인물들이 노렸던 것은 작과 녹이었음은 역사가 증명한다. 순진하고 우매한 백성들이 그들의 교언巧言 감설甘說에 속아서 완장과 머리띠를 두르고 피를 흘리며 거리를 헤매었던 결과가, 더 가증스런 또 하나의 다른 계급과 더 잔인한 독재자를 만드는 데 이용당했다는 사실을 알기까지는 장구한 기간 동안 고난과 수모를 감내해야 했다.

아무리 교묘한 수사를 나열하여 도회韜晦해 봤자 인간은 결국 계급적 동물일 뿐이다. 계급타파를 외치는 사람일수록 더욱 간악한 새로운 계급을 만들어 수많은 백성들을 착취하는 것을 능사로 했다. 맹자 시대 이전에는 작의 계급은 천자를 포함하여 '천하'에는 5계급이고, '국國'에는 6계급에 불과했다. 시대가 흘러갈수록 삼대의 계급을 봉건이니 보수니 중세의 악법이니 하면서 비난을 일삼았지만, 삼대 이후 등장한 신 계급은 저들이 비난한 구 계급보다 더 구속적이고 부도덕했다. 인간이 고위의 작을 추구하는 것은 보다 풍부한 물질적 혜택을 누리고자 하는 의지와 관계가 깊다.

따라서 맹자와 북궁기北宮錡가 작록을 함께 논한 것은 당연하다. 높은 작일수록 고액의 녹봉을 받는 점은 예나 지금이나 동일하다. 동아시아 문화권에서는 계급을 일찍부터 긍정하고 이를 '예'로 승화시켜 독선과 행악을 미리 예방하려고 했다. 이 같은 동아시아 정치권의 시도에 힘입어 서양의 잔인무도한 계급투쟁과 같은 참상이 상대적으로 적었다는 사실은 인정되어야 한다.

주대에 성립된 천자와 '공작 · 후작 · 백작 · 자작 · 남작' 및 천자의 통치를 받는 '군君' 휘하의 '경 · 대부 · 상사 · 중사 · 하사' 등의 계급은 지금도 유효하고 또 일부에서는 사용되기도 한다. 이들 칭호가 노예국가에서 봉건국가로 진행되는 중세의 청산되어야 할 체제의 잔재라고 하여 소멸시켰지만, 그 위계의식과 실질적 권한은 변경된 명칭에 고스란히 그대로 남아 있다.

다만 순박한 백성들이 신계급주의자들의 간교한 말장난과 술수에 현혹되어 그 교활한 술수를 깨닫지 못하고 있을 따름이다. 대단히 진보적이고 민주적이라고 믿고 있는 지방자치제의 수장首長 역시 '공 · 후 · 백 · 자 · 남'의 다른 명칭에 불과함을 우리는 모르고 있다.

천자天子가 다스리는 천하天下에 '대국 · 차국 · 소국'이 있고 경과 '대부 · 상사 · 중사 · 하사'와 서인 가운데 '상농上農 · 상차농上次農 · 중농中農 · 중차농中次農 · 하농下農'이 있다고 했는데, 이 같은 계급은 수천 년이 지난 지금에도 엄연히 다른 명칭으로 존재하고 있다. 천자를 대통령, 국무총리를 경, '대국 · 차국 · 소국'은 각 도의 도지사, '공 · 후 · 백 · 자 · 남'은 이들 관료들에게 부여하는 직급 명칭으로 봐도 무리가 없다. 단지 근세에 들어와서 이 같은 계급 군에 자본가 그룹이 등장하여 '공 · 후 · 백 · 자 · 남'과 '경대부' 등 고전적 계급을 능가하는 막강한 영향력을 행사하고 있다는 것이 다를 뿐이다.

『13경주소十三經注疏』와 『백호통소증白虎通疏證』의 '공·후·백·자·남'에 대한 개념 규정이 흥미를 끈다. 이들 작위의 호칭에는 우리가 알고 있는 것처럼 억압적 의미만 내재內在된 것이 아니라, 국가기강을 확립하여 백성을 행복하게 양육하려는 강한 의지가 담겨 있다. '공公'은 '통通'이요 '광廣'으로써 사물에 통한다는 뜻과 일을 처리함에 있어서 '공정무사公正無私'해야 한다는 함의가 있고, '후侯'는 외지에서 천자에게 순종하느냐 거역하느냐를 살피는 의미가 있다고 했다. 따라서 후는 왕자王者의 척후斥候로서 해당지역을 안정시켜야 할 의무가 있었다.

'백伯'은 '백白'이고 '백百'이며 '장長'으로서 덕을 명백하게 밝혀서 인을 실천하여 사람들을 교화시킬 의무가 있는 것으로 해석했다. '자子'는 '자孳'이고 '자滋'인 만큼 부여받은 지역과 백성을 북돋우고 키우고 넉넉하게 해서 사람들을 안락한 삶으로 인도한다는 뜻이 있었다. '남男'은 '임任'인 바 50리의 땅을 왕명을 받들어 정교政敎와 예법禮法을 준수하여 훌륭하게 통치해야 한다는 임무가 부여된 것으로 해석했다. '남男'은 또 '남南'의 뜻도 있어서 '임任'과 함께 남방의 음악을 가리키기도 한다. 『시경』 「주남周南 소남召南」의 남이 한 예이다.

이로써 보건대 '공·후·백·자·남'의 명칭이 갖는 의미는 우리가 알고 있는 바와 같이 강압적이거나 또는 권위적인 내용만이 아님을 확인하게 된다. 어차피 백성들 모두가 지도자가 될 수는 없는 터이니, 명칭이 무엇이던 간에 기수는 있어야 할 것이다. 그러므로 동아시아 문화권의 지도자들은 오래전에 오랜 시간 동안 검증된 위계질서인 고대의 작과 녹의 제도를 검토하여 이를 현재에 변용하여 적용시키는 온고지신溫故知新과 법고창신法古創新의 지혜를 가질 필요가 있다.

21. 빙청론聘請論 - 권력자가 현인을 초빙하는 법도

만장은 "선생께서 제후를 찾아가서 뵙지 않는 이유가 무엇입니까" 라고 물은 적이 있었다. 이에 맹자는 제자의 물음에 답변하는 형식을 빌어서 권력자가 신하를 초빙하는 예를 말했는데, 동한東漢 때 『맹자장구孟子章句』를 저술한 경조인京兆人(장안, 서안) 조기趙岐(?~201)는 이를 빙청聘請에 관한 견해를 밝힌 것이라고 했다. 권력자가 어떤 인물을 등용하느냐 하는 것은 국가나 단체의 명운을 좌우하는 중대사이다.

예나 지금이나 권력자의 주변에는 직위를 얻으려는 자들이 벌떼처럼 모여들어 문전성시를 이룬다. 하물며 그 권력자가 국가 최고의 통치자인 천자나 제후일 경우는 더 말할 나위가 없다.

그러므로 맹자의 빙청론은 서기전 4세기 무렵의 문제에 국한하는 것이 아니라, 현재는 물론이고 미래에도 지속될 초미의 관심사이다. 시대가 진행될수록 최고 권력자의 권한이 축소되면서 소위 민주화가 진행된다고 모두들 말하고 있다. 그러나 그 실상을 면밀히 검토해보면, 오히려 교묘한 술수를 부려 권력 행사에 도움이 안 되는 것만을 버린 뒤 민주화되었다고 백성들로 하여금 믿게 한 후, 권력을 무소부지無所不至로 사리사욕을 위해 활용하고 있는 실정이다.

기원전 4세기 무렵 이 같은 현상을 예견한 듯 맹자는 정당한 논리와 예의를 갖추지 않은 방식으로 천자나 제후의 부름을 받았을 때, 찾아가서 보지 않는 것이 마땅하다고 말한 바 있다. 하나라의 이윤은 탕왕으로부터 세 번 빙청을 받은 뒤 출사했고, 제갈량도 유비의 삼고초려를 받고서야 관직에 나아갔다. 시대가 흘러갈수록 고위층이 부르지도 않았는데, 스스로 과분한 예물을 갖추고 실권자를 찾아가는 현상이 심화되었다.

소위 민주화라는 간판을 걸고 비이성적인 독재정치를 자행하는 국가가 점점 많아지고 있는 이유 중에 하나는, 빙청으로 인재를 등용하는 경향이 없어진 것과도 관계가 있다. 스스로 인재라고 자칭하며 이욕을 챙기기 위해 관직을 탐하는 무리가 권력자 주변에 넘치고 있는 현실 속에서, 해당 권력자 역시 도덕적 인격을 갖추지 않았기 때문에 뇌물과 감언이설에 현혹되어 모리배謀利輩를 능인能人이나 인재로 믿고 관직에 나아가게 하는 것이 예사이다.

따라서 앞으로의 관직은 권력자 주변을 맴도는 자칭 엘리트를 단호하게 배격하고, 뒤에 숨어 있는 제갈량 같은 사람을 발탁하여 나라의 일을 맡겨야 국가와 민족이 중흥할 것이다. 만일 현재와 같은 사이비 인재를 등용하는 상황이 계속된다면 국가와 민족의 미래는 암담한 처지에 빠질 것은 명약관화이고 나아가서 돌이킬 수 없는 파멸이 뒤따를 것이다. 오늘의 이 같은 상황을 맹자는 일찍부터 예견하고 이를 예방하기 위해 정당한 빙청론에 입각하여 인재를 발탁할 것을 주창했다.

萬章曰: "敢問不見諸侯, 何義也?" 孟子曰: "在國曰市井之臣, 在野曰草莽之臣, 皆謂庶人. 庶人不傳質爲臣, 不敢見於諸侯禮也." 萬章曰: "庶人召之役則往役, 君欲見之, 召之則不往見之, 何也?" 曰: "往役, 義也. 往見, 不義也. 且君之欲見之也, 何爲也哉?" 曰: "爲其多聞也, 爲其賢也." 曰: "爲其多聞也, 則天子不召師, 而況諸侯乎? 爲其賢也, 則吾未聞欲見賢而召之也.

繆公亟見於子思, 曰: '古千乘之國以友士, 何如?' 子思不悅, 曰: '古之人有言曰: 事之云 乎? 豈曰友之云乎?' 子思之不悅也, 豈不曰: '以位, 則子君也, 我臣也, 何敢與君友也?以德, 則子事我者也, 奚可以與我友? 千乘之君, 求與之友而不可得也, 而況可召與? 齊景田招虞人 以旌, 不至, 將殺之. '志士不忘在溝壑, 勇士不忘喪其元.', 孔子奚取焉? 取非其 不往也." 曰: "敢問招虞人何以?" 曰: "以皮冠. 庶人以旃, 士以旂, 大夫以旌. 以大夫之招招 虞人, 虞人死 不敢往. 以士之招招庶人, 庶人豈敢往哉? 況乎以不賢人之招招賢人乎?

欲見賢人而不以其道, 猶欲其入而閉之門也. 夫義, 路也. 禮, 門也. 惟君子能由是路, 出入是門也.『詩』云: '周道如底, 其直如矢. 君子所履, 小人所視.'" 萬章曰: "孔子君命召, 不俟駕而行, 然則孔子非與?" 曰: "孔子當仕有官職, 而以其官召之也."(萬章篇)

만장이 "감히 묻건대 선생(맹자)께서 제후를 만나지 않는 이유가 무엇입니까?"라고 하자, 맹자는 "서울에 있는 선비를 시정市井의 신하라 하고, 시골에 거주하는 선비를 초야의 신하라 하는데, 이들을 모두 서인庶人이라 한다. 벼슬하지 않는 서인은 제후에게 폐백을 올려 신하가 되지 않으면 감히 제후를 만나지 않는 것이 예이다"라고 답했다. 만장은 다시 "서인은 제후가 불러서 부역을 시키면 가서 부역을 합니다. 그런데 제후가 보고자 하여 부르는데도 가서 보지 않는 까닭이 무엇입니까?"라고 반문하자, 맹자는 "서인이 가서 부역하는 것은 의무이지만, 제후를 가서 보는 것은 의가 아니기 때문이다. 또 군주가 나를 보고자 하는 이유가 무엇이겠느냐?"고 되묻자, 만장은 "그 이유는 선생님이 아는 것이 많으시고 아울러 현자이기 때문입니다"라고 답했다. 이에 대해 맹자는 "다문박식 때문에 나를 불렀다면 스승으로 모셔야 하고, 비록 천자일지라도 스승을 초치하지 못하는데 하물며 제후이겠느냐? 그리고 현덕을 지녔기 때문에 만나고 싶다면 예의를 갖추어 등용하는 것이 순리인데, 현인을 불러서 만났다는 말은 들어보지 못했다.

옛날 노나라 목공繆公이 자주 자사子思를 만나서 '옛적에 천승千乘의 군주가 선비를 벗으로 대했다고 했는데 어떠한지요?'라고 말하자, 자사는 이를 불쾌하게 여기며 '옛 사람이 이르기를 임금은 현인을 섬겨야 한다고 했는데 어찌 차마 벗으로 대할 수 있겠습니까?'라고 했다. 자사가 기뻐하지 않은 것은 아마도 '작위로 말하면 그대는 군주이고 나는 신하이다. 그러니 어찌 감히 인군人君과 벗할 수 있겠느냐? 덕으로 말한다면 그대는 나를 섬겨야 하는 터에 어찌 나와 벗할 수 있겠느냐?'라고 생각했기 때문일 것이다. 자사의 의향처럼 천승지국의 군주일지라도 현명한 선비와는 벗할 수가 없는데, 하물며 일개 제후가 외람되게 초치할 수는 없는 것이다. 제齊나라 경공景公이 사냥할 때 원유를 지키는 우인虞人을 정기를 흔들어 불렀는데 그가 오지 않자 죽이려고 한 적이 있었다. 훗날 공부자께서 '지사志士는 항상 의를 위해 목숨을 바쳐 구렁에 떨어질 각오가 되어 있고, 용사는 언제나 자신의 생명을 바칠 준비가 되어 있어야 한다'라고 칭찬하신 것은, 정당한 방법으로 자신을 부르지 않았으므로 가지 않았던 우인의 의리를 기린 것이 아니겠느냐?"라고 설명했다. 만장이 다시 "그렇다면 우인은 무엇으로 불러야 합니까?"라고 여쭙자, 맹자는 "우인을 부를 때는 피관皮冠을 흔들고, 서인은 자루 달린 굽은 전旃, 선비는 용 그림이 있는 방울 달린 기旂, 대부는 깃털이 달린 정旌으로서 각각 부른다. 그런데 대부를 부를 때 쓰는 정기로 우인을 초치했으니, 그가 죽는 한이 있어도 응할 수 없는 것은 당연하다. 만일 선비를 부를 때 사용하는 기로 서인을 불렀다면 어찌 감히 갈 수 있겠느냐?

하물며 현명치 못한 사람을 부르는 방법으로 현인을 초치했으니 이를 응할 수 있겠느냐? 군주가 현인을 보고자 하면서 정당한 방도로 하지 않은 것은, 마치 사람이 들어오기를 바라면서 문을 닫는 것과 같은 것이다. 무릇 의義는 길이요, 예禮는 문이다. 그러므로 군자는 오직 정당한 길을 가서 올바른 문으로만 출입함이 마땅하다. 『시경』에 '주나라의 길은 숫돌같이 평탄하고 곧기가 화살과 같아서, 그 길을 군자가 밟고 다님으로써 소인들이 보고 따른다'고 한 것도 이를 지적한 것이다." 만장은 "공부자께서 일찍이 군주가 부를 때 마차에 말을 맬 시간도 없이 달려가셨다고 했는데, 그렇다면 공부자께서도 잘못하신 것입니까?"라고 반문하자, 맹자는 "공부자께서는 당시 벼슬을 하셨고 관직을 가졌으므로 임금 또한 공무로 인해 불렀기 때문이다"라고 설명했다.

맹자의 많은 제자들 중에 필자는 만장에 대해서 특별한 애정과 관심을 갖고 있다. 만장은 스승인 맹자에게 그가 하고 싶은 말을 서슴없이 당당하게 개진했다. 스승 앞이라고 해서 진의를 감추고 스승의 비위를 맞추는 언행을 하지 않았던 의연한 제자였다. 때때로 당신의 비위를 거역하는 말을 당당하게 쏟아내는 제자임에도 불구하고, 이를 애정으로 가납하여 설득시키는 맹자의 태도에도 머리가 숙여진다.

일반적으로 당돌한 제자에게 불쾌감을 표시하며 상종을 꺼리는 것이 예사인데, 맹자는 오히려 정면으로 당신의 뜻을 자상하게 설명하여 만장을 심복시키려 했다. 맹자가 제자를 대하는 이 같은 태도는 천하의 모든 스승들이 본받아야 할 자세이다.

만장은 맹자가 제후가 만나자고 했는데도 불구하고 이를 거부한 이유를 알고 싶어 했다. 이에 대한 맹자의 답변 요지는 '의로예문義路禮門'으로 압축된다. 정의로운 길이 아니면 가지 않고 예에 부합되지 않는 부당한 문으로는 들어가지 않아야 한다는 올곧은 선비의 자세를 논한 것이다. 제후의 빙청을 거부한 맹자의 기개와 용기는 근래의 지식인들이 귀감으로 삼아야 한다.

권력자와 자본가의 문지방이 닳도록 찾아다니며 노예처럼 아첨을 일삼는 요즘의 지식인들에게 엄숙한 경고이다. 군자가 소신과 신념에 부합되지 않고 예의에 어긋날 경우 천금만마千金萬馬의 혜택을 준다고 해도 구차하게 권력자의 문 안으로 들어가서는 안 된다는 맹자의 뜻은 추상 같은 바가 있다.

맹자는 일찍이 노의 목공과 자사 그리고 제의 경공과 우인의 예를 들어 자신이 함부로 제후의 부름에 응하지 않는 이유를 설명했다. 노의 목공이 자신을 현인으로 대접하지 않고 벗으로 삼으려는 자세와, 선비로 섬기지 않고 직위와 권위를 빙자하여 부리려는 태도에 대해 불만스러워한 자사의 이 같은 태도는 맹자의 뜻과도 부합되었다.

제의 경공은 원유를 관리하는 우인虞人에게 예에 벗어나는 방도로 조치했기 때문에 죽음을 무릅쓰고 명을 거역한 우인의 결연한 행위를 두고, 맹자는 공부자의 말씀을 인용하면서 그 의연한 기세를 찬양했다. 맹자는 당대의 권력자인 군왕이나 제후가 예의를 갖추어 부르지 않을 때 선비 된 자들은 결코 나아가지 말아야 한다는 마음가짐을 만장에게 강조한 것이다. 제후가 부역을 명하면 기꺼이 가서 노력봉사를 하는 것은 국가의 공익을 위하는 것인 만큼 응함이 당연하고, 관직이나 기타 이권을 주기 위해 부를 때는 응당 사리를 따져서 처신하는 것이 옳다고 부연했다.

한편 다산은 위의 편장을 두고 『좌전左傳』 등을 인용하여 제 경공 때 우인을 불렀다는 기록은 제나라 효공孝公 때 있었던 사실인 만큼, 똑같은 일이 경공 때 되풀이되었다는 것은 사리에 맞지 않는다고 지적한 후, 아마도 맹자의 친필이 아닐 것이라고 고증했다. 지금 와서 그것이 역사적 사실이냐 아니냐는 것은 의미가 없다. 다만 고위자가 특정 인물에게 관직을 주거나 또는 자문을 요구할 때, 반드시 정의의 길로 들어가 예의의 문을 통과하는 의로예문적義路禮門的 빙청론에 근거해야만 정당성을 확보할 수 있다는 맹자의 주장은 지금도 신선한 충격으로 다가온다.

만장은 맹자에게 공부자가 왕의 부름을 받자 수레에 말도 제대로 매지 않고 달려갔다고 했는데, 선생의 빙청론에 의거한다면 공부자의 태도가 잘못된 것이 아니냐고 물었다. 『맹자』에는 여러 곳에 당시 일반적 통념을 부정하는 만장의 혁신적인 견해가 나타나 있다. 사실 공부자는 관직을 얻기 위해 수레를 타고 천하를 여행했다. 공부자가 탐한 것은 벼슬이 아니라, 천하에 인의를 펴기 위해서였다고 해도, 호사가의 안목에는 구직에 연연했다는 평가도 있을 법하다.

만장이 수레에 말을 맬 시간도 없이 제후의 부름에 다급하게 달려갔다고 평한 것은, 공부자와 맹자의 이상적인 빙청론에 대한 비판적 견해가 개재된 듯하다. 만장은 맹자가 제시한 빙청론은 당시에도 현실성이 없는 것으로 파악한 것 같다.

그 무렵 시대상과 제후들의 성향이 어떠하던 간에, 맹자는 자신이 전개한 논리에 부합되지 않으면 당대의 권력자가 불러도 결코 가지 않았다. 만장은 공부자께서도 군주가 부르면 황급히 달려갔는데, 선생님도 제후가 불렀으니 찾아가서 관직을 맡아 제자들에게도 도움을 주는 것도 의미가 있지 않겠느냐는 식으로 생각한 것일까.

맹자 또한 만장의 이 같은 의중을 헤아리고, 제후가 우인과 서인 및 사士, 그리고 대부를 부를 때 사용하는 물건을 구체적으로 인용하면서까지 예에 맞지 않는 빙청에는 응할 수 없다고 거듭 천명했다. 항차 서인도 사인士人도 대부도 아닌 우인 신분임에도 불구하고 예에 벗어난 부름에 응하지 않았는데, 하물며 현인으로 자처하는 사람들은 더 말할 것도 없다고 했다. 공부자가 군주의 명을 받고 급히 달려간 것은, 당시 관직을 갖고 있었기 때문에 공무를 수행하기 위해서이지, 벼슬을 하거나 자문에 응하는 빙청과는 성격이 다르다고 해명했다.

천자나 제후가 '사師'나 '현인' 또는 '우인友人'을 빙청聘請할 때, 빙청 받을 인물의 신분에 따라 응분의 예법이 있다. 천자라도 '소사召師'나 '소현召賢'의 경우는 몸소 방문하는 것이 예인 터에, 항차 제후로서 앉아서 부른다는 것은 언어도단이라고 비판했다. 그러므로 옛날 자사가 자신을 벗으로 대하려는 목공에게 불쾌한 기색을 보인 것은 당연한 처사라고 맹자는 평했다.

천자나 제후의 빙청은 반드시 정당한 방법인 의로義路로 나아가 예의를 갖춘 예문禮門으로 들어가 인물을 초빙해야 함은, 『시경』「소아」〈대동편大東篇〉에서 노래한 '숫돌처럼 평탄하고 화살처럼 올곧은 길을 군자가 다니니 소인들이 이를 본받아 뒤따른다'는 의미와 상통하는 것이라고 맹자는 논정했다. 올바른 방법과 합당한 절차를 밟아서 소기의 목적을 달성해야 함을 강조한 것으로, 패도를 부정하고 왕도를 제창한 맹자의 일관된 신념을 다시 한 번 확인할 수 있다.

빙청은 실권자가 몸소 파격적으로 찾아가는 삼고초려와 다르다. 바쁜 일정에 시간을 내기도 어려울 뿐 아니라, 주위의 이목도 번다하여 재야의 인물을 방문하기가 쉽지 않다. 구태여 찾아가지 않아도 주변에 등용해주기를 고대하는 사람들이 구름처럼 득실거리는 터에, 번거롭게 몸을 낮춰 찾아갈 이유가 없을 수도 있다.

문제는 권력자나 집권 예정자 주변에 모인 사람들 거개가 사리사욕을 추구하는 시정잡배라는 사실이다. 현명한 지도자는 삼고초려는 못해도 빙청의 예는 실천할 필요가 절실하다. 그러므로 국정을 담당할 통치자는 스스로 찾아와서 일하기를 원하는 사람들을 경계해야 하고, 이들의 감언이설과 미끼에 현혹되어 직책을 맡겼을 경우, 십중팔구 실패한 지도자가 되었다는 역사적 교훈을 읽어야 할 것이다. 권력자는 항상 주변 아첨꾼들의 교언영색巧言令色으로 말미암아 자아도취에 빠져, 자신을 찾아온 이속을 탐하는 무리들을 순수한 사람들로 착각하는 경향이 다반사이다.

보론

1. 맹가의 약전略傳과 성예세계聖裔世系

1) 맹가의 약전

맹가의 생애는 그 출생과 사망년도에 대해 이설이 분분하여 정설이 없다. 맹가의 학문적 업적은 스스로 '하·은·주' 삼대의 전통사유와 공부자의 미의微意를 조술했다고 말했지만, 전대미문의 독창과 독보적 영역도 많다. 맹가는 공부자를 충실히 계승했다. 공부자가 삼황오제三皇五帝와 삼대三代의 학술과 문화를 융합하여 법고창신法古創新한 것처럼 맹가 역시 공부자에 의해 완성된 동아시아 문화의 정수를 발전시켰다. 공부자와 맹가가 길이 칭송되는 까닭도 여기에 있다.

공부자 시대인 기원전 6세기 무렵에 전통문화를 폄하하는 경향이 팽배했고, 이 같은 현상은 맹가 시대인 기원전 4세기에도 지속되었으며, 수천 년이 흐른 오늘에도 변함이 없다. 공부자와 맹가는 그들이 살았던 경박한 시대상과 전통문화 부정을 진보라고 인식하는 지식인의 일탈을 개탄하며, 소멸의 위기에 처한 동아시아의 고귀한 전통문화를 수호하고 계승한 위대한 업적을 이룩한 점도 동일하다.

맹가의 학문 세계는 불세출의 성인 공부자의 업적에 비해 그 빛이 가려진 점도 적지 않다. 맹가의 정확한 출생 연대를 밝힐 수도 없고 또 한 치의 오차도 없이 실증적으로 구명하는 것이 능사도 아니다. 유구한 시간의 흐름 속에서 맹가의 생물연대 측정이 몇 년간의 차이가 있다고 해도 별다른 의미가 있는 것도 아니다. 그러므로 학계에서 일반적으로 알려진 기원전 372년에 출생하여 기원전 289년에 사망했다는 설에 기준하여 『공맹성적도감(孔孟聖蹟圖鑑-馬場春吉 編著), 민속원(民俗苑, 1982)』과 기타 서적들을 참고하여 맹가의 세계世系를 간략하게 기술할까 한다.

맹가는 주周의 열왕列王 4년 노魯의 공공共公 5년(BC 372) 산동성 추현鄒縣에서 태어났다. 아버지는 격(激, 자 공의公宜)이고, 어머니는 장씨仉氏이다. 2세 때 위魏나라 혜왕惠王이 즉위했고, 3세 때(BC 370) 아버지가 작고하여, 이후 어머니 장씨의 편모슬하에서 자랐다. 4세 무렵 어머니 장씨는 맹가를 훌륭하게 키우기 위해 소위 맹모삼천孟母三遷이 시작되어 여러 곳을 전전하다가 학궁學宮 옆에 거처를 정했다. 10세 때(BC 363) 자사(子思 BC 483~403?)를 만나 수업을 받았다고 하나, 연대에 차이가 나므로 자사의 문인門人에게 배운 것으로 보는 견해가 설득력이 있다.

주나라 현왕顯王 10년 노魯의 공공共公 19년 맹가 나이 15세(BC 358)에 스스로 학문이 크게 진척했다고 자부하여 어머니에게 달려가 자랑했다. 장씨는 아들의 철없는 자만에 크게 실망하여, 공들여 짜던 베틀의 베를 자르는 소위 단기斷機를 했다. 맹가는 어머니의 결연한 행위에 크게 뉘우쳐 다시 학당으로 돌아가 학문에 정진했다. 17세에 위魏나라 혜공惠公이 왕이라 칭했고, 18세에 노의 공공이 서거하고 19세에 강공康公 즉위했는데, 이 해에 위魏가 조나라의 한단邯鄲을 포위했다. 20세에 재나라 손빈孫臏이 조나라를 구출했다. 21세에 재나라 위공威公이 왕이라 칭하여 주나라의 위세가 더욱 쇠미해졌다. 27세에 노의 강공康公이 서거하고, 28세에 경공景公이 즉위했다.

31세, 노魯 경공 4년(BC 342) 재나라 선왕宣王이 즉위했다. 37세, 주 현왕 33년(BC 336) 노 경공 10년, 위魏나라 혜왕惠王이 비례후폐卑禮厚幣로 맹가를 초빙했다. 일설에 맹가 53세 때(BC 320)로 보고 있다. 맹가는 제후나 군주들에게 스스로 머리를 숙여 찾아가 벼슬을 구하는 일이 없었고, 간곡한 초빙을 받아야만 위의를 갖추어 당당하게 나아가 당신의 뜻을 개진했으며, 만일 해당 군주가 이를 거부하거나 수용하지 않으면, 일체 타협을 거부하고 의연하게 물러났다.

47세(BC 325), 진秦의 혜문왕惠文王이 칭왕稱王 했다. 맹가 51세, 노나라 경공 24(BC 322)년 조趙를 제외한 6국이 모두 왕이라 일컬어 주周의 권위는 회복 불능의 처지로 전락했다. 53세, 송宋나라가 초楚를 토벌하여 300리의 땅을 얻고 난 뒤 왕이라 칭했다. 54세, 위군魏君이 죽자 위나라를 떠나 제齊로 갔다. 55세, 제나라에 있을 때 어머니 장씨를 모셔왔다. 56세, 모친상을 당하여 노나라로 영구를 모셔 장사를 지냈다. 제齊나라는 소진蘇秦을 처형했다. 57세(BC 316), 맹가는 추鄒에 거상居喪 중이었고, 노나라의 평공平公이 즉위했다. 58세, 제로 돌아가 객경客卿이 되었다. 59세, 제가 연燕을 정벌하자 제나라를 떠나 송나라로 갔다.

60세(BC 313), 제를 떠나 추鄒로 돌아왔다. 노의 평공平公이 맹가를 접견코자 했는데, 측근 장창藏倉이 이를 막자, "내가 평공을 만나지 못한 것은 하늘의 뜻"이라 했다. 61세, 제자 진진陳臻이 "제에서는 돈을 받지 않고 송宋과 설薛에서는 왕이 준 돈을 받았는데 이는 앞뒤가 맞지 않는다"고 하자 맹가는 "자네 말이 모두 맞다"라고 하며 당시 상황에 따라 그럴 수도 있다고 했다. 62세, 장의張儀가 육국六國으로 하여금 진나라를 섬기게 했다. 63세(BC 310), 등문공滕文公이 맹가를 초청하여 국가 통치의 방략을 물었다. 67세, 주나라 난왕赧王 9년(BC 306) 열국을 주유한 뒤 고국으로 돌아와 제자 만장등과 『시경』과 『서경』을 정리하고 '하 · 은 · 주' 삼대三代의 덕정과 공부자의 뜻을 계승하여 『맹자』를 집필했다.

76세(BC 297) 노나라 평공이 서거하고 문공文公이 즉위했다. 77세, 위나라 양왕이 훙거하고 초나라 회왕이 진秦에서 사망했다. 80세(BC 293), 진나라 재상 백기白起가 한과 위나라의 다섯 성을 합병했다. 84세, 주나라 난왕 26년 노나라 문공 8년(BC 289), 11월 15일 맹가가 서거했다. 구비전승에 의하면 이날이 동짓날이라 전한다. 맹가가 동짓날에 서거했기 때문에 추나라 사람들이 동지절冬至節 행사를 폐했다고 했다. 맹가 사후 33년 뒤 주나라가 멸망했으며, 주실周室이 소멸되고 35여 년 뒤 기원전 221년 진시황秦始皇이 천하를 통일했다.

2) 맹가의 성예세계聖裔世系

맹가의 원대遠代는 노魯의 맹손씨孟孫氏로 알려져 있다. 노나라 환공

桓公은 후계자 장공莊公을 위시한 '경보慶甫·숙아叔牙·계우季友' 등의 아들이 있었는데, 장남은 공위公位를 계승했으므로, 차남 경보를 가족의 장남으로 인식하여, '맹손孟孫'이라 일컬었다. 기록에 의하면 맹가 어머니 장씨가 제나라에서 사망하자, 맹가는 노나라로 영구를 모셔와 장사를 치렀다고 했다. 고대 풍속에 장례와 분묘는 반드시 고국의 고향에 묻는 것으로 되어 있다. 그러므로 맹가의 근본은 추나라가 아니라 노나라의 사람으로 인정하는 견해에 수긍이 간다.

시조 맹가는 자字를 자여子輿, 자거子車, 자거子居로 공부자의 미의微意를 계승한 아亞聖이다. **2대**代는 **맹중자**孟仲子로 공손추公孫丑에게 배웠다. 맹가의 종제從弟라 하기도 하고 아들이라는 설도 있다. **3대**는 **맹역**孟睪, **4대**는 **맹우**孟寓이다.

5대는 **맹서**孟敍로 한漢 고조 때 사람이다. **6대**는 **맹지후**孟之後이고, **7대**는 **맹소**孟昭로 경사에 박통하여 박사가 되었으며, **8대**는 한 무제 때 대부였고, **9대 맹경**孟卿은 『예기』와 『춘추』에 조예가 깊었고, **10대 맹희**孟喜는 자가 장경長卿이고 『주역장구周易章句』 10권을 저작했다.

11대는 **맹자**孟鎡이고, **12대 맹흥**孟興은 후한後漢의 사공司空이 되었고, **13대 맹상**孟嘗은 자가 백주伯周로 합포태수合浦太守였고, **14대 맹전**孟展은 자가 군성君誠이며, **15대 맹욱**孟彧은 환제桓帝 시 제음태수濟陰太守였고, **17대 맹광**孟光은 삼국시대 촉한蜀漢의 선주先主 유비와 후주 유선 때 대사농大司農이었다.

18대 맹강孟康은 자가 공휴公休였고 위나라의 광릉정후廣陵亭侯로 『한서음의漢書音義』 9권이 있다. **19대 맹종**孟宗은 삼국시대 오吳나라에서 어사대부를 거쳐 손호孫皓 때 사공을 역임했다.

20대 맹즙孟楫은 진晉 혜제惠帝 시 노릉태수盧陵太守를 역임했고, **21대 맹관**孟觀은 자가 숙시叔時이고 진나라 혜제 때 전중중랑展中中郎이었다. **22대 맹가**孟嘉는 자가 만년萬年으로 도간陶侃의 딸을 아내로 맞았다. **23대 맹회옥**孟懷玉은 남북조 송宋 고조 유유劉裕를 도와 무공을 세웠다.

24대 맹표孟表는 후위後魏 때 사람으로 자가 무달武達로 안동장군연주자사安東將軍兗州刺史로 추증되었다. **25대 맹빈**孟斌은 원위元魏의 효문제를 섬겨 우승右丞이 되었다. **26대 맹위**孟威 역시 후위의 표기장군驃騎將軍으로 좌광록대부로 승진했다.

27대는 **맹순**孟恂이고, **28대**는 **맹유**孟儒이며, **29대**는 **맹경**孟景으로 수隋나라 양제煬帝의 응양장군應揚張軍으로 활약했다. **30대 맹선의**孟善誼는 수나라 공제恭帝를 섬기다가 이밀李密에게 패했다.

31대 맹선孟詵은 당 고종 대에 진사로 봉각사인鳳閣舍人이었으며, 무후武后 집정 시 동주자사同州刺事로 있다가 이양산伊陽山에 은거하여 『가제례家祭禮 · 상복정요喪服正要 · 보양방補養方』 등의 저술을 남겼으며 93세로 사망했다.

32대는 맹대융孟大融인데 당 현종이 누차 불렀지만 왕옥산王屋山에 은거하여 나가지 않았다. **33대**는 유명한 당나라 **맹호연**孟浩然으로 녹문산鹿門山에 은거하다가 40세 부터 태학에 들어가 천재성을 인정받고, 왕유王維 장구령張九齡등과 교유했으며 『맹호연집』이 전한다.

34대 맹운경孟雲卿은 당나라 숙종조의 교서랑較書郎으로 두보杜甫와 친분이 두터웠다. **35대 맹화**孟華는 성격이 강직했고 덕종德宗 때

검교병부랑중檢校兵部郞中으로 있다가 향리로 돌아가 은둔했다. **36대 맹상겸**孟常謙은 유자후柳子厚와 교분이 두터웠고 60세에 사망했다.

37대는 **맹준경**孟遵慶이고, **38대**는 **맹관**孟琯으로 당 헌종憲宗 때 한문공韓文公과 가깝게 지냈으며, 저서로 『영남이물지嶺南異物志』가 있다. **39대 맹방립**孟方立은 용력이 뛰어나 당 희종僖宗 시 황소黃巢의 반란군을 격파했지만, 뒤에 후당(後唐, 923~935) 이극용李克用에게 귀의했다.

40대 맹승회孟承誨는 후진(後晋, 936~946)에 벼슬하여 태부경太府卿이 되었고, 천복 8년(943) 걸안에 사신으로 다녀왔다. **41대 맹한경**孟漢慶은 후주(後周, 951~959)에 벼슬하여 우림대장군羽林大將軍이 되었다. **42대 맹관**孟貫은 시작詩作에 능하여 후주 세종(世宗, 954~958)에게 시구詩句로 인해 노여움을 사기도 했다. **43대**는 **맹창**孟昶이고, **44대**는 **맹공제**孟公齊인데 오대五代인으로 고상한 행동으로 벼슬길에 나아갔다.

맹가의 세계世系는 44대를 기점으로 하여 전후가 차이가 있다. 즉 45대 이전의 세계는 부회附會가 간혹 있지만, 45대 이후는 비교적 명백한 것으로 알려져 있다.

45대 맹령孟寧은 송나라 인종仁宗 경우景祐 4년(1037) 추현주부鄒縣主簿가 되어 맹자의 제사를 관장하여, 맹문孟門의 중흥시조中興始祖로 우뚝 서서, 이후 맹가의 세계는 모두 맹령의 후손이다. **46대 맹견**孟堅은 덕망과 학덕을 겸비하여 서주지주徐州知州로 제수되었으며, **47대**는 **맹관**孟寬, **48대**는 **맹흠**孟欽, **49대**는 **맹진**孟津, **50대**는 **맹덕의**孟德義로 어대현윤魚臺縣尹으로 제수되었으나 이를 사양했고, **51대**는 **맹윤조**

孟允祖이다.

52대 맹유공孟惟恭은 원대인元代人으로 자는 언통彦通으로, 금나라 세종世宗 대정大定 5년(1165)부터 건축되기 시작한 아성전亞聖殿 정전正殿을 완공하고 아성상亞聖像과 양무兩廡와 강당, 서재西齋, 신주神廚, 고방庫房과 담장 및 단기당斷機堂, 중용서원, 폭서대暴書臺 등을 조성했다. 순제順帝 지정至正 9년(1349)에 76세로 사망했다. **53대 맹지훈**孟之訓은 자가 노보魯甫이며 원대元代 지정 대에 교유敎諭가 되었다.

54대 맹사양孟思諒은 명대인明代人으로 자는 우도友道이고 홍무洪武 9년(1376) 추현주부鄒縣主簿로 임명되어 사전祀典을 완비하고 사당과 묘역을 수리했다. **55대 맹극인**孟克仁은 자가 신부信夫이고 아들 맹희문孟希文이 한림원翰林院 오경박사五經博士가 되자, 천순天順 3년(1450)에 이를 세습하는 제도를 굳혔다.

56대 맹희문孟希文은 자가 사환士煥이고 경종제(景宗帝, 대종代宗) 경태 2년(1451) 한림원 오경박사 직을 세습하여 맹자의 제사 일을 관장했다. 헌종 황제가 태학에 행행할 때 맹희문이 수행하여 제사를 함께 지냈다.

57대 맹원孟元은 자가 장백長白이고 홍치弘治 2년(1489) 한림원 오경박사 직을 승습承襲하여 제사 일을 주관했다. 무종武宗이 태학에 행행할 때 황제를 모시고 제사를 올렸고, 세종世宗 때 역시 황제를 수행했다.

58대 맹공조孟公肇는 자가 선문先文이고, 56대 맹희문의 아들이다. 가정 2년(1523) 한림원 오경박사를 세습하여 제사 일을 보다가 종제從弟 맹공계孟公綮에게 직을 맡기고 물러났다. 맹공계는 자가 탁문槖文이고 가정嘉靖 12년(1533)에 한림원 오경박사를 승습한 뒤 어가를 수행하여 태학에 배사陪祀했다. 아들 10명을 두었고 장남 언박彦璞이 맹씨의 세계를 이었다.

59대 맹언박의 자는 조새朝璽이고 목종穆宗 융경隆慶 원년(1567) 한림원 오경박사 직을 승습하고, 관례대로 어가를 배행하여 태학에 나아가 의식을 치루었다.

60대 맹승광孟承光의 자는 영관永觀이고 신종神宗 만력萬曆 29년(1601) 한림원 오경박사를 승습하고, 희종熹宗 천계天啓 2년(1622) 산동의 백련요적白蓮妖賊이 난을 일으켜 항복하라고 강요했지만 지조를 지켜 순절했다. 황제가 조詔를 내려 태복시소경太僕寺少卿으로 증직했고, 아들 7명을 두었다.

61대 맹홍략孟弘略은 희종 천계 2년(1622) 백련요적의 난 때 순절한 보상으로 태상시승太常寺丞이 되었고 아들 문옥聞玉이 있었다. 맹홍예孟弘譽는 자가 진양振揚이고 천계天啓 3년(1623) 한림원 오경박사를 이어받아 제사를 주관했으며 천계天啓 4년(1624) 황제를 수행하여 태학에 나아가 배사했다. 같은 해 2월에 조카 문옥에게 한림원 오경박사 직을 물려주었으며 아들 문새聞璽가 있었다.

62대 맹문옥은 자가 용보龍甫이며 사종思宗 숭정崇政 2년(1629) 한림원 오경박사 직을 승계했으며, 6년(1633)에 어가를 모시고 태학에 배사했다. 후손이 없었다. 맹문새의 자는 용화龍華이며 홍예의 아들로서, 종자宗子 문옥이 후사가 없었기 때문에, 청나라 개국定鼎 무렵에 한림원오경박사 직을 승계했다. 아들 3명을 두었다.

63대 맹정인孟貞仁의 자는 정약靜若이고 청나라 순치順治 원년

(1644) 한림원 오경박사 직을 승계하여 제사를 모시다가, 3년(1646)에 내한림국사원內翰林國史院 세습오경박사로 개칭되고, 9년(1632)에 어가를 모시고 태학에 나아갔고, 강희康熙 8년(1669) 태학에 나아가 제사를 올렸고, 23년(1684) 궐리闕里에 행차하는 강희제를 수행하여 제사를 올렸다. 아들 여덟을 두었다.

64대 맹상계孟尙桂의 자는 파경播馨이고, 63대 맹정인의 장남이다. 강희 55년(1716) 한림원 오경박사 직을 승계하여 제사를 주관했으며 아들 9명을 두었다. **65대 맹연태**孟衍泰는 자가 무동懋東이고, 강희 59년(1720) 한림원 오경박사를 승계했고, 옹정擁正 2년(1724) 어가를 모시고 태학에 나아갔고, 건융乾隆 3년(1738)에 어가를 따라 태학에 나아가 배사했으며 초피貂皮를 하사받았다. 13년(1748)에 궐리에 어가를 모시고 가서 제사를 올렸다. 아들 8명을 두었다. **66대 맹흥선**孟興銑의 자는 기휘起輝이고, 맹연태의 장남으로 학문에 열심이었고 재예가 뛰어났지만 일찍 죽었다. 아들 하나가 있었다.

67대 맹육한孟毓瀚은 자가 종북鐘北이고 성품이 총명하여 건융 21년, 22년(1757) 두 해에 걸쳐 고종高宗의 남순南巡을 배행하다가, 귀로에 아성묘亞聖廟가 퇴락한 것을 보고, 고종이 중수를 명하여 대대적인 보수를 했다. 건융 16년(1751)에 직을 세습했지만 자식이 없어 당제堂弟 맹육유孟毓瀶의 장자 맹전연孟傳榳을 후사로 삼았다.

68대 맹전연의 자는 국모國模로 당백堂伯 육한의 사자嗣子가 되어 건융 45년(1780)에 승습했고, 건융 50년(1785)에 벽옹辟雍에 석전을 올릴 때, 황제를 만나 두터운 은혜를 입었다. 가경嘉慶 3년(1798) 벽옹의 석전 때 선성先聖과 선현先賢의 후손들 모두를 배사하게 했다.

69대 맹계랑孟繼烺의 자는 체요體耀로 건융 49년(1784)에 출생하여 가경 3년(1798) 맹전연을 수행하여 벽옹 석전에 참여했고 가경 20년(1815)에 세직을 승습하여, 선종宣宗 도광道光 3년(1823, 조선조 순조 23년) 벽옹대전 석전의식에 일족들과 함께 참여했다. 아들 하나를 두었다.

70대 맹광균孟光均의 자는 경화京華이고 도광道光 을유(乙酉, 1825)와 무자(戊子, 1828)에 과거를 보고, 도광 13년(1833)에 직책을 승습한 뒤, 문종 함풍咸豊 3년(1853)에 벽옹에 족인들을 거느리고 나아가 석전의례를 봉행했다.

71대 맹소전孟昭銓의 자는 백형伯衡으로 목종穆宗 동치同治 8년(1869)에 누대의 직을 승습했고, 광서光緖 18년(1892, 조선조 고종 29년, 단기4225)에 사망했다. **72대 맹헌사**孟憲泗의 자는 법노法魯이며 세직을 승계했다.

73대 맹경환孟慶桓의 자는 송무頌武이고 역시 세직世職을 승습했다. 맹경당孟慶棠은 민국시대民國時代의 인물로서 자는 택남澤南이고 호는 치손稚蓀이며, 청나라 덕종德宗 광서光緖 20년(1894, 조선조 개국503, 단기4227)에 대리代理로 있다가, 31년(1905, 대한제국大韓帝國 광무光武 9년)에 세직을 승습했다.

맹가 세계 세습의 원칙은 적장자 중심으로 엄격하게 진행되었지만, 적손이 없을 때는 입양하여 법적으로 후사를 승계시켰고, 한림원 오경박사라는 직함을 세습하여 맹묘孟廟의 제사를 봉행했으며, 역대 황제들로부터 많은 배려와 은총을 받았다.

수년 전 추현鄒縣의 맹묘를 방문한 적이 있는데, 공부자의 공묘孔廟와 비교해서, 맹가의 위상에 비해 너무나 큰 차이가 있었다. 공부자와 맹가의 편차가 지나치게 현격함을 목도하고 안타까운 심정을 가누지 못했던 기억이 새롭다. 후세인들이 오로지 공부자에게 몰두하여 제세안민濟世安民을 위해 애쓴 맹가의 업적을 과소평가하고 있음을 지적하고 싶다.

위의 맹가의 약전略傳과 세계世系는 『공맹성적도감』을 참고하여 편술되었다. 이들 기록의 근거가 된 자료 가운데 『삼천지三遷志』와 『열여전烈女傳』·『맹씨세보孟氏世譜』·『추현지鄒縣志』 등은 필자가 직접 접하지 않았기 때문에 백 퍼센트 자신할 수 없다는 사실도 밝혀둔다. 어차피 맹가의 성예聖裔 세계世系는 완벽을 기할 수 없다는 점을 감안할 때, 한정된 자료에 의거하여 무잡하게 작성된 것이긴 해도, 독자들에게 다소나마 도움이 되었으면 하는 기대를 해본다.

2. 서기 2세기의 정치 현실과 조기趙岐의 「맹자제사해孟子題辭解」

후한 말엽 조기는 『맹자장구孟子章句』를 저술하고 서문을 지었다. 그는 흔히 관례로 책머리에 붙이는 '서문序文'이라는 말 대신 '제사題辭'라고 했다. 서기 2세기 전후의 『맹자』에 대한 이해와 적의한 해석을 위해 꼭 짚고 넘어가야 할 자료이다. 이는 조기 개인의 견해에 국한된 것이 아니라, 맹가 사후 2세기가 지난 당시의 『맹자』를 공부하고 이에 대한 견해를 남긴 조기 이전 학자들의 의견도 엿볼 수 있는 글이다.

한나라 시기 조기 이전 학자들의 『맹자』 해설서와 이후 저술된 것들이 모두 인멸된 상황에서, 『맹자장구』와 『맹자장구』의 서문인 「제사題辭」는 『맹자』를 이해하는 데 많은 도움을 줄 뿐 아니라, 후세에 양산된 다양한 견강부회적 학설을 뛰어넘어 맹가의 본의를 엿볼 수 있는 요체이기도 하다.

조기는 자신의 시대에 산적한 정치 사회적 난제를 해결하는 데 있어서 『맹자서孟子書』가 큰 역할을 수행할 것으로 인식했다. 특히 멸망으로 치닫는 한실漢室의 중흥을 위해서 『맹자』의 정론政論이 절대적인 힘을 발휘할 것으로 생각했다. 후세 일부 학자들이 자신의 논리를 정당화시키기 위해 『맹자』를 활용하여 아전인수나 견강부회적 해석에서 벗어나, 맹가의 천착되지 않은 본원적 사유를 접하기 위해 조기 「제사題辭」의 정확한 해석이 요구된다.

그러기 위해 『13경 주소』에 실린 「제사해題辭解」 전문을 번역하면서 직역을 기본으로 하되 경우에 따라 의역도 곁들였다. 조기의 「제사해」에 대한 폭넓은 이해를 위해 『맹자정본』의 「제사해題辭解」 주석도 참고했다.

> 「정의正義」; 『사기』에 "맹가는 자사 문인에게 수학하여 도가 통한 뒤 당국자들과 뜻이 맞지 않아 정치 현실에서 물러나 제자 만장의 무리들과 『시경』·『서경』을 순서대로 설명하고 공부자의 뜻을 계승 조술하여 『맹자』 7편을 지었다"고 했다. 진시황의 분서갱유焚書坑儒 이후 맹자의 도당徒黨은 죄다 없어지고 말았지만, 이 와중에 『맹자』 7편은 경전이 아닌 제자諸子로 분류되어 책이 소각되지 않고 살아남았다. 진秦이 망하고 한漢이 일어났지만, 고황제(유방)는 겨를이 없어 학교를 개설하지 못하다가, 혜제(惠帝, 재위 BC 194~188) 4년(BC 191) 개인이 소위 불온서적을 소지하는 것을 금지한 진나라의 국법인 "협서지율挾書之律"이 폐지되긴 했으나, 당시 공경대부가 모두 무신이었기 때문에 실행이 제대로 되지 못했다. 그러다가 효문황제(孝文皇帝, 재위 BC 179~157)에 이르러서 학교와 학문의 길이 활짝 열려 천하의

숨겨졌던 서적들이 속속 나타났다. 이로 말미암아 『논어』·『맹자』·『효경』·『이아』 등에 각각 박사를 두었다. 당시에 경전 목록학을 수립한 유흠(劉歆, BC 53~25)은 9종九種의 『맹자』가 있어 무릇 11편篇이 있었으며, 한나라 이후 『맹자』 관련 서적이 세상에 성대하게 전해오다가 이들의 저술을 종합한 것으로 여겨지는 조기의 주석서가 출간되었다. 당唐 대에 와서 또 육선경陸善經이 나왔고, 육선경 이후 이를 훈설한 바가 비록 약간의 이동異同은 있지만 모두 조기의 주석서를 종주로 삼았다. 『수지隋志』에 조기가 주석한 『맹자』 14전과 정항鄭亢의 『맹자주』 7권과 양梁나라 시에 또 기무수(綦毋邃, 진인晋人, 사기주석)의 『맹자』 9권이 있다고 했으며, 『당서唐書』「예문지藝文志」에 『맹자』 주석서는 사가四家가 편술한 35권이 있다고 했다. 황조(皇朝, 송나라)에 들어와 『숭문총목(崇文摠目, 송 대에 '경·사·자·집'으로 정리한 책)』에는, 조기의 주석서 『맹자』 14권과 당나라 육선경이 주한 『맹자』 7권 등 이가二家 21권만 남아 있다. 이제 교정校定을 함에 있어서 여러 주석서 가운데 조기의 주를 근본으로 했다. 「제사」라 한 것은, 조기가 이 저서는 맹가가 지었기 때문에 『맹가지서孟子之書』로 이름하고, 그 제사는 『맹자』를 이해하기 위해 서술되었기 때문에 『맹자제사』라고 했다.

「맹자제사」는 『맹자』의 제호로서 그 본말과 문사의 뜻을 표현하기 위한 것이다.

「정의」; 맹자제사는 『맹자』의 서문이다. 장일張鎰도 「맹자제사」는 서문이라고 했다. 조기의 주는 여타의 주와 차이가 있는 연고로 서라고 하지 않고 제사라 했다. 초순焦循 역시 조기가 스스로 제사에 '맹자'의 성명을 일컬은 것은 일반 서문과 달리 사실의 본말을 서술했기 때문이라 했다.

맹孟은 성姓이다.

「정의」; 맹씨의 근원을 서술한 것이다. 노사魯史에 의하면 환공桓公의 후손 중 적자適者 장공莊公이 임금이 되고, 서자(庶子, 첩의 자식이 아님)에 공자公子 경보慶甫 · 공자 숙아叔牙 · 공자 계우季友가 있는데, 중손仲孫은 경보의 후손이고, 숙손叔孫은 숙아의 후예이며 계손季孫은 계우의 후손이다. 이후 그 자손들이 모두 중仲 · 숙叔 · 계季로 씨氏를 삼았다. 중손씨에 이르러 '중'을 맹孟이라 했으며, '맹'이라 한 이유는 서자(庶子, 장자 아닌 아들을 모두 서자라 했다)들 중에 장長임을 일컬은 것이다. 또 서자라 부른 이유는 임금이 된 장공과 함께 '백伯 · 중 · 숙 · 계'로 차례를 매길 수 없었기 때문이다. 그러므로 서자들 가운데 장이라는 것을 취한 시초가 되었다. 정공定公 6년 중손하기仲孫何忌가 진晋으로 갔다는 기록이 있고, 『좌전』에는 맹의(孟懿者가 갔다고 했다. 이로서 보건대 맹씨는 중손씨의 후손들이 맹씨로 바꾼 것임을 알 수 있다.

자子는 남자의 통칭이다.

「정의」; 이는 '자'라고 칭하는 사례를 기술했다. 경전에 의하면 상대방을 일러 모두 '오자吾子'나 혹은 직접 '자子'라고 했다. 선생을 일러 또한 '자'라고 했으며, 덕이 있는 남자의 통칭이기도 했다. 『공양전公羊傳』의 '자심자왈子沈子曰'을 두고 하휴(何休, 129~182)는 "심沈자 앞에 '자子'를 붙인 것은 그가 스승임을 나타낸 것이라 했다. 단지 자왈子曰이라고 하지 않은 것은 공자孔子와 변별하기 위해서였다"라고 했다. 그렇다면 후인이 선사先師를 칭할 때 '자'를 성씨에 붙이는 것은 그가 스승임을 밝히는 것이다. 예로 자공양자子公羊子와 자심자 등을 들 수가 있다. 무릇 서전書傳에 '자왈'이라 직언한 것은, 모두 공자를 지칭하여 그가 후세에 사범師範이 될 것임을 알았기 때문에 공孔이라는 씨氏를 붙이지 않았다. 맹가가 지닌 덕으로 볼 때 족히 사범으로서 후세에 성씨에 '자' 자를 붙여서 후인들로 하여금 공자만 있는 것이 아니라, 맹자孟子도 있음을 알게 하기 위해 '자子'라고 칭했다.

이 책(『孟子』)은 맹가가 지은 것이다. 그러므로 포괄하여 『맹자』라고 했다.

「정의」; 맹가가 이 책을 저작했기 때문에 통괄하여 『맹자』라고 했다. 당 임신사(林愼思, 황소의 난 때 수절하여 사망)의 『속맹자서(續孟子書)』 2권에 『맹자』 7편은 맹가가 직접 서술한 것이 아니고 제자들이 함께 맹가의 말을 기록한 책이라고 했다. 한유韓愈 역시 『맹자』는 맹가의 자저가 아니고, 작고한 뒤 문도인 만장·공손추 등이 서로 상의하여 맹가가 한 말을 모은 것이라고 했다. 이제 조기는 맹가가 친히 저작했다고 했으므로 총괄해서 『맹자』라 한 것도 연유가 있을 것이다.

『맹자』의 편목에는 각각 나름대로의 이름이 있다.

「정의」; 『맹자』 7편에는 모두 각 편장의 명목이 있는데, 「양혜왕」·「공손추」·「등문공」·「이루」·「만장」·「고자」·「진심」 장구가 그것이다.

맹가는 추인鄒人이다. 이름은 가軻이고 자는 알려진 바가 없다. 추는 본래 춘추시대 주자邾子의 나라였는데, 맹자 시대에 와서 이름을 고쳐 추라 했다. 나라가 노에 가까이 있었기 때문에 노나라에 병합되었다. 일설에는 주邾나라가 초楚에 병합되었지 노가 아니라고도 했다. 지금 추현鄒縣이 그곳이다.

「정의」; 이는 맹자의 성과 자, 그리고 거주했던 나라에 대해 서술한 것이다. 『사기』 「열전」에는 "맹가는 추나라 사람"이라고만 하고 자字를 적지 않았으므로 조기가 자는 들은 바가 없다고 했다. 후세에 혹은 자를 자여子輿라고도 했다.

"추는 본래 춘추 주자邾子의 나라"였으며, "추현이 그곳이다"라는 기록은 『춘추』 은공隱公 원년 "공과 주의보邾儀父가 멸蔑에 회맹했다"고 했다. 두주杜注는 "주는 지금 노나라 추현"이라고 했다. 의보儀父가 제 환공을 섬겨 왕실을 추장했으므로 왕이 주자로 삼았다고 했다. 『설문說文』은 "추는 공부자의 향"이라고 했고, 또는 "노나라의 부용국"이라 칭했다. "나라가 노에 가깝다"고 한 것은 『좌전左傳』 애공哀公 7년

조에 "공이 주를 쳐서 원문苑門에 이르자 종소리가 들려오는 듯 했다"고 했으며, 또 이르길 "노의 딱딱이 치는 소리가 주에까지 들렸다"고 했다. 두주杜注는 "원문은 주나라 성곽문"이라고 했으며, 이는 노나라에 병합된 사실을 뜻한다. "초나라에 병합되었다"고 한 것은 『사기』에 "노나라 경공頃公 24년 초나라 고열왕考烈王이 노나라를 쳐서 멸했다"고 했는 바, 이에 근거하여 "초나라에 합병되었다"고 한 것이다. 『사기』에는 "초 고열왕이 노나라를 공격하여 멸망시켰다"고 했다.

혹자가 이르기를, "맹가는 노나라의 공족公族 맹손孟孫의 후예이다. 그래서 맹가는 제나라에서 벼슬하다가 어머니의 상을 당해 노나라에 돌아와 장사를 지냈다. 삼환三桓의 자손들이 몰락한 뒤 흩어져 각각 다른 나라로 이주했다"고 한다.

「정의」; 맹가는 노나라 공족 맹손의 후손이다. 그 설說은 맹씨 성의 단락에 나온다. 또 "제나라에 벼슬하고 노나라에 장사를 지냈다"는 내용은 「공손추」 편장에 나오는 글이다. 『춘추』 정공 6년 계손사季孫斯와 중손하기仲孫何忌는 진晋으로 갔고, 10년에 숙손구叔孫仇는 제로 갔다. 애공哀公 27년 공이 삼환의 후손들이 제후들에게로 떠나가는 것을 걱정했다. 두예(杜預, 진晋나라 사람. 『춘추좌씨전』 집해)는 제후들이 삼환의 후손을 축출할 것을 기대했다고 했다. 경공頃公 시대에 와서 노나라는 제사가 단절되었으며, 이로 인해 삼환의 자손들이 쇠미해진 것이다. '형안衡案'은 '옛날 종족의 장례 제도를 보건데 맹가가 제나라에서 노나라에 돌아와 장사를 지냈으니, 맹가는 노나라 사람이 분명하다. 맹가를 추나라 사람이라고 한 것은 사천史遷의 망설이다'라 평했다.

맹가는 선천적으로 좋은 성품을 타고났다. 어린 나이에 아버지를 여의고 어머니로부터 삼천지교三遷之敎를 받았다. 성장하여서는 공부자의 손자 자사子思를 스승으로 모셔 유학을 공부하여 오경五經에 통달하였지만, 그중에 『시경』과 『서경』에 특히 뛰어났다.

「정의」; 이는 맹가의 유년에서 장년까지의 일을 서술했다. 사서史書 「열녀전」에 의하면 맹가의 어머니는 묘지 옆에 살았는데, 맹가는 어릴 때부터 묘지에서 일어나는 일들을 흉내 내며 놀았다. 맹모는 자식을 키울 수 있는 곳이 아니라고 하여 시장 옆으로 이사를 했다. 그러자 맹가는 물건을 사고 파는 놀이를 즐겨했다. 맹모는 다시 이곳도 자식을 키울 곳이 아니라고 한 뒤 학궁 옆으로 집을 옮겼다. 이때부터 맹가는 조두俎豆를 진설하고 읍양진퇴 놀이를 하기 시작했다. 맹모는 여기가 진실로 내 아들을 양육할 곳이라고 여겨 거처를 정했다. 맹가가 일정한 기간 동안 공부를 한 뒤 집으로 돌아왔을 때, 맹모는 학문의 진척 상황을 물었다. 맹가는 자신만만하게 성취 정도를 자랑했다. 이에 맹모는 베틀에서 짜고 있던 베를 칼로 자른 뒤, 아들이 배움을 폐한 것은 내가 짜던 베를 단절한 것과 같다고 질책했다. 맹가는 자신의 경박함을 크게 뉘우치고 주야로 학문에 정진했고, 자사子思를 스승으로 모셔 마침내 유명한 유자가 되었다. 『사기』는 맹가가 자사의 문인門人에게 수업하여 도가 통한 다음 제후들과 의기가 투합하지 못해, 물러나 만장의 무리들과 더불어 『시경』과 『서경』을 기술했기 때문에, 조기가 『시경』과 『서경』에 특출했다고 말한 것으로 해석했다.

주나라가 쇠퇴하여 국운이 크게 기울어 전국시대가 열려, 합종연횡과 부국강병을 능사로 삼아 국가 간의 침탈과 전투가 그칠 날이 없었다. 이로 인해 인재 등용에도 권모술수가 능한 사람을 최고의 현자로 인정하여 선왕의 대도大道는 패퇴하고 이단의 학술이 성하게 일어나, 양주와 묵적의 방탕한 언설이 당시의 왕공을 움직여 시대를 오도하고, 백성을 현혹시킨 것이 비일비재였다. 이에 맹가가 안타까워하여, '요 · 순 · 탕 · 문왕 · 무왕 · 주공 · 공부자'의 유의가 절멸되어 정도가 막히고 인의가 황폐하게 되어, 망령되고 위선적인 것들이 횡행하는 정치 현상을 두고 홍색과 자색의 간색間色이 정색正色인 주朱를 어지럽히는 현실에 대비시켜 개탄했다.

「정의」; 이는 주나라가 쇠미하여 열국이 합종연횡을 일삼아 대도가 땅에 떨어진 상황을 탄식한 것이다. 태사공의 말에서 유추하건데, 진기秦紀에 견융犬戎이 유왕幽王을 패퇴시켜 주가 동쪽 낙읍으로 천도하고, 진의 양공襄公이 비로소 제후가 되어 서쪽을 장악하여 상제에게 제사를 올리는 참람함이 나타났다. 이로부터 신하들이 권력을 잡고 대부가 대대로 녹을 차지하고, 육경六卿이 진晋을 분할하고, 전상(田常, 진항陳恒, 제의 국권을 장악)이 간공簡公을 시해하고 제나라의 재상이 되었지만, 제후들이 이를 토벌할 생각도 하지 않아 해내가 전쟁터로 변하여 육국六國이 강성하게 되었다, 이에 강력한 군사력으로 적국을 병합하고, 사술을 구사하여 합종연형의 장단과 이해에 대한 설이 팽배하게 일어났다. 진秦은 상군商君을 등용하여 부국강병을 도모했으며, 초나라와 위나라는 오기吳起를 발탁하여 전쟁에 승리하고 적을 약화시켰으며, 제나라 위선왕은 손자孫子와 전기田忌의 무리를 등용하여 제후들로 하여금 제나라를 섬기게 했다. 이로 인해 천하는 바야흐로 합종연형책을 구사하여 공벌을 현명한 계책으로 치부하여 양주와 묵적의 겸애설이 힘을 얻어 인의를 해쳤다.

이에 맹가는 현실 정치에서 물러나 요순과 '하·은·주'의 덕목을 서술하고 『시경』과 『서경』을 해설하고 공부자의 뜻을 조술했다. 이 시기에 맹가가 도의 쇠락을 통탄하지 않았다면, '요·순·탕·문·주공·공자'의 도는 장차 괴멸되어 정도가 막히고 인의가 황폐해지고 망령된 사술이 번성하여 홍색과 자색이 정색인 주朱를 더욱 혼란시켰을 것이다. 양웅(楊雄, BC 53~AD 18)은 옛날 양주(楊朱, BC 483~402?)와 묵적(墨翟, BC 480~390)이 정도를 막자, 맹가가 논리를 전개하여 이를 배척하여 막았다고 했다. 인멸되어 희미해졌다는 것은, 인멸은 침체를 뜻하고 희미하다는 것은 위축된 것을 뜻한다. 옹저壅底는 정도가 막혀서 암흑이 되었음을 지칭했고, 인의가 황폐해졌다는 것은, 『석명釋名』에 인은 인忍으로서 삶을 북돋우고 살벌을 미워하여 선과 악의 경우 이를 버리고 용서하여 차마 하지 못하는 것이라 했다. 의義는 마땅히 해야 할 일로서 사와 물을 제재하여 합당하게 하는 것이다. 『장자莊子』는 인의를 사랑하고 사물을 이롭게 하는 것을 인이라 했다. 양자楊子는 일이 그 정당함을 얻는 것을 의라 한다고 해석했다. 『상서尙書』는 태만하지 않고 황당함이 없는 것이라 했다. 「공주孔

注」는 미혹하고 난잡한 것이 황荒이고, 태怠는 게으르고 나타함을 의미한다고 했다. '영위치빙佞僞馳騁'은 『논어』가 말한 어질고 아첨하지 않는다는 것으로, 「공주」에서 말한 아첨하여 입에 발린 말로 잽싸게 비위를 맞추는 행동 따위는 사람들이 증오하는 것이라 했다. 『설문說文』은 위僞는 거짓詐이라 했다. 치빙은 부질없이 분주함을 말한다.

'홍자난주紅紫亂朱'는 『논어』의 자색이 주색을 침해한다는 것이다. 「공주」에 이르기를 '주'는 정색이고 '자'는 간색이라 했다. 황씨皇氏는 '청 · 적 · 황 · 백 · 흑'은 다섯 방위의 정색이라 했다. 부정不正은 오방五方의 간색으로 '녹綠 · 홍紅 · 벽碧 · 자紫 · 유황騮黃'색이 그것이다. 청靑은 동방의 정색이고, 녹綠은 동방의 간색이며, 동은 목木이고 색은 청이다. 목은 토土를 이기고 토색은 황인데 아울러 이겨서 간색이 된다. 그러므로 녹색은 청색과 황색이 어우러진 것이다. 주(朱)는 남방의 정색이고, 홍(紅)은 남방의 간색이다. 남은 화火이고 화색火色은 붉다. 화는 금金을 이기고, 금색金色은 백白이다. 그러므로 홍색은 적색과 백색白色이 어울린 것이다. 백색은 서방의 정색이고, 벽碧색은 서방의 간색이다. 서방은 오행五行의 금이고, 금색은 희다. 금은 목을 극복하므로 벽색은 청과 백이 혼합된 것이다. 흑색은 북방의 정색이며, 자색紫色은 북방의 간색이다. 북방은 수水이며, 수의 색은 흑黑이다. 수는 화를 이긴다. 화색은 적赤이다. 고로 자색은 적과 흑이 섞인 것이다. 황색은 중앙의 정색이고, 유황騮黃은 중앙의 간색이다. 중앙은 토이며, 토색은 누렇다. 토는 물을 이기고 수색은 검다. 그러므로 유황색은 황색과 흑색이 섞였다. 이것이 소위 정색과 간색이다.

이에 맹자는 공부자가 천하를 주유하며 세상사를 우려했던 행적을 본받아, 마침내 유학의 도리로써 제후들을 설득하여 세상을 구제하고 백성들을 보살피고자 했다. 그러나 잠정적으로 뜻을 굽혀 제후들에게 일시적으로 환심을 사서 세상을 바르게 하는 것 따위의 편법을 쓰는 성향이 아니어서, 당시의 제후들이 맹가의 주장을 현실감이 없는 공론에 가깝다고 판단하여, 끝내 맹가의 왕도적 정론政論을 수용하지 않았다.

「정의」; 이는 맹가가 천하를 주유하여 제후들을 유세했지만, 당시 군주들이 그의 건의를 수용하지 않았던 사실을 말했다. 맹가는 공부자가 세상사를 걱정하여 천하를 철환하며 제세안민濟世安民을 실천코자 했으나 제후들이 등용하지 않았던 것처럼, 맹가 자신도 유가의 인의적 도리로 정치 현실을 광정할 수 없음을 깨닫고, 비록 제후들이 초빙했을 경우에도 응하지 않았다. 이는 '한 자를 굽혀서 열 자를 바르게 하는' 미봉책을 강구하고 싶지 않았기 때문이다. 10촌寸이 한 자尺이고, 여덟 자가 일심一尋이다. 『사기』에 맹가는 도가 통한 뒤 제나라로 가서 선왕宣王을 섬기고자 했지만 등용되지 못하고, 다시 양나라를 찾았으나 양 혜왕 역시 한결같이 맹가의 말을 비현실적이라 하여 수용하지 않았다. (『맹자』「등문공 하」에 상세하게 나온다.)

맹가 자신도 희주姬周가 쇠퇴하여 힘을 잃고 염한炎漢이 아직 개국하여 떨치지 못한 시기에, 나아가서는 요순시대의 태평을 보좌하여 일으킬 수 없고, 물러나 '하 · 은 · 주' 삼대의 여풍을 펴지 못한 채 삶을 마쳐, 세상에 잊혀지는 사실을 수치스럽게 여겨 법이 될 만한 말을 드리워 후세인에게 남기고자 했다. 공부자가 "나는 시비포폄의 척도가 되는 법언法言을 남기는 것이 실제로 실천하는 방책을 제시하는 것보다는 못함을 안다"라고 한 말을 본받고자 했다.

『맹자정본』 '형안衡案'; 주실의 성은 희씨인데, 목덕木德으로 개국했으므로 창희蒼姬라고 했다. 목은 청靑임으로 창희라 한 것이다. 초순(焦循, 청나라 때 사람)은 헌언憲言은 법이 되는 말이라 해석했다.

「정의」; 맹가는 스스로 도가 세상에 행해질 수 없음을 알고, 무명으로 삶을 마감하는 것을 부끄럽게 여겨, 공부자가 법언에 의탁하여 훗날 유덕자가 실행을 기대한 것처럼 자신도 그렇게 하고자 했다. 맹가는 육국六國이 할거하던 주나라 말엽에 태어나 아직 한나라가 일어나기 전 난세를 살면서, 위로는 요순 2세二世의 치治를 보좌하여 일으킬 수 없고, 아래로 '하·상·주' 삼대의 풍화를 펼치지도 못한 채 일생을 무명으로 마감하는 것을 부끄럽게 여겨 법언(法言, 空言과 같다)이나마 후인들에게 남겨주고자 하여, 공부자가 세상을 걱정하여 천하를 주유함을 흠모하여 이를 본받았으나 이 또한 여의치 않아, 정계를 뒤로 하고 제자 만장의 무리들과 『시경』·『서경』을 서술한 뒤 『맹자』 7편을 저작했다. 조기는 맹가의 이같은 의도를 알고 이에 공부자의 말을 이끌어 『맹자』 7편의 의취를 밝힌 것이다. 창희蒼姬라고 한 것은 주나라가 목덕으로 왕 노릇을 했기 때문에 '창희'라고 불렀고, 희姬는 주실의 성이다. 염유炎劉라는 것은 한나라가 화덕으로 왕 노릇을 해서 붙인 이름이다. 염유의 유는 고조高祖의 성이다.

이에 물러나 학식이 뛰어난 제자 공손추 만장 등과 어렵고 의심스러운 점을 묻고 답한 내용들을 회집하고, 또 법도가 될 만한 말을 직접 엮어서 7편 261장, 34685자의 저서를 편찬했는데, 하늘과 땅의 이치를 망라하고 세상의 온갖 일들을 서술하였으며, 인의도덕과 성명性命과 화와 복을 찬연하게 수록하지 않은 것이 없었다.

「정의」; 이 단락은 맹가가 정치 현장에서 물러나 저술한 편장의 수를 설명한 것이다. 『사기』는 맹가가 제후들과 의기가 투합하지 않아, 물러나 만장 등과 함께 『시경』과 『서경』을 서술하고, 공부자의 뜻을 조술하여 『맹자』 7편을 완성했다. 261장이라는 것은 『맹자』 7편의 편장을 전부 합친 것이다. 조기의 분장에 의거하면 「양 혜왕」 편은 21장, 「공손추」 편은 13장, 「등문공」 편은 15장, 「이루」 편은 61장, 「만장」 편은 18장, 「고자」 편은 36장, 「진심」 편은 84장이며, 이를 합치면 261장이 된다. 34685자는 7편을 모두 합친 글자이다. 「양혜왕」 편은 1333자, 「공손추」 편은 5120자, 「등문공」 편은 4533자, 「이루」 편은 4285자, 「만장」 편은 5120자, 「고자」 편은 5535자, 「진심」 편은 4159자로서, 이를 전부 아우르면 34685자가 된다. "포라천지包羅天地"에서 "미소부재靡所不載"까지는 『맹자』 7편의 내용이 크게는 하늘과 땅에서, 적게는 곤충·초목과 성명화복性命禍福에 이르기까지 수록하지 않은 것이 없다는 뜻이다. 『맹자』 편장이 7인 이유는 대개 하늘이 칠기七紀와 선기璇璣의 운도運度와 부합되고, 7정七政이 분리되고 성스럽게 분포되어 빛남을 법으로 삼은 것이다. 편장篇章이 261인 것은 3시三時의 날자 수로서 감히 『주역』의 당기當期 수와 비교할 수 없어서 3시를 취했고, 3시는 해를 형성하는 중요한 시時이므로 이를 표준으로 했다. 34685자는 오상五常의 도를 7정(日·月·金·木·水·火·土)의 법도로 실시했다. 그러므로 5·7의 수를 감히 채우지 않은 것이다.

제왕帝王과 공후公侯들이 『맹자』의 정론을 준수하여 이를 실천한다면, 가히 태평성대를 이루어 길이 청묘(淸廟, 종묘)에 칭송될 것이고, 경대부卿大夫가 이를 실천하면 임금과 어버이를 존경하고 충성과 신의와 고매한 지조를 세울 수 있는 것이며, 지조를 지키는 의인義人이 이를 행동의 지표로 삼을 경우, 고귀한 절개를 숭상하고 세속의 불의와 대항하면서 부귀를 뜬 구름같이 여기게 될 것이다.

「정의」; 이는 『맹자』 7편 내용의 핵심 사상을 설명했다. 위로 제왕이 이를 준수하면 승평지치升平之治를 이루게 되고, 공후들이 실천하면 가히 청묘에서 제왕의 덕을 칭송할 것임을 말했다. "청묘에 덕을 칭송한다"는 것은 공후가 천자의 종묘에 제사를 올린다는 뜻이다. 『시경』에 「청묘」 편이 있는데, 이는 문왕文王을 제사하는 내용이다. 그 주注에 "하늘의 맑고 총명한 덕을 문왕이 본받았으므로 제사를 올리면서 이 시詩를 노래했다"고 했다. 전箋은 "광명한 덕이 현저한 제후가 와서 제사를 돕는다"라고 풀었다. 경卿·대부大夫·사士가 『맹자』의 요지를 좇는다면 임금과 어버이를 깊이 존경하여 충성과 신의를 지킬 것이며, 지조 있는 인물이 이를 법으로 삼는다면 고절을 숭앙하여 불의에 대항하며 부귀를 뜬구름으로 여기게 될 것이다. '제왕·공후·경대부·사'의 경우, 제帝는 덕으로 일컫고, 왕은 업무로 일컬었고, 경에는 제후에 소속된 경과 대부의 경이 있다. 사士에도 중사中士가 있고 하사下士가 있다. 공과 후는 주나라의 작록인 바, 소위 '공公·후侯·백伯·자子·남男'의 다섯 등급이 그것이다. 제왕 아래에 공과 후가 있고, 공후 아래에 경이 있으며, 경 아래로 대부가 있고, 대부 아래에는 사士로서 그친다. '형안'은 의儀를 본받는象 것이라고 했고, 명命은 일컫는[名] 것으로 보았다.

「국풍國風」의 작가들처럼 사물에 견준 탁의託意도 있으며, 「대아大雅」·「소아小雅」에 대비되는 온당한 말들도 『맹자』에 담겨 있다. 맹가는 강직하면서도 거만하지 않고, 곡진하면서도 기개가 있었으므로 세상에서 성인의 뜻을 계승하여 조술한 위대한 아성亞聖이라고 명명했다.

「정의」; 『맹자』 7편은 「국풍國風」과 「이아二雅」와 같은 격을 구비하여 성인의 뜻을 계승한 아성의 저술임을 밝혔다. 양 혜왕을 만나 백성과 함께 동락하기를 바라면서, 문왕의 '영대靈臺'와 '영소靈沼'를 예를 들어 말했다. 선왕宣王을 대하여서는 재물과 여자를 밝히는 것도 백성과 함께 하면 나쁠 것이 없다고 하고, 태왕太王과 궐비厥妃를 이끌어 대비시켰다. 인을 논하면서 곡식에 비유했고, 성性을 논할 때 훌륭한 물건은 손상되기 쉽다는 뜻을 담은 '우산지목牛山之木'에 비유했는데, 이는 모두 풍인風人이 사물에 의탁한 사례이다. 「이아지정언二雅之

正言」은 『맹자』의 '남의 마음을 미루어 헤아린다'와 '노적가리를 창고에 저장한다' 및 '고공단보古公亶父가 말을 타고 내조來朝했다', '말을 적절하게 어거하여 활을 쏘아 과녁에 맞혔다' 등 「소아」와 「대아」의 정언을 활용한 점을 지적했다. 이들은 모두 이아二雅의 정언正言으로 손색이 없는 만큼, 가히 그 언사가 강직하면서도 거만하지 않고, 곡진하면서도 잘못되거나 비굴함이 없으니, 맹가는 진실로 성인을 계승한 탁월한 아성이다. 맹가의 재주와 예지는 성인에 대비해도 손색이 없으나, 단지 왕사를 도왔을[相王天] 따름이라서 아성대재亞聖大才라고 했다.

공부자는 위나라에서 노나라로 돌아온 이후, 악樂이 바르게 되고 아송雅頌이 제자리를 잡았다. 이에 『시경』을 산정하고 『서경』을 정돈하였으며, 『주역』에 계사를 달고 난 뒤 『춘추』를 저술했다.

「정의」; 이 부분은 공부자가 회귀하여 저술에 진력한 사실을 말했다. 정공定公 14년 공부자는 노나라를 떠나 여러 나라의 빙청에 응했다. 애공哀公 11년 위로부터 노나라에 돌아왔다. 이때 도덕이 쇠퇴하고 악이 문란해져 있었다. 공부자는 돌아와 이를 바로잡은 것이다. 또 애공哀公 11년 『좌전』은 이 해 겨울 위나라 공문자孔文子가 장차 태숙太叔을 공격하고자 공부자를 찾아와 조언을 청했다. '공부자는 "호궤胡簋에 관한 일은 일찍이 배운 바가 있지만, 병사[甲兵]에 대해서는 들은 바가 없습니다"라고 응대한 후, 수레를 재촉하여 가면서, '새는 나무를 가릴 수 있지만 나무가 새를 선택할 수 있겠느냐'라고 하자, 문자는 이를 중지시키면서 '어(圉, 문자)가 어찌 사사롭게 헤아리겠습니까. 위국을 방문하기가 참으로 어렵습니다'라 했다. 이 무렵 노나라 사람이 폐백을 갖추어 부르자 이에 돌아갔다. 두예杜預가 "위나라에서 노나라로 돌아간 뒤 악이 바르게 되고 아와 송이 각각 제자리를 찾았다"고 한 것은 이를 두고 한 말이다. 이에 『시경』을 산정하고 『서경』을 정립하고, 『주역』에 계사를 붙이고 『춘추』를 지었다. 「세가」에 정공 5년 계씨季氏가 공실公室을 찬탈하여 배신陪臣이 국권을 장악했고, 이로 인해 노나라는 대부 이하 모두가 정도正道에서 벗어났으므로, 공부자는 사환을 단념하고 물러나 '『시경』·『서경』·『예기』·『악기』'를 편수했다. 제자가 더욱 많아져 멀리에서도 찾아와 수업을 받았다. 애공 11년에는 위나라에서 노나라로 돌아와 위로 설契과 후직后稷의 일을 채집하고, 중간에 상商과 주실周室의 성대盛代를 위시하여 유왕幽王과 여왕厲王의 계세의 결손에 이르기까지를 서술했으며, 공부자는 『시경』 305편을 모두 악기에 맞추어 노래하여 "소韶와 대무大武"에 결부시켜 아송雅頌에 합치시켰다. 이에 예악禮樂이 이로부터 그 실상이 모두 완비되어 왕도王道가 구비되고 육예六藝가 완성되었다. 공부자는 만년에 『역경』에 몰두하여 '단彖·계繫·상象·설괘說卦'를 찬정했다. 공부자가 '『시경』·『서경』·『예기』·『악기』'를 텍스트로 하여 교육을 시작하자, 제자가 무려 3,000여 명에 이르렀다. 애공 14년 봄 대야에 수렵할 때 잡힌 짐승을 공부자가 보고 '기린'이라 판정하고, "나의 도는 이제 다했다"라고 탄식하고 사실史實에 근거하여 『춘추』를 저술했는데, 은공隱公에서 시작하여 애공哀公 14년까지 12공公의 역사를 기술했다. 노나라의 사적을 편술함에 있어서 주실周室을 존숭하는 입장을 견지하여, 삼대(하·은·주)를 긍정적으로 인식하면서, 광범한 사실들을 압축적으로 표현한 득의의 저술로 스스로 자긍하면서, "후세에 나를 평가할 때 이 『춘추』를 근간으로 할 것이고, 나를 비판할 경우도 이 간책을 기준해야 할 것이다"라고 했다.

맹가는 제나라와 양나라에서 물러나와 요순의 도를 조술하여 『맹자』를 저작했는데, 이는 대현(大賢, 맹가)이 공부자의 『논어』를 의방하여 지은 경전이다.

「정의」; 맹가가 현실 정치에서 벗어나 공부자의 성스러운 뜻을 이어받아 저작했다. 사마천이 지은 『사기』「열전」에 "맹가가 제나라 선왕을 방문했지만, 선왕은 맹가를 등용하지 않았다. 다시 양나라로 갔으나, 양 혜왕 역시 맹가의 진언을 수용하지 않았다. 이에 맹가는 정계에 물러나 '『시경』·『서경』'을 해설하고, 공부자의 미의微意를 조술하여 『맹자』 7편을 저술했다"고 했다.

70 제자의 무리들이 모여서 공부자의 말을 엮어 『논어』를 만들었다. 『논어』는 오경五經의 관할錧鎋이요 육예六藝의 인후요 옷깃[喉衿]이다.

「정의」; 공부자의 제자들이 스승의 훌륭한 말들을 모아서 『논어』를 만들었다는 점을 이끌어 서술했다. 『한서漢書』「예문지藝文志」에 "『논어』는 공부자가 제자들이 당대 사람들과 공부자와 더불어 이야기하면서 들은 말을 기록한 것이다. 당시 제자들은 각자가 기록한 것을 갖고 있었는데, 공부자가 서거한 뒤 문인門人들이 함께 어울려 토론하여 편찬했기 때문에 『논어』라고 했다"고 한다. 정주鄭注에 "중궁·자유·자하 등이 찬술했다. 논論은 윤綸이다. 이 책은 세무世務를 경륜할 수 있으므로 논論이라 했다." 어語는 정주 『주례周禮』에, "답하여 서술한 것을 '어'라 했다. 이 책에 실린 것은 모두 공부자가 제자와 당대인에 답한 말이기 때문에 '어'라고 했고, 그리하여 '논'자 아래에 어語를 붙였다"고 했다. 관할錧鎋은 수레축의 머리 쇠이다.『설문說文』에 "수레의 비녀장 열쇠이다"라고 했다. 후금喉衿은 『설문』에 "후喉는 목구멍咽이고 금衿은 옷깃이다"라 했다. 『논어』는 『오경』과 육예의 요체로서 수레의 비녀장 열쇠와 목구멍과 옷의 깃에 준할 만큼 중요하다는 사실을 말한 것이다.

『맹자』는 『논어』를 모방하여 그 뜻을 계승했다.

「정의」; 맹가가 『맹자』 7편을 지은 것은 『논어』를 전범으로 하여 저작한 것으로, 『맹자』 역시 관할후금錧鎋喉衿이라 정의했다. 『맹자정본孟子定本』에서 초순은 관할을 마땅히 관할輨轄로 해야 한다고 했다. 『설문』 〈거부車部〉에 관輨은 곡轂이고 단耑은 탑錔이다. 할轄은 건鍵이며 할과 할舝은 통용한다. 천부舛部에 할은 차축이고 단은 건이라 했다. 정공저丁公著는 『음의音義』에서 력鬲의 음은 격隔으로, 훼방을 놓아 뜻을 소격하게 하는 것이라 했다.

위 영공이 공부자에게 전쟁에 대해서 묻자, 공부자가 제사의 일로

답했고, 양 혜왕이 국가를 이롭게 할 방도를 질문하자, 맹가는 인의로서 응대했다. 송나라 환퇴桓魋가 공부자를 해치려고 하자, 공부자는 “하늘이 덕을 나에게 주었다”고 다짐했으며, 노나라 장창臧倉이 맹가를 폄하하여 떼어놓으려 하자, 맹가가 “장씨의 아들이 어찌 나로 하여금 왕을 만나지 못하게 할 것이냐?”라 말한 사실 등은 『논어』와 『맹자』의 내용이 합치되는 점이 많음을 알 수 있는 예이다.

「정의」; 맹가는 『논어』의 주제를 본따고 계승하여 『맹자』 7편을 저작했다. 위 영공이 공부자에게 전쟁에 대해 묻자, 공부자는 제사에 관한 일로 대꾸했다는 것은 『논어』에 나온 구절이다. 『좌전』에 애공 11년이라 한 부분은 공부자가 위나라로부터 노나라로 귀환한 사실을 적은 단락에 있으며, 조두俎豆는 『명당위明堂位』에 “조俎는 유우씨(有虞氏, 순임금)는 관(梡, 도마), 하후씨(夏后氏, 우왕)는 궤(嶡, 궐), 상商은 구椇, 주周는 방房으로 했다.” 조는 정주鄭注에 ‘관’은 나무를 쪼개어 네 다리가 있는 제기이고, 궐嶡의 음은 궐로서 가운데 다리가 횡으로 걸쳐 있는 모양새인데, 『주례』에는 거距라 했다. 구는 근구根椇로 굽은 요橈를 말한 것으로 다리 아래 받침대가 구부러진 제기인데, 위와 아래 사이에 당방堂房이 있는 것과 같다. 「노송魯頌」에는 변두대방籩豆大房이라 했다. 또 이르기를 하후씨는 갈두楬豆, 상商은 옥두玉豆, 주周는 ‘헌두獻豆’를 썼다고 했다. 정주鄭注에 ‘갈楬’은 다른 물체의 장식이 없고, ‘헌’은 거칠게 깎았다. 제나라 사람들은 ‘모발이 없는 대머리 갈’이라 했는데, 그 형태와 제도는 전부 예도禮圖에 실려 있다. 양 혜왕이 나라를 이롭게 할 방도를 묻자 맹가가 인의로 응대했다는 이야기는 『맹자』 「양 혜왕」 편에 실려 있다. 송나라 환퇴가 공부자를 해치려 했을 때, 공부자는 하늘이 나에게 덕을 부여했기 때문에 무사할 것이라고 말한 내용도 『논어』 「술이述而」에 실린 문장이다. 『세가世家』에 공부자가 송나라에 가서 제자들과 함께 큰 나무 아래에서 예禮를 가르치고 있었을 때, 사마환퇴가 공부자를 살해하기 위해 그 나무를 뽑자 공부자가 떠나갔다. 제자들이 빨리 가자고 재촉할 당시에 공부자는 "하늘이 덕을 나에게 부여했다. 『논어』-술이 상"고 말했다. 공부자가 하늘이 나에게 덕성德性을 점지해준 것이라 이른 것은, 덕이 하늘에 부합되어 길하여 이롭지 않은 것이 없음을 지칭했다. 환퇴가 나를 반드시 죽일 수 없음을 알았기 때문에, 나를 어찌 해칠 수 있겠느냐고 한 것이다. "노나라 장창이 맹가를 참소하여 격리시키려 했을 때도, 맹가는 장씨의 아들이 어찌 가히 나로 하여금 왕을 만나지 못하게 하겠느냐"고 했는데, 이 내용 역시 「양 혜왕」 하편에 있다. 이 같은 글들은 『논어』의 지의旨義와 그대로 부합된다. 이런 종류의 구절은 『맹자』 가운데 매우 많아서, 예시한 이들 문구에만 한정된 것은 아닙니다.

또 외서外書 4편, 즉 '「성선性善」·「변문辯文」·「설효경說孝經」·「위정爲政」'이 있다는 설이 있으나, 문장의 내용이 크고 깊지 않아서 내편內篇과 같지 않기 때문에, 맹가의 본래의 뜻과 차이가 많이 나므로 후세인이 가탁한 것으로 인정된다.

「정의」; 이 외서 4편은 조기도 인정하지 않았다. 한중漢中 유흠劉歆

의 9종『맹자』11권은 당시 이 4편을 합친 것이다.

맹가가 사망한 뒤 대도大道가 마침내 배척되고 위축되어 흉포한 진秦나라 때 이르러 경전을 불태우고 유생들을 생매장하거나 살육하여 맹가의 제자와 추종 무리들이 소진하고 말았다.『맹자』는 제자諸子로 분류되어 서책이 민멸되는 것을 면했다.

「정의」;『맹자』가 없어지지 않고 후세에 전해진 까닭을 서술했다. 맹가는 6국이 할거할 무렵에 태어나 도가 행해지지 않음을 탄식하여『맹자』7편을 저작했다. 맹가가 사망한 후 선왕의 대도가 위축되고 쇠잔해져, 마침내 세상에서 빛을 잃었다. 진나라가 육국을 병합하여 진나라의 왕이 시황제始皇帝로 일컬은 뒤, 이사李斯의 건의로 서적을 불태우고 유신들이 생매장당하자, 맹가의 후예들은 자취를 감추었다.『진기秦紀』에 진시황 34년 승상 이사는 "오제五帝의 시대는 다시 올 수가 없고, 삼대三代도 서로 계승하지 않았다. 이제 폐하가 대업을 개창하여 만세의 공업을 이룩했음에도 불구하고, 어리석은 유생들이 이를 알지 못하고 있으며, 뿐만 아니라 폐하의 공덕은 소위 삼대의 치적을 초월했다. 신은 사관들에게『진기秦紀』이외의 모든 사서들을 소각하고 박사관博士官 직책이 아닌 자들이 '『시경』·『서경』· 백가어百家語' 등의 책을 가졌으면 모두 해당 관부에 맡겨 소각시키고, 단지 '의醫 · 복卜 · 종예種藝' 등의 서적들만 남겨야 한다"고 하여 이를 실행에 옮겼다. 그럼에도 불구하고 이 와중에『맹자』는 제자諸子로 분류되었던 까닭에 화를 면하여 전해지게 된 것이다.

한漢나라가 발흥하여 진나라의 포악한 금지법을 제거하고 도덕을 널리 펴기 시작했다. 효문황제[文帝]는 학문과 교육의 문호를 널리 열어서 『논어』·『효경』·『맹자』·『이아爾雅』 등의 오경박사를 둔 뒤, 전기박사傳記博士는 혁파하고 오경五經에만 박사를 존치시켰다. 그리하여 지금까지 여러 경전의 뜻을 풀이하는데 『맹자』를 인용하여 밝히면 이를 박식하다고 평했다.

「정의」; 『맹자』가 한나라 때부터 널리 읽혀지고 있음을 서술했다. 『한서』에 의하면, 고황제高皇帝가 항우(項羽 BC 232~202)를 처단한 다음 군사를 이끌고 노나라를 포위했다. 노나라의 여러 유생들이 예를 강의하고 익혀서 음악에 맞추어 노래하는 소리가 끊이지 않았으니, 어찌 성인[주공周公]이 남긴 교화에 바탕 한 학문을 숭상하는 나라가 아니겠는가? 이에 크게 느낀 바 있어 학문을 일으킬 뜻이 강했지만, 아직 전투가 계속되어 천하가 평정되지 않아 학교[상서庠序]를 일으킬 겨를이 없었다. 효혜황제孝惠皇帝 대에 이르러서야 『시경』·『서경』·『논어』·『백가지서』 등의 책을 가져서는 안 된다는 협서지율挾書之律을 파기시켰다. 그러나 당시 공경들이 모두 무력으로 공을 이`룬 신하들이어서, 이를 실시할 의지가 없었다. 효문제孝文帝 때에 처음으로 태상장고太常掌故 조조(晁錯, 전한 영천 사람)로 하여금 복생(伏生, 전한 제남 사람. 이름은 숭崇. 분서 때 『상서尙書』를 벽에 숨김)에게 『상서尙書』를 전수 받게 했다. 또 『상서』가 집 벽 속에서 출토되어 『시경』 연구가 비로소 싹트기 시작했고, 천하에 여러 서적들이 왕왕 나타나서 이로 인해 학관學官이 여러 곳에 세워져 박사를 배치했기 때문에,

'『논어』·『맹자』·『효경』·『이아爾雅』'에도 전문 박사를 두었다. 후에 전기傳記박사가 폐지되었고, 후한後漢 대에는 오직 오경박사만 남게 되었다. 박사·진관秦官·장통고금掌通古今 등 녹봉 600석을 받는 관원이 수십 명에 이르렀다. 한나라 건원建元 5년(BC 136)에 오경박사를 두었고, 선제宣帝 황룡黃龍 9년(연표에 기록이 없음)에 20명으로 증원했다. 이때부터 오직 『오경』에만 박사를 두었고, 서경西京에서 조기가 활동했던 시기에 여러 경전의 뜻을 해석할 때 거개가 『맹자』를 이끌어 사실을 밝혔기 때문에 이를 박문博文이라 일컬었다.

『맹자』는 비유법이 잘 구사되어 있고, 문사는 절박하지 않으면서도 뜻은 격조가 높았다. 조기는 "『시경』을 설명할 때 글자로서 말을 해치지 말아야 하고, 말로서 본래적인 뜻을 해쳐서는 안 되며, 의意로서 뜻[志]이 맞아야만 『시경』 시의 본질을 파악할 수 있다(『맹자』「만장」상)"고 했다. 이 말은 후세인으로 하여금 그 뜻을 탐구하여 문장을 이해하게 하는 데 기준이 되었으며, 이는 비단 『시경』에만 적용되는 것은 아니다. 지금 『맹자』를 해설하는 여러 사람들은 왕왕 부분적인 구절이나 글자를 마음대로 취하여 해석하기 때문에, 그 설명이 대체로 사리에 맞지 않는 예가 많다.

「정의」; 맹가가 지은 『맹자』 7편은 비유에 능하고 그 문사가 절박하지 않았다. 그래서 조기는 마침내 『맹자』 가운데 『시경』을 해설하는 말을 이끌어 그 깊은 뜻을 후세인으로 하여금 알게 했다. 맹가는 시경의 뜻을 탐구하는 취지를 단지 『시경』을 설명하는 데만 그치지 않았다. 그러나 근래의 해석자들은 몇 구절을 취하여 설명하는 것을 능사로 했기 때문에, 그 해설이 어긋나서 본문과 일치하지 않은 사례가 적지 않았다.

맹가 이래 오백여 년 동안 『맹자』를 해설한 학자들이 매우 많았다.

「정의」; 맹가가 사망한 이래 서경의 조기까지 500여 년 사이에 『맹자』 7편의 책을 해설한 사람이 대단히 많았다.

나(조기)는 전한前漢의 수도 서경[장안長安]에서 출생했는데, 집안 대대로 큰 벼슬을 오랫동안 했다. 어려서 신의를 지키라는 훈도를 받았으며, 두루 경전들을 섭렵했다. 50대에 집안에 멸문滅門에 준하는 참화를 입어 혹독한 고통과 핍박을 당하자, 성명을 바꾸고 몸을 숨겨 천하 팔방을 방랑하며 헤매기를 10여 년 계속했다. 그간에 겪었던 몸과 마음의 고통과 간난은 이루 형언할 수 없을 정도였다. 일찍이 제대濟岱 지역 안구安邱에서 고달픈 몸을 쉬고 있었을 때, 온고지신溫故知新하는 고상한 덕을 지닌 군자(안구에 거주했던 손숭[孫崇]을 지칭함)가 있어, 내가 역경에 처해 백발이 되어 고생하는 것을 가련하게 여겨 학문을 토론하며 대도로서 위로했다. 간난과 고행의 와중에 마음이 혼미하여 방황하며 어찌할 줄 몰라 하던 차에, 문득 학문과 집필에 뜻을 두어 정신을 가다듬어 늙어가는 것을 잊고자 했다. 육적(六籍, 육경六經, 『서경』·『시경』·『주역』·『춘추』·『예기』·『악기』)의 학문은 선학들이 이를 풀이하고 변증한 것이 매우 풍부하고 상세하다. 하지만 유가儒家 분야에서는 오직 『맹자』가 있어, 그 뜻이 넓고도 크며 미묘하여 깊이 감춰진 진리를 이해하기가 어려웠기 때문에, 이를 자세히 주석할 필요가 있다고 생각했다. 그리하여 들은 바를 기술하고 경전을 이끌어 증명하고, 장구章句로 나누고 그것을 전부 본문에 수록하여 장마다 그 요지를 붙여 각각 상하로 나누어 14권으로 편집했다. 엄밀하게 말하면 이 『맹자』 장구는 학문에 통달한 학자들에게는 도움이 못되지만, 초학자들에게는 의혹疑惑을 풀어주는 데 보탬이 될 것으로 여겨진다. 나 또한 옳고 그름에 대해서 확신을 가지지 못하고 있으므로, 훗날 명철한 학자가 나타나서 잘못되고 빠진 것을 고치고 바로잡아주기를 바란다.

『맹자정본孟子定本』 서문에 초순焦循은 '온고지신유덕군자'를 안구의 손숭孫崇으로 보았고, 북해군 안구는 그 땅이 제대濟岱 사이에 있었다. '식견이담息肩弛擔'은 손숭의 집 이중 벽 속에 숨어 살았던 사실에 대한 표현이라 했다. 조기의 가계와 출생지에 관해서, 초순은 조기는 경조京兆 장릉 사람이라 했다. 장릉은 전한前漢 때 빙익馮翊에 속했다가 후한 때에는 경조에 예속되었는데, 경조가 전한의 수도였기 때문에 '서경'이라 했다. 조기의 선대는 대대로 열경列卿 제후왕諸侯王이었다. 그 시조는 전욱顓頊까지 소급되므로 '세심비조世尋丕祚, 유자래의有自來矣'라고 했다. 조기가 『맹자』를 장章으로 분류하고 구句로 갈라서 부연하여 설명한 것이 이른바 '장구章句'이다. 문장이 길고 많았기 때문에 7편을 14로 나누어 상하로 가른 것이지, 본래 7편의 뜻과 체계를 어지럽힌 것은 아니라고 했다.

「정의」; 이는 조기가 자신의 의견을 기준으로 하여 『맹자』를 해석한 것이다. "나는 서한西漢의 수도[西京]에서 탄생했다. 선대의 근본과 원조遠祖를 추적하면 진秦과 조상이 같아서 모두 전욱의 후손이다. 그 후 자손 중에 조보造父가 목왕穆王이 되어 서언왕徐偃王을 공격하여 이를 대파한 공으로 조성趙城에 봉해졌으며, 후에 이로 인해 조씨趙氏로 칭했다. 그러므로 가문의 유래가 여기서 왔다고 한 것이다. 유년기에는 신의를 지키고 학문에 힘쓰라는 부훈父訓을 받아 선왕(요·순·우·탕·문왕)의 전적을 공부했다. 50세 무렵 가문이 참화를 입어 참담하고 험난한 액운을 당해, 성씨를 바꾸고 세상을 피해 몸을 숨겨 십여 년간 팔방에 방랑생활을 했기 때문에 심신心神과 형색의 초췌함이 이보다 더 심할 수가 없었다. 일찍이 제대濟岱 지역에서 얼마간 어깨에 진 무거운 짐을 풀고 있었을 무렵, 옛것을 애호하는 우아한 덕을 갖춘 군자가 간난하고 고뇌 어린 초췌한 모습에다 백발이 성성한 형세를 가련하게 여겨, 나를 찾아와 담론을 하면서 옛 성현의 업적을 계고하여 큰 뜻을 펴라고 위로했다. 그리하여 간고한 삶에 억눌려 정신 또한 방황하여 안정을 얻지 못하다가, 이에 힘입어 학문과 집필에 마음을 두어 생각을 다스리며 덧없이 늙어감을 잊고자 했다. 육경은 전부 선각한 현사賢士들이 이를 해석하고 변론한 것이 매우 자세한 데 반해, 유독 유가 가운데 오직 『맹자』 7편은 그 이치가 오묘하고 심원하여 깊은 뜻을 이해하기가 어렵기 때문에 당연히 주석해야 할 필요가 절실하다. 이에 내가 듣고 본 것을 진술하고 육경의 전傳을 증험하여, 장구로 나누어 본문도 함께 실어서, 장마다 변별하여 뜻을 붙여 7편을 상하로 하여 14권을 만들었다. 궁극적으로 말해서 이 분야에 통달한 학자들에게는 도움이 못 되겠지만, 초학자들에게는 가히 의문되고 미심한 부분을 구명하는 데 보탬이 될 것으로 생각한다. 『맹자』 장구의 시비득실是非得失에 대해서 나 또한 감히 장담하기 어려운 터라, 훗날 명철한 학자가 그 잘못되고 틀리고 의심나며 빠진 점을 고치고 바로 잡아준다면 이 역시 다행스런 일이 아닐 수 없다. 『맹자』를 장구로 분류하여 상하로 나누어 14권으로 편성하고, 각 권 하단에 해설을 붙였는데 이에 대해서는 다시 언급하지 않겠다." 정공저丁公著가 『한서』 「조기본전」에 의거하여 말했다. "조기의 자는 빈경邠卿이고 경조 장릉 사람이다. 일찍이 병이 위독했을 때, 그 아들에게 '내가 죽은 뒤 둥근 돌을 묘 앞에 세워, 한漢나라에 일인逸人이 있었는데 이름은 기岐이고 세상을 경륜할 의지를 품었지만 때를 만나지 못했다'라고 새기기를 지시한 바 있었으나 곧이어 병이 쾌차했다." 벼슬은 태부경太傅卿에 이르렀다. 앞서 주군州郡에 수령으로 벼슬할 당시 청렴하고 강직한 성품으로 인해 주변 사람들에게 미움을 받아 소외되기도 했다.